ERFOLGSCOACH
HEINI
BERGMÜLLER

Der Mann hinter dem
HERMINATOR

Impressum

1. Auflage

© egoth Verlag GmbH, 2025

Alle Rechte vorbehalten. Wiedergabe, auch auszugsweise,
nur mit ausdrücklicher Genehmigung des Rechteinhabers.

ISBN: 978-3-903376-60-1

Redaktion: Knut Okresek, Michael Hintermüller
Lektorat: Bianca Okresek
Coverbild: Lisa Leutner / www.lisaleutner.at, www.c43.at
Bilder: Privatarchiv Heinrich Bergmüller, Privatarchiv Knut Okresek, Michael Hintermüller,
GEPA pictures, APA picturedesk
Umschlag und grafische Gestaltung: Clemens Toscani
Printed in the EU

Gesamtherstellung:
egoth Verlag GmbH
Untere Weißgerberstr. 63/12
1030 Wien
Österreich

ERFOLGSCOACH

HEINI
BERGMÜLLER

mit Knut Okresek
Mitarbeit: Michael Hintermüller

Der Mann hinter dem

HERMINATOR

INHALT

PROLOG

„Der Maier wird heuer alles niederreißen"

Werfenweng, 8. Dezember 1997. Bei einem Vortrag zum Thema „Ausdauer im Spitzensport" lasse ich mich zu einer Prognose hinreißen: „Hermann Maier wird heuer alles niederreißen."

Elf Monate davor hatte ich Hermanns Konditionstraining übernommen. Nach seinem ersten Weltcup-Sieg beim Super-G in Garmisch gewann der neue Skistar auch in Park City und in Beaver Creek. Nach den Erfolgen, die ich zuvor mit Thomas Sykora, Mario Reiter, Renate Götschl, Michael Tritscher und Christian Mayer am Olympiastützpunkt Obertauern hatte, gab mir Hermann die endgültige Bestätigung: Mein System funktioniert. Der Salzburger Ski-Präsident Alex Reiner belächelt meine Aussage. Technisch habe Maier noch zu große Probleme: „Warte nur, bis die schwierigen Abfahrten kommen"

Acht Siege und zwei Olympia-Goldmedaillen später waren wohl auch die letzten Skeptiker überzeugt. Mit dem Siegeszug von Hermann Maier habe ich als Trainer das geschafft, wovon ich als Sportler immer geträumt hatte: Ich wollte der Beste sein.

Meinen Weg dorthin lesen Sie in diesem Buch. Am Beginn stand eine unbeschwerte Kindheit mit vielen Lausbubenstreichen. Ich war Rauchfangkehrer, Skirennläufer, Leichtathlet, Fußballer und Bobfahrer bei den Olympischen Spielen in Lake Placid 1980. Als Sportler war ich gefühlt immer einen Schritt zu spät dran, oft erkannte ich erst im Nachhinein, wie es funktioniert hätte. Als Trainer hatte ich mehr Chancen, aus Fehlern zu lernen, um der Perfektion nahezukommen.

Basis für meine Autobiografie sind penible Aufzeichnungen. Dinge, die sich im Nachhinein nicht mehr beweisen lassen, bleiben unausgesprochen, die Leserin bzw. der Leser kann sich selbst ein Bild machen.

Schon als Sportler arbeitete ich an meiner Vision, eine Anlaufstelle für die Besten zu schaffen und letztlich den oder die Beste selbst zu betreuen. Ich trug Wissen aus der ganzen Welt zusammen, traf mich mit Koryphäen und gewann den wahrscheinlich Besten überhaupt für meinen Olympiastützpunkt: Bernd Pansold, den „Laktat-Papst" aus der früheren DDR. Seine Dopingvergangenheit interessierte mich nicht, dafür hing ich an seinen Lippen und schaute ihm über die Schultern, wenn er über Diagnostiken und Leistungskurven saß. Keiner kannte sich da besser aus. Dass ich Bernd auf Druck von ÖSV-Präsident Peter Schröcksnadel entlassen musste, war im Nachhinein betrachtet gut. So verfolgte ich Pansolds letztes dunkles Kapitel wie der Zuseher eines Krimis, wie Sie in Kapitel 7 erfahren werden.

Meine Sportler kamen für mich immer an erster Stelle. Oft blieben meine Familie und ich selbst auf der Strecke. Mitunter fehlte mir in geschäftlichen Dingen die Energie, den, wie es so schön heißt, Sack zuzumachen. Das nützten andere gnadenlos aus. Bei der Aufarbeitung meiner Geschichte war es mir ein Anliegen, auf Ungerechtigkeiten hinzuweisen. So schrieb ich mir auch die eine oder andere Enttäuschung von der Seele.

Unterm Strich bin ich dankbar, dass ich in 72 Jahren so viele spannende Erfahrungen machen durfte. Allerdings findet nur ein Bruchteil davon Platz in diesem Buch.

Der sechsjährige Heini in Obertauern, wo alles begann.

KAPITEL 1

„WIR HABEN DAS TRAINING REVOLUTIONIERT"

Linz, Sommer 2024. Im Bergmüller-Institut für Gesundheit und Fitness verabschieden sich die letzten Vormittags-Kunden. Den Nachmittag habe ich für Hermanns Besuch reserviert. 15 Jahre nach seinem Rücktritt wollen wir über gut zehn gemeinsame Jahre plaudern.

Hermann Maier im Gespräch mit Heini Bergmüller

15 Jahre ist es also her, dass Hermann Maier seinen Rücktritt bekannt gegeben hat. Auch wenn der Zeitpunkt für die meisten überraschend kam: Irgendwie hatte ich damit gerechnet. Im Frühjahr 2009 hatte sich Hermann nicht wie sonst immer nach Ende der Weltcup-Saison bei mir zurückgemeldet. Gut, dachte ich, mit 36 Jahren kann man es auch mal ruhiger angehen.

Am 13. Oktober 2009 war es tatsächlich soweit. Im Radio, im Fernsehen und im Netz gab's an diesem Tag nur ein Thema. In der Früh hatte Hermanns langjähriger Sponsor Raiffeisen Vertreter von Fernsehen und Printmedien für 14 Uhr zu einer Pressekonferenz gebeten. Als festlichen Rahmen hatte man das prunkvolle Dachfoyer in der Wiener Hofburg gewählt. Das konnte nur eines bedeuten: Hermann hört auf! Inzwischen hatte mich Hermann, sichtlich bewegt, über seinen Entschluss informiert. Ich war gespannt, wie er es der Öffentlichkeit sagen würde.

Tatsächlich, wie Hunderttausende Österreicher vor den TV-Schirmen live verfolgen, wird es sehr emotional. Hermann schluchzt, bringt lange keinen Ton heraus und sagt schließlich: „Ich habe mich nach kurzer Bedenkzeit entschieden, dass ich einen Schlussstrich ziehen und meine Karriere als Skirennläufer mit dem heutigen Tag beenden werde." Dann noch ein Satz, der mich besonders freut: „Ich fühle mich gesund wie am Beginn meiner Karriere. Ich kann jetzt bergab laufen, Tennis spielen und alles tun, wozu ich Lust habe. Nach meinem Motorrad-Unfall (*im August 2001, Anm.*) war das lange nicht möglich." Der Rücktritt ist also endgültig.

Und das soll jetzt 15 Jahre her sein? Für mich ist Hermann noch immer täglich präsent. Nicht nur, weil hier in meiner Praxis überall seine Bilder hängen: Hermann am Strand in Marokko 1999, wo er mich bei einer Motorrad-Abenteuer-Tour mit seinem Skitrainer

Andreas Evers viele Nerven kostete. Zwei Jahre später beim Superstars-Zehnkampf auf Jamaika, wo sich Hermann u. a. gegen US-Sportgrößen aus dem Football oder gegen Ski-Legende Alberto Tomba durchsetzte und ich ihn dabei coachen durfte. Für mich sind gemeinsame Erlebnisse wie diese noch unglaublich präsent. Fast, als wär's gestern gewesen.

Jetzt, 15 Jahre danach, spaziert Hermann in mein Büro. Dass er, der notorische Zuspätkommer, zehn Minuten zu früh dran ist, muss ich erst einmal verdauen. Er begrüßt mich mit demselben „Servus!", mit dem er Tag für Tag im Olympiastützpunkt Obertauern erschien. Er wirkt entspannt, topfit – und auch seinen Schmäh hat er nicht verloren. Ich habe einiges vorbereitet für dieses Treffen: Fotos, alte Trainingspläne, sogar einen aus Salzburger Landeskader-Zeiten von November 1985. Dazu Blutwert-Tabellen und Vergleichspläne von anderen Athleten, deren Werte ich mit denen von Hermann verglich.

Dann habe ich auch noch Leistungskurven von „normalen" Kunden, die nach dem während unserer Zeit entwickelten *Hermann Maier Trainingsprogramm* bzw. nach der *Fit in 100 Tagen*-Methode trainierten und bei denen auch faszinierend viel weitergegangen ist. Hermann sticht ein gut 30 Jahre altes Programm aus meiner Zeit als Konditionstrainer beim Österreichischen Skiverband ins Auge, und er staunt, dass wir schon damals CK- und Harnstoff-Werte[1] ermittelt hatten.

„Welche Hinweise hast du da gewonnen?", will er wissen. „Man sieht sofort, wer sich am Limit bewegt", gebe ich zurück. Hermann erkennt prompt: „Der muss dann einen Tag Pause machen." „Genau. Da hab ich zum Beispiel Hannes Trinkl ein paar Mal in Chile beim Überseetraining herausgenommen, worauf er mir bitterböse war. Oder Patrick Ortlieb, der hat durch unser Training

---

1 Das Muskelenzym Creatinkinase (CK) gibt Auskunft über die Leistungsbereitschaft der Muskelzellen; das Eiweißabbauprodukt Harnstoff lässt auf Fehlernährung oder Flüssigkeitsmangel schließen.

noch eine Chance bekommen. Ich hab mit den Burschen teilweise privat trainiert, die haben bei mir daheim in Werfen gewohnt. So ist Ortlieb dann Olympiasieger geworden." Wir kommen auf den Anfang der 1990er-Jahre von mir gegründeten Olympiastützpunkt zu sprechen. Der sollte Hermanns „zweite Heimat" werden. Und natürlich sprechen wir auch über die Anfänge, als ich dem nicht unumstrittenen ehemaligen DDR-Arzt Bernd Pansold eine Chance gab, indem ich ihn unsere Leistungsdiagnostiken auswerten ließ und in der Folge einige seiner Trainings-Ideen übernahm.

„Wieso warst du dir so sicher, dass der Weg vom Pansold der richtige war, wie bist du auf seine Trainingsmethode gekommen?", will Hermann wissen. „Damals hab ich mich umgehört und es hat geheißen: Pansold ist der Beste wenn es um Trainingssteuerung geht, er war der Laktat-Papst. Trotzdem war er verfügbar wegen seiner Stasi-Vergangenheit. Für mich hat damals nur sein Wissen gezählt. Wie dann alles eine ganz andere Wende genommen hat, werde ich in einem eigenen Kapitel in meinem Buch erzählen."

HERMANN ERINNERT SICH AN JEDES EINZELNE TRAINING

Ich zeige Hermann Trainings-Aufzeichnungen von einem Trainings-Camp aus dem September 2002 in Freiburg. „Schau, da bist du die Runde im Park jeweils zwei Mal gelaufen. Nach dem Einlaufen 15,3 km/h und dann sogar 17,6 km/h. Da sieht man, wie du dich weiterentwickelt hast." Ich greife zum Ordner aus dem Jahr 1997. „Im Vergleich dazu unsere erste Leistungsdiagnostik. Damals bist du gerade Mal 9 km/h an der aeroben Schwelle[2] gelaufen. Oder hier: Dein CK- und Harnstoff-Verlauf über die ganze Saison."

---

2 Die aerobe Schwelle (AS) wird beim Laktatstufentest ermittelt. Unterhalb der AS wird die Muskulatur ausreichend mit Sauerstoff versorgt. Je niedriger das Laktat, desto effektiver arbeitet das Herz.

Hermann kann sich an jedes einzelne Training erinnern. Auch das zeichnet ihn aus. In fast 45 Jahren als Trainer habe ich keinen Athleten erlebt, der alles so hinterfragt und sich über jeden Trainingswert seine Gedanken gemacht hat. Er saugte alle Informationen förmlich auf und erkannte selbst genau, was ihn weiterbrachte. Hermann: „Dabei war Laufen am Anfang sogar meine Stärke, während mir das Radfahren nicht so leichtgefallen ist." Umso schneller hat Hermann erkannt, dass konsequentes Ergometer-Radeln der Schlüssel für alles war. Sogar am Heiligen Abend war Hermann am Olympiastützpunkt. „Da haben wir eine Diagnostik wiederholt, weil du am Vortag so schlechte Werte gehabt hast," zeige ich ihm seinen Laktatstufentest vom 24. Dezember 1997. Hermann weiß sogar, weshalb wir den Test damals wiederholen mussten: „Haha, da hab ich mir auf dem Weg nach Obertauern eine Flasche Hohes C gekauft und ausgetrunken. Das hat die Werte total verfälscht."

Es entwickelt sich ein Gespräch, das ich in Interview-Form wiedergeben will. Die Fragen stellt mein Co-Autor Knut Okresek, der Hermann von dessen Motorrad-Unfall im August 2001 bis zum Gesamtweltcup-Sieg 2003/04 als Pressebetreuer begleitete, woraus auch die *Biografie Hermann Maier - Das Rennen meines Lebens* entstand.

Den Anstoß, in Obertauern zu trainieren, gab eine Verletzung ...

Hermann Maier: Tatsächlich hat alles mehr oder weniger zufällig begonnen. Heini hab ich aus meiner Zeit im Salzburger Landeskader gekannt. Damals war er noch für seine harten Methoden gefürchtet, als Schinderheini. Alle, die früher mit ihm trainiert haben, konnten kaum die Stiegen runtergehen, weil sie so einen Muskelkater hatten. Wie gesagt, dass wir uns im Jänner 1997 nach über zehn Jahren wieder begegnet sind, hat sich zufällig ergeben. Ich bin bei meiner ersten Weltcup-Abfahrt in Chamonix gestürzt und hab mir die Hand gebrochen. Ich war neu im Weltcup-Team und hab irgendwo trainieren müssen, um mich fit zu halten. Ich hab mich gefragt: Wo geh ich jetzt hin? Fitness-Center haben mich nie interessiert, so bin ich auf Obertauern gekommen. Von ÖSV-Kollegen wie Heinz Schilchegger oder Christian Mayer hab ich gewusst, dass die dort nach einem individuellen Programm trainiert haben. Also bin ich rauf und hab einmal auf eigene Faust mit wilden Sachen losgelegt, hab irre Gewichte gerissen und gehoben. Dann ist der Heini vorbeigekommen …

„Die gebrochene Hand war mein Glück"

Heini Bergmüller: Ich kann mich noch gut erinnern. Du hattest einen Unfall und wolltest sofort mit Krafttraining beginnen, was natürlich Wahnsinn war. Ich hab dir erklärt, was ich für sinnvoll erachtet hätte … Hermann war nicht abgeneigt, also hab ich ihn gefragt: „Willst du es nicht g'scheit probieren?"

Hermann: „Wieso nicht?", hab ich mir gedacht. Ich glaub, wir wollten es für zwei Wochen probieren und haben gleich ein Ausdauer-Profil erstellt. Dann ist es losgegangen. Und zwar richtig: Innerhalb von wenigen Tagen haben wir den Trainingsumfang von 3 x 25 Minuten über 3 x 30 auf 4 x 30 Minuten am Ergometer gesteigert. Und das hat sofort gegriffen.

Heini: Dazu haben wir natürlich gezielt Krafteinheiten eingebaut.

Hermann: Ein paar Wochen später bin ich in Garmisch in den Weltcup zurückgekommen und war auf Anhieb Zweiter, am Tag darauf bin ich meinen dritten Super-G gefahren und hab zum ersten Mal im Weltcup gewonnen. Da hab ich gewusst: das funktioniert! In nur kurzer Zeit hab ich ein neues Körpergefühl entwickelt, ganz anders als früher, als ich mit dem Ski-Team trainiert hab: viel Kraft mit Reißen und Heben und ohne Regeneration. Damals war ich ständig am Anschlag und fast immer an der Kippe zum Krankwerden. Aber nach nur ein paar Wochen Heini-Training hab ich mich zum ersten Mal topfit und gesund gefühlt. So gesehen war die gebrochene Hand ein Glücksfall für mich.

Heini: Wobei einfach war es nicht, alles beim Skiverband durchzubringen.

Hermann *(lacht)*: Ich hab alles Mögliche vorgeschoben, dass ich die Kondikurse mit dem ÖSV nicht mehr mitmachen musste – zum Beispiel einen eitrigen Zahn ...

Heini: Mit dir ist der Olympiastützpunkt Obertauern dann richtig gewachsen.

„Wenn dieses Training keine Wirkung zeigt, dann funktioniert gar nix"

Hermann: Ich hatte zum ersten Mal eine fixe Trainingsstätte und viel Zeit. Nach meinem Arbeitsleben *(als Maurer, Anm.)* hat mich das Training mit dem Ski-Team nicht wirklich ausgefüllt. Mit dem Heini hat sich das geändert: Weil mein Oberkörper vom Arbeiten eh schon gut trainiert war, ist jetzt der Schwerpunkt auf Ergometer-Radeln und Laufen gelegen. Zudem haben wir uns auf die Beinmuskulatur konzentriert. Auch da hab ich enorme Leistungssprünge gemacht. In Obertauern hat es schon damals ein Compex-Gerät *(zur Muskelstimulation, Anm.)* gegeben, damit haben wir beim

Oberschenkelmuskel zusätzlich elektrische Reize gesetzt, und die Beinpresse ist zum Folterinstrument geworden. Ich hab alles total ausgereizt. Die Schweißperlen sind rausgekommen, und ich war selbst erstaunt, dass dieses immer mehr, immer mehr überhaupt möglich war. Ich hatte Angst, die Patellasehne im Knie könnte reißen bei diesen Kräften. Aber im entscheidenden Moment hast du es dann gestoppt. Ich hab gewusst: Wenn dieses Training keine Wirkung zeigt, dann funktioniert gar nix.

Heini: Weil ich auch beim Krafttraining alles über Laktatkontrollen gesteuert hab. Schau, hier hab ich die Analyse unserer ersten gemeinsamen Saison: Beim Oberkörper-Krafttraining hast du 70,3 Tonnen umgesetzt, das ist fast gar nix. Ein Zehnkämpfer macht in der Vorbereitung vielleicht 1000 Tonnen. Wie gesagt: Wir haben uns auf die Bein-Muskulatur konzentriert. Und du warst der perfekte Athlet, der alles richtig umgesetzt hat. Da ist alles aufgegangen. Ich hatte viele gute Skifahrer, aber keinen, der von der Genetik her so viel mitgebracht hat.

Hermann: Das Oberkörpertraining haben wir nebenbei eingebaut – zum Beispiel mit täglichen Medizinball-Übungen oder Jonglieren mit den schweren Kugelstoßkugeln. Mir hat auch die Atmosphäre im Olympiastützpunkt getaugt. Zu Beginn waren wir ein kleines Häufchen mit ein paar Skifahrern. Später sind Snowboarder dazu gekommen. Und Christoph Sieber (*Surf-Olympiasieger und jetziger ÖOC-Sportdirektor, Anm.*) hat noch Spirituelles mitgebracht.

Heini: Und ein paar deiner Kollegen aus dem Ausland hatten wir auch. Den Schweden Freddy Nyberg zum Beispiel. Der hat mit meinem Programm wieder Riesentorläufe und einen Super-G gewonnen, was dir, glaub ich, gar nicht so recht war. Aber wir haben die Einnahmen durch zahlende Sportler gebraucht. Der ÖSV war offenbar zu dumm, als dass er verstanden hätte, sich unser Knowhow exklusiv zu sichern.

Auf dem Schreibtisch liegen *Das Hermann Maier Trainingsprogramm* und *Fit in 100 Tagen*, beide mit Hermann auf dem Cover.

Heini: Zu dieser Zeit sind unsere Bücher Bestseller geworden, und du damit zur Symbolfigur einer neuen Fitness-Bewegung. Dem ÖSV wiederum war das nicht wirklich recht, weil da wollte man mit Stephan Eberharter und Benni Raich mit der Uniqa was Ähnliches aufbauen.

Hermann: Ja, da war immer eine gewisse Konkurrenz, die anderen haben sich irgendwie in der Opferrolle gefühlt (*weil sich medial gefühlt alles um den Herminator drehte, Anm.*).

Warum hat eure Zusammenarbeit so gut funktioniert?

Hermann: Ich kenne den Heini wie gesagt schon wahnsinnig lang. Zu meiner Zeit als Nachwuchsläufer hat er uns bis zur totalen Erschöpfung in der Gegend herumlaufen lassen. Wenn danach alle noch normal gehen konnten, war es kein richtiges Training. Aber er hat sich enorm weiterentwickelt. Später hab ich seine andere Seite kennengelernt und die Methode, mit der er das Training revolutioniert hat. Mit ruhigem Radeln und viel Regeneration. Das war komplett das Gegenteil: viel Umfang, weniger Intensität. Diese Entwicklung hat sich als der richtige Weg herausgestellt. Dazu kommt viel Herzblut: Heini lebt mit dir als Sportler mit und das mit einer unglaublichen Begeisterung. Ich glaub, da gibt's nicht viele auf der Welt.

Heini: Bei Hermann hat wie gesagt alles gepasst. Er hatte die körperlichen Voraussetzungen und die Intelligenz, alles zu hinterfragen und das gewonnene Wissen für sich zu nützen. Dazu war er bereit, das Programm mit über tausend Ausdauerminuten pro Woche und zusätzlichen Kraft- und Koordinations-Einheiten durchzuziehen. Wobei ich natürlich Verständnis dafür hatte, dass er manchmal am Wochenende doch länger unterwegs war …

Bist du eigentlich jemals auf die Idee gekommen, dass dieser Weg doch nicht der richtige sein könnte?

Hermann: Nie! Es hat ja sofort der Erfolg eingesetzt, um das ist es ja gegangen. Klar hinterfragt man hie und da Dinge: Wär das oder das vielleicht besser gewesen? Aber das ist ja klar, wenn man so lange zusammenarbeitet. Und ja, natürlich gab's hin und wieder Diskussionen. Das ist ja daheim nicht anders, da stört es dich vielleicht auch, wenn der Geschirrspüler anders eingeräumt ist. Ich hab mir auch Fragen gestellt, zum Beispiel: Sollten wir nicht mehr Schnelligkeit machen? Vor allem durch meinen Motorrad-Unfall hat sich einiges geändert, danach war das Training oft ein Spagat. Die Frage „Wie viel geht noch?", stand immer im Raum. Ich hätte oft gerne noch intensiver, noch mehr und noch abwechslungsreicher trainiert. Aber nach dem Unfall mussten wir noch individueller auf meinen Körper eingehen. Bis dahin war er ein Werkzeug, mit dem du radikal arbeiten konntest, weil alles funktioniert hat.

Hermann wirft einen Blick auf mein Diagnostik-Rad und auf das Laufband, auf dem meine Athleten, aber auch „normale", gesundheitsbewusste Kunden ihre Laktatstufentests absolvieren.

Hermann: Vielleicht sollt ich auch wieder einen Test machen. Ich profitiere ja heute noch immer irrsinnig viel von dem Training damals. Weil ich noch immer nach dem Prinzip von damals weiter mach. Ich kann mich zum Beispiel nach wie vor ewig im Fettverbrennungsbereich bewegen. Jetzt hilft mir das beim Skitouren-Gehen. Wenn du das g'scheit machst, ist es unglaublich anstrengend, da bist du schnell draußen aus der Fettverbrennungszone. Da hilft mir die Erfahrung aus der Zeit mit Heini. Davor war mir das echt nicht bewusst, dass man weniger Intensität und dafür umso mehr Umfang trainieren muss. Heini hat mir klar gemacht, dass du so die entscheidende Basis für intensive Einheiten legst. Wie bei einem Haus. Mit einem g'scheiten Umfang-Fundament kannst du dann auch die Intensität steigern. Mit diesem Wissen hab ich ein enormes Körpergefühl entwickelt. Beim Laufen zum Beispiel hab ich auch ohne Pulsuhr immer auf zwei, drei Schläge genau gewusst, wie hoch mein Herzschlag war.

Heini: Du hast auch ein unglaubliches Zeitgefühl entwickelt. Ich hab dich zum Beispiel eine Viertelstunde laufen lassen, ohne Uhr. Du bist zurückgekommen und hast gesagt: Ich glaub, das war jetzt eine halbe Minute zu kurz. Das hat fast auf die Sekunde genau gestimmt.

Hermann: Dieses Gefühl hab ich auch heute noch, egal, was ich mach. Auch bei einem Werbedreh zum Beispiel, bei dem alles auf die Sekunde getimt ist. Aber dazu musst du deinen Körper in einem guten Zustand halten, sonst geht auch das verloren. Wobei, und das werden dir deine Aufzeichnungen bestätigen, vor meinem Motorrad-Unfall, 1998, 1999, hab ich teilweise schon zu viel trainiert. Wahnsinn, wie viele Stunden ich da am Ergometer gesessen bin.

Wie hast du dieses tägliche monotone Indoor-Radeln überhaupt durchgedrückt?

Hermann: Hie und da musst du dann eh ausbrechen. Das waren die Zeiten – Heini, du hast es eh vorhin angesprochen – in denen ich dann öfter unterwegs war. Ewig am Ergometer sitzen, irgendwann geht sich das nicht mehr aus. Da ist der Wille (*aus Trainer-Sicht, Anm.*) größer als der Nutzen, bei all der Weiterentwicklung, die es ja unbestritten gab.

Heini: Aber es war notwendig, um das vorhin angesprochene Fundament zu legen.

Hermann: Jaja, aber ein bissl weniger hätte vermutlich auch gereicht.

Heini: Aber genau das ist das Problem der meisten Skirennläufer, vor allem bei den Frauen. Die haben die notwendige Grundlagen-Ausdauer nie mitbekommen beziehungsweise immer falsch trainiert. Deswegen war es mir so wichtig, dich stabil zu bekommen.

Hermann: Ja, der Heini hat gesagt: 1200 Ausdauerminuten müssen wir in dieser Woche schaffen. Das muss man sich mal ausrechnen, wie viele Stunden ich neben den Kraft-, Koordinations- und den Skitrainings am Radl gesessen bin ...

Heini: Mit dir konnte ich meine Visionen perfekt umsetzen. Das ging so weit, dass ich sogar von dir geträumt gab – zum Beispiel vor dem Riesentorlauf in Park City 1997, dass du überlegen gewinnen würdest.

Hermann: Ich war tatsächlich zwei Sekunden vorn.

Heini: Dabei war Hermann in den USA, und ich hab sein Ausdauertraining aus der Ferne gesteuert. Wir haben mindestens einmal am Tag telefoniert, auch wenn es bei mir dann meistens mitten in der Nacht war. Du bist ja auch während der Rennsaison täglich am Ergometer gesessen ...

Hermann: Das war mit das Entscheidende, weil sonst die Regeneration zu kurz gekommen wäre. Das hat mir geholfen, die vielen Nebengeräusche besser zu mitzunehmen: Auslosungen, Medienrunden, Pressekonferenzen, Sponsor-Termine usw. Das alles unterzubringen war die große Herausforderung. Diese G'schichten kosten richtig viel Energie. Das Skifahren daneben war vergleichsweise einfach.

Heini: Deswegen haben wir oft auch am Wochenende trainiert, um das nachzuholen, was sich unter der Woche nicht ausgegangen ist.

Hermann: Da war der Heini streng. Es war ihm wichtig, dass ich meine 1200 Ausdauer-Minuten in der Woche durchgezogen hab.

Heini: Manchmal hab ich ein Machtwort sprechen müssen. Zum Beispiel deine berühmte Absage für Kitzbühel vor den Olympischen Spielen 1998. Deine Schienbeine waren beleidigt, du warst auch nicht ganz gesund. Ich hab gesagt: „Du musst da raus."

Trotzdem bist du für einen Tag nach Kitzbühel gefahren, um zu demonstrieren, wie schlecht es dir ging ...

Hermann: Die Abfahrt war in diesem Jahr sowieso a Kas, eine Familienabfahrt, weil die Traverse umfahren worden ist (*es ging über den Ganslernhang, Anm.*). Und weil das Wetter so schlecht war, ist der Start nach unten verlegt worden. Aber was der ÖSV dann aufgeführt hat mit mir, war noch viel anstrengender, als wenn ich ein Rennen gefahren wär. PR- und Medientermine von früh bis spät – ein Horror! Ich hätte gleich wieder abhauen sollen. Wenn du nicht fit bist, bist nicht fit.

Trotzdem hast du so nur einen Tag verloren ...

Hermann: Da war dann super, dass ich am nächsten Tag wieder in Obertauern am Ergometer gesessen bin. Diese Routine hab ich so gebraucht.

Heini: Danach hast du genau das umgesetzt, was ich vorgegeben hab. Genauso wie nach deinem ersten Sommertraining in Südamerika, als deine Werte im Keller waren und ich Riesendiskussionen mit Toni Giger *(dem damaligen Trainer der Weltcup- Gruppe mit Kalibern wie Maier, Eberharter und Knauß, Anm.)* hatte. Der hat sich fürchterlich aufgeregt und gemeint, was ich mir einbilde und dass ich deine Karriere kaputt machen würde. Er hat sogar damit gedroht, dass du keinen Startplatz in der Abfahrt bekommst.

Hermann: Das war die erste ganz große Hürde, die wir genommen haben. Dabei waren diese moderaten Einheiten am Ergometer optimal, um wieder meinen Rhythmus zu bekommen. Manchmal war ich nach den Reisestrapazen und wegen der Zeitumstellung so müde, dass ich sogar eingeschlafen bin am Ergometer. Oft hab ich auch meinen Geburtstag *(am 7. Dezember, Anm.)* am Radl verbracht. Der Weltcup-Kalender war so verrückt, dass es dann gleich weitergegangen ist mit den Rennen in Val d'Isère. Aber wie gesagt: In meinem gewohnten Umfeld hab ich Ruhe gefunden und den Fokus. Das Trainingszentrum in Obertauern war der perfekte Rückzugsort. Letztlich geht es nur darum, dass du bestmöglich vorbereitet am Start stehst und deine Leistung bringst. Da war das Heini-Umfeld perfekt.

Nach zehn Monaten Training am Olympiastützpunkt Obertauern startete Hermann Maier im Weltcup durch. Die Welt staunte über den Herminator, der überlegen den Gesamtweltcup gewann und bei den Olympischen Winterspielen 1998 in Nagano nach dem Abflug des Jahrhunderts aufstand, als wär nichts gewesen und zweimal Gold holte. Wobei du, Heini, auch da nicht unbeteiligt warst ...

Heini: Ich bin erst während der Spiele, am Tag der mehrfach verschobenen Abfahrt, nach Japan gekommen. Bei der Ankunft in der Flughafen-Halle hab ich auf einem Riesen-Fernseher gesehen, wie sie Mario Reiter auf Schultern getragen haben und mich gefreut: Ah, der Mario ist Kombi-Olympiasieger. Mein nächster Gedanke war: Und was ist mit dem Hermann? Dann haben sie auch schon deinen berühmten Abflug gezeigt. Von daheim aus hatte ich alles organisiert. Mit Ergometern usw., wobei uns die Japaner bei der Laktateinstellung geholfen haben. Ich bin offenbar genau im richtigen Moment gekommen.

Hermann: Jedenfalls war dir wichtig, dass ich mich nach dem Sturz so schnell wie möglich auf das Ergometer setze, dass ich meine Routine wieder hatte. Mein Knie war wahnsinnig angeschwollen, irgendwie hab ich den Erguss loswerden müssen.

Heini: Am Tag vor dem Super-G hab ich dich ein paar Minuten mittelintensiv radeln lassen, mit bis zu 300 Watt. Danach hab ich die ganze Nacht nicht geschlafen, weil ich mir solche Sorgen gemacht hab, dass das vielleicht zu viel war und der Erguss wieder zurück kommen würde. Andererseits hast du genau das gebraucht, um zu spüren, dass die Kraft zurückkommt.

Hermann: Genau das war auch mir wichtig, vielleicht bin ich sogar noch intensiver gefahren, als du vorgegeben hast. Ich wollte wissen, ob ich mir wieder eine volle Belastung zumuten kann. Und das alles auf dem komischen japanischen Ergometer. Ein Wahnsinn!

BIS ZUM MOTORRAD-UNFALL 2001 GING ES NUR BERGAUF

Meine minutiös geführten Aufzeichnungen aller Leistungstests zeigen, wie sich Hermann von Saison zu Saison signifikant steigerte. Bis zum Motorrad-Unfall am 24. August 2001, als ein unachtsamer Mercedes-Lenker die Karriere des weltbesten Skirennläufers fast beendet hätte.

Hermann, denkst du noch oft an die Tage nach dem Unfall und Heinis Rolle damals zurück?

Hermann: Gott sei Dank immer weniger.

Heini: Ich habe natürlich auch das Training unmittelbar davor dokumentiert: Schau, das bist du am 21. August 2001 geradelt. Sensationell dafür, dass du erst ein paar Tage davor vom Schneetraining aus Chile zurückgekommen bist. Dann ist der Anruf aus Radstadt gekommen, ab diesem Zeitpunkt war auch für mich plötzlich alles anders.

Während die Ärzte in der Intensivstation um dein Bein gekämpft haben, hat Heini deine Mutter beruhigt und sie ernsthaft davon überzeugen wollen, dass sich ein Start bei den Olympischen Spielen in Salt Lake City 2002 noch ausgehen könnte.

Hermann: Ich war hinter der Glastür und hab alles rausgekotzt, was sie mir gegeben haben, genau wie ich es in meiner Biografie beschrieben hab. Im Nachhinein war natürlich alles Wahnsinn. Andererseits, wenn wir nicht immer so weitergedacht und versucht hätten, das Positive zu sehen, hätte das auch ganz anders ausgehen können. Ohne dieser Hoffnung gleich am Anfang hätte ich gleich aufgeben können. Dieses positive Denken war das Entscheidende. Wobei, vielleicht wollte ich am Anfang gar nicht wahrhaben, was wirklich los war. Wie gesagt, hätte es ja davor nicht besser laufen können. Durch den Unfall hatte ich meinen ersten ganz großen Verletzungsrückschlag. Es hat schon eine Zeit gebraucht, um zu realisieren, dass ich gewaltig aus der Bahn gerissen worden bin. Du fragst dich: „Kann das jetzt wirklich so arg sein? Es ist doch alles so gut gelaufen." Da willst du nicht aufhören, zu träumen. Das Ziel (*Olympia 2002, Anm.*) war ja so konkret vor Augen. Auf der anderen Seite beginnst du zu realisieren, dass der Fuß fast weg ist. Wenn du eine Querschnittlähmung hast, was ja nicht so weit weg war, kannst das Hakerl drunter machen. So schlimm war es zum Glück nicht. Und dann klammerst du dich an alles, was dir Hoffnung macht.

Legendär sind die Bilder, die dich unmittelbar nach der Überstellung aus der Intensiv- in die Normalstation Handergometer-radelnd zeigen. Heinis Idee …

Hermann: Das Handergometer … Ja, das war schon verrückt. Das hat viel Energie gekostet. Andererseits war der Kopf plötzlich wieder bei dem, was ja so gut funktioniert hat: beim täglichen Training, das dich ja weiterbringt. Im Nachhinein stellt sich schon die Frage: Was wär jetzt gescheiter gewesen? Nix tun und warten, dass es besser wird? Neben all den Medikamenten, den Antibiotika, die ich bekommen hab, hatte dieses Handergometer-Training doch eine positive Wirkung. Es ging einfach darum, etwas anderes zu machen. Ich konnte ja nur liegen. Jede Innovation, die Heini reingebracht hat, war ein großer Gewinn.

Du hast immer wieder erwähnt, wie wichtig Heinis positive Einstellung in dieser Phase für dich war …

Hermann: Als er mich das erste Mal in der Intensivstadion besucht hat, in seinem schmucken Krankenhaus-Kleid, hab ich fast schmunzeln müssen. Dann ein paar Tae später oben (*in der Normalstation, Anm.*) hat er fast noch mehr geschluckt, weil ich so schlimm beinand war …

Heini: Ich war damals selbst frisch an der Achillessehne operiert, musste aber den Fitten spielen. Einmal bist du von der Bettkante runtergerutscht, und ich hab dich aufgefangen. Da wär mir die Sehne fast ein zweites Mal gerissen. Und wenn ich nicht bei dir war, hab ich mit meinen Leuten nächtelang diskutiert, wie wir die Reha angehen könnten. Du hast mich auf der Intensivstation gefragt, ob das noch was wird. Was hätte ich sagen sollen? Für mich hat es nur eine Antwort gegeben: Natürlich wird das wieder, wir kriegen dich fit. Davon war ich zu 100 Prozent überzeugt.

Hermann: Genau diesen Zuspruch hab ich gebraucht.

Heini: Deswegen war es so wichtig, dass du schnell wieder damit begonnen hast, Bewegung zu machen. Dass du deinem Körper wieder was Vertrautes gegeben hast, hat dir enorm geholfen. Abgesehen davon war das für den Herzkreislauf, den Stoffwechsel und vor allem für die Psyche unglaublich gut.

Hast du Heini gehasst, als er schon im Krankenhaus mit seinem Trainingsprogramm dahergekommen ist?

Hermann: Im Gegenteil: Er hat mir damit geholfen, durch die teilweise enormen Ups und Downs zu kommen, wobei ich ja auch noch stark unter medikamentösem Einfluss gestanden bin. Da waren Tage dabei, an denen ich keinen sehen wollte. Ich wusste aber: Letztlich liegt es allein an mir, die Vorgaben umzusetzen. Ich wusste, ich muss mich da rausholen. Das ambitionierte Ziel, fünf

Monate später zu den Olympischen Spielen zu fahren, war schon sehr hoch gegriffen, im Nachhinein gesehen.

Was sich ja eindeutig nicht ausgegangen ist.

Heini: Wir hatten ja keine Erfahrung in diesen Dingen. Aber ich behaupte, dass dich dieses, im Nachhinein betrachtet, absurde Ziel weitergebracht hat. Es hat auch unser gesamtes Team motiviert.

Heini, gibt es etwas, was du nach all den Jahren gern von Hermann wissen würdest?

Heini: Schwierige Frage. Wie war unsere Zusammenarbeit aus deiner Sicht, Hermann?

Hermann: Ich glaub, wir haben hervorragend harmoniert. Ich war so was wie ein Sohn, du warst der Vater. Mit den Erfahrungen haben wir uns beide weiterentwickelt. Was uns verbindet: Wir waren beide Einzelkämpfer. Da war der Heini mit seinen Verbands-Querelen, und bei mir war's ähnlich. Ich bin ständig mit Sachen dahergekommen, die die anderen nicht hatten. Zum Beispiel, als ich in Wengen das Ergometer in der Bahn mit rauf geschleppt hab (*zu den Lauberhornrennen, Anm.*), waren alle aus dem Häuschen. Aber lange hat's nicht gedauert, da ist der erste gekommen und hat gefragt, ob er sich auch raufsetzen darf. Als der Werner Franz in die Pedale getreten hat, ist mir sofort aufgefallen: Ui, der ist intensiv unterwegs! Ich hab trotzdem am Heini-System festgehalten. Wenn du Rennen gewinnst, dann färbt das auf andere ab. Wenn du zum Seriensieger wirst, wird es erst recht interessant. Nichtsdestotrotz hab ich mein Einzelkämpfertum durchgezogen.

„Als Maurer war ich es gewohnt, zehn Stunden am Tag zu arbeiten"

Weil du eure Arbeit mit einer Vater-Sohn-Beziehung vergleichst: Ein paar Mal warst du schon schlimm, oder?

Hermann: Nicht wirklich. Wir waren ja beide erwachsen und hatten das gleiche Ziel. Das war lustigerweise für mich nicht so sehr der Erfolg bei Rennen, sondern, dass ich mich körperlich weiterentwickle. Ich wollte ausreizen, was möglich war. Auf dem Weg dorthin war es mir wichtig, dass wir regelmäßig überprüfen: Wo steh ich eigentlich? Geht was weiter? Wie fühle ich mich, wenn ich mehr radle, oder soll ich doch mehr auf Schnee trainieren? Als Maurer war ich es gewohnt, zehn Stunden oder länger am Tag zu arbeiten. Im Vergleich dazu war das Training eine Erholung. Und Heini hatte mit seinen Leistungsdiagnostiken die perfekten Parameter.

Heini: Ich hab an Hermanns Aura gemerkt, dass da was Besonderes passiert. Er hat sich für alles auch unglaublich viel Zeit genommen. Andere spulen ihr Training so schnell wie möglich runter und hauen wieder ab. Hermann hat manchmal auch nach neun am Abend erwartet, dass ich für ihn da bin.

Hermann: Das waren schon lange Tage.

Heini: Hermann hat alles gewissenhaft durchgezogen, alles mit Ruhe. Oft hat er sich eine Stunde lang eingesperrt, nur um zu dehnen. Es war auch wichtig, dass er zwischen dem Vormittags- und dem Nachmittags-Block Ruhe gegeben hat, um zu regenerieren.

Hermann: Die größte Hürde war, dass um zwei Uhr das Restaurant zugesperrt hat. Ich war einfach überall der Letzte. Aber ja, das Krafttraining hat zwischen vier und fünf Stunden gedauert. Und dann am Nachmittag war noch einmal Ausdauertraining. Da kommen dann schnell acht Stunden reines Training zusammen. Vielleicht würde ich es jetzt doch ein bissl anders machen. Auch wenn ich ein Nachtmensch bin: Vielleicht wär's nicht schlecht, das ganze Programm nach vorne zu ziehen, aber das seh ich vielleicht auch altersbedingt jetzt anders.

Ihr habt neue Maßstäbe im Training gesetzt. Wart ihr euch dessen bewusst?

Heini: Ich hatte einen groben Plan für die ganze Saison, aber ich habe praktisch jeden Tag reagiert: Was funktioniert, wo kommen wir weiter? Wo müssen wir gegensteuern usw. Skifahren spielt sich im obersten Laktatbereich ab. Das bedeutet, dass das Konditionstraining zum Großteil im moderaten Bereich passieren muss, sonst kippt das Ganze.

Hermann: Ja, sonst kommst du nie wieder runter.

„Ich hab mir einen Panzer antrainiert"

Heini: Die Folge sind Leistungseinbrüche und Verletzungen. Unsere Erkenntnis war, dass man neben dem Skifahren nicht intensiv trainieren darf, sondern nur regenerativ.

Hermann: Genau deswegen hab ich mich nie verletzt. Durch diese Art des Trainings mit hohen Umfängen und gezielten Krafteinheiten hab ich mir richtiggehend einen Panzer antrainiert.

In der Kraftkammer hab ich gemerkt, wie dieser Panzer noch fester und noch fester wurde. Ich hab mich fast unverwundbar gefühlt. Ich war mit mir und meinem Training vollkommen im Reinen. Vielleicht passieren heutzutage wieder so viele Verletzungen, weil das Training offenbar wieder in die falsche Richtung geht.

Heini: Dazu kam, dass du extrem gut angesprochen hast auf das Training in Kombination mit der Höhenlage von Obertauern (*auf 1800 Höhenmetern, Anm.*).

Hermann: Dadurch ist sicher noch mehr weitergegangen. Ich erinnere mich, wie locker ich damals oben in der Höhe um den Bergsee gelaufen bin, vom Gefühl her wie eine Gams. Danach bin ich unten in Flachau förmlich explodiert. Ich erinnere mich an eine Rennrad-Runde kurz vor dem Weltcup-Auftakt, da ist mir vorgekommen, als ob ich geflogen wäre. Weil in der Höhe alles anstrengender war, hab ich unten umso mehr davon profitiert. Ich hab die Form von oben mitgenommen und das ohne Verletzungen. Bei anderen Kollegen hab ich gesehen, dass sie nach Verletzungen mit dieser Art des Trainings viel schneller zurückgekommen sind. Ausgelöst durch Heinis *Fit in 100 Tagen*-Buch sind dann auch viele normale Leute raufgekommen und haben gemerkt: Das funktioniert auch bei ihnen genauso wie bei uns im Spitzenbereich.

Wobei eigentlich erstaunlich ist, dass sich euer Training nicht komplett durchgesetzt hat und inzwischen wieder das intensive Training (Stichwort HIIT, Cross-Fit) in ist …

Hermann: Mit Marcel Hirscher und seinem intensivem Cross-Fit ist es wieder in die völlig andere Richtung gegangen, bei diesem

Training schießt das Laktat brutal in die Höhe. Und am Schluss war auch er am Limit, und das mit nur zwei Disziplinen, ohne die Abfahrten mit dem vielen Zuwarten, den Verschiebungen und dem Angstfaktor, der da noch mitspielt. Da wartest du im gemütlichen Hotelzimmer und dann musst du raus und rauf, wo viele Gefahren lauern. Auch dabei hat mir übrigens mein Training sehr geholfen, meine Kondi hab ich gebraucht, damit ich mein ganzes Klumpert mit Ergometer, diversen Geräten und mehreren Paar Skischuhen derschleppt hab. Wer weiß, was mit einer Riesen-Entourage alles möglich gewesen wäre, und mit einer optimalen Ernährung.

Heini: Da hatten wir Riesen-Defizite.

Hermann: Wenn ich das alles ausreize, gewinn ich alles.

Wobei, dass du nach deinem Motorrad-Unfall mit dem kaputten Fußgelenk noch einmal den Gesamtweltcup und WM-Gold gewonnen hast, ist ohnehin unglaublich ...

Hermann: Ja, eh, für die Zeit nach dem Unfall stimmt das schon. Aber mit noch besser zugeschnittenem Training und noch mehr Spezialisten in meinem Betreuerteam wär noch viel mehr möglich gewesen. Bei meinem Nachfolger hat der ÖSV gecheckt: Aha, wir müssen den oder die Besten speziell unterstützen, egal wie. Mein Beispiel hat Schule gemacht. Das Ergometer, den ich zu den Rennen mitgeschleppt hab, hatten die anderen bis dahin nur zum Gewand-Aufhängen daheim. Ein Jahr später hat der ÖSV automatisch Ergometer mitgenommen. Und plötzlich haben das auch die anderen Teams, die Amis usw. nachgemacht.

„Wir waren die Vorreiter"

Heini: Da waren wir im sprichwörtlichen Sinn die Vorreiter.

Hermann: Die Schweizer sind sogar mit einem Trainer raufgekommen zum Olympiastützpunkt und haben mich beobachtet wie einen Affen im Tiergarten. Als sie meine Wattzahlen wissen wollten, hab ich maßlos übertrieben, worauf sie total fertig waren: „Wahnsinn, wie kann man das treten?" Dabei musst du wie gesagt – ganz im Gegenteil – konsequent im unteren Bereich radeln. Alle, die das durchgezogen haben, haben sich weiterentwickelt.

Heini: Es ist ja kein Zufall, dass auch Top-Manager zu mir kommen und bleiben, weil sie sehen, was da weitergeht.

Hermann: Sicher, weil sich zu meiner Zeit herumgesprochen hat, wie effektiv das Heini-Bergmüller-Training ist. Das Schöne ist: Alle gehen zufrieden heim. Wie viele Trainingsprogramme gibt es, die so sicher funktionieren? Die Leute, die sich aufpumpen wollen zu Mini-Schwarzeneggers sehen zwar auch einen Erfolg, zumindest optisch. Aber dieser Effekt ist auch schnell wieder weg. Mit Heinis Training hast du eine ganz andere Basis, das hilft dir auch im Stress und im Beruf.

Heini: Andere haben sich Wunder oder Zaubertricks erhofft. Als ich ihnen nur moderates Radeln verordnet hab, sind sie nie wieder gekommen.

Hermann: Manche wollen es auch nicht wahrhaben, dass man so viele Stunden trainieren muss. Dabei ist der Umfang das Um und Auf. Abkürzen funktioniert da einfach nicht. Diese Bereitschaft fehlt auch vielen Leistungssportlern. Gerade im Alpinen Skisport stellst du dir die Frage: Brauch ich so eine gute Kondition, um schneller durch die Tore zu kommen? Im Fußball ist es, fürchte ich ähnlich, da glauben viele, dass sie sich auf ihren guten rechten Haken verlassen können. Beim Skilanglaufen oder als Marathonläufer ist es klar, dass es ohne Konsequenz nicht geht.

Heini: Gutes Stichwort: Der ehemalige Manchester-United-Stürmer Dimitar Berbatov war eine große Nummer, der ist mit drei Managern zu mir gekommen. Er hatte mit beiden Achillessehnen Probleme und ist vor einer Operation gestanden. Nach einem halben Jahr mit meinem Programm und mit Hilfe von Vincent (*Vermeulen, dem ehemaligen Physiotherapie-Leiter am Olympiastützunkt, Anm.*) war er beschwerdefrei. Bei Manchester haben sie nur vormittags trainiert, da ist sich das Ausdauertraining am Nachmittag super ausgegangen.

Hermann: Aber dazu braucht es die Bereitschaft und den Willen, alles umzusetzen. Das Training der heimischen Fußballer konnte man mit dem von uns Skifahrern nicht vergleichen. Da hat der eine oder andere geraucht und Unmengen Kaffee getrunken. Teilweise hatten die Fußballer, die ich am Olympiastützpunkt getroffen hab, fitnessmäßig nicht einmal ein Hobby-Niveau.

Heini: Als ich die Wiener Austria betreut hab, hat es ständig Diskussionen gegeben. Da hat sich zum Beispiel der damalige Kapitän darüber aufgeregt, dass sie drei, vier Mal in der Woche eine Dreiviertelstunde radeln mussten. Ich hab damals gemeint: „Hör zu. Du bist ein mäßig erfolgreicher Fußballer – beschämend, wie viel andere Sportler im Vergleich zu euch investieren müssen."

Hermann: Haha, mäßig erfolgreicher Fußballer – das klingt nach Heini …

Heini: Und beim Trainingslager in der Türkei hat sich der Kapitän beim Geschäftsführer beschwert, dass der Zeugwart vor seinem eigentlichen Arbeitsbeginn aufstehen musste, um die Schuhe für den Morgenlauf herzurichten. Mit so einer Einstellung kann nix rauskommen.

Hermann: Wie gesagt, wir hätten unser System perfektionieren können. Andererseits bin ich Skirennläufer, und da kommt es doch noch auf viele andere Faktoren an. Ich glaub, wir haben das perfekt hinbekommen. Selbst bei Dingen, die jetzt als neue Errungenschaft gelten, wie zum Beispiel das Vermessen von rechter und linker Gehirnhälfte-Funktionen, waren wir vor 20 Jahren schon sehr weit. Ich glaub, mit unseren Leistungsdiagnostiken waren wir sogar besser unterwegs, als sie es heute sind. Deswegen kann ich mir kaum vorstellen, dass heute einer an unsere Werte herankommt. Vielleicht hätten wir da und dort noch nachjustieren können. Im Skisport geht's nämlich viel komplexer zu als bei einem Radrennen, wo es darum geht, dass du konstant 450 Watt rauf nach l'Alpe d'Huez trittst.

Heini: Gerade das hat die Arbeit mit dir so interessant gemacht.

Hermann: Und das Schönste war, dass Heini während ich trainiert hab immer wieder herrliche Anekdoten von früher auf Lager hatte. Wobei meine Lieblingsgeschichte die aus seiner Kindheit in Werfen ist, wo sie den Hollywood-Schinken *Agenten sterben einsam* gedreht haben. Als er mit seinen Freunden über eine Leiter die Burgmauer raufgeklettert ist und Liz Taylor beim Duschen zugeschaut hat. Wunderbar, wenn man so was erzählt bekommt, während man mit 320 Watt in die Pedale tritt.

Könnt ihr euch eigentlich an eure erste Begegnung erinnern?

Hermann: Hmm. Das tät mich jetzt auch interessieren.

Heini: Das war zu meiner Zeit als Landeskader-Trainer, bei einem Orientierungslauf. Du warst vielleicht zwölf Jahre alt.

Hermann: Ah ja, im Maisfeld am Mattsee, als sich der Schiffi (*der spätere Abfahrtsweltcup-Sieger Andreas Schifferer, Anm.*) versteckt hat ...

Heini: ... wo er gewartet hat, bis der Hermann aus der zweiten Runde zurückkommt. Ich hab sogar noch dein Zeugnis von dem Test 1985. In fast allen Bereichen warst du schon damals mit Abstand der Beste.

Hermann Maier mit Co-Autor Knut Okresek

Hermann: Weil es immer heißt: Sport ist Mord – das stimmt überhaupt nicht, im Gegenteil. Wenn du richtig trainierst, kriegst du alles stabil, für mich war der Leistungssport die Rettung. Als Fußballer haben sie mir mit 14 gesagt, ich hätte eine Gelenkmaus und hätte was mit dem Knorpel. Dabei hab ich erst unlängst ein MRI machen lassen und da haben sie mir gesagt, sie hätten selten so schöne Knorpel gesehen bei einem ehemaligen Spitzensportler. Ohne unser gezieltes Training würde heute sicher alles ganz anders ausschauen.

KAPITEL 2

DER TAG, DER MEIN LEBEN VERÄNDERTE

Obertauern, 21. August 2001. Ein Traumtag. Aus meinem Büro-
fenster im Olympiastützpunkt sehe ich, wie die Spätsommer-Son-
ne hinter den Berggipfeln in Obertauern verschwindet. Ich bereite

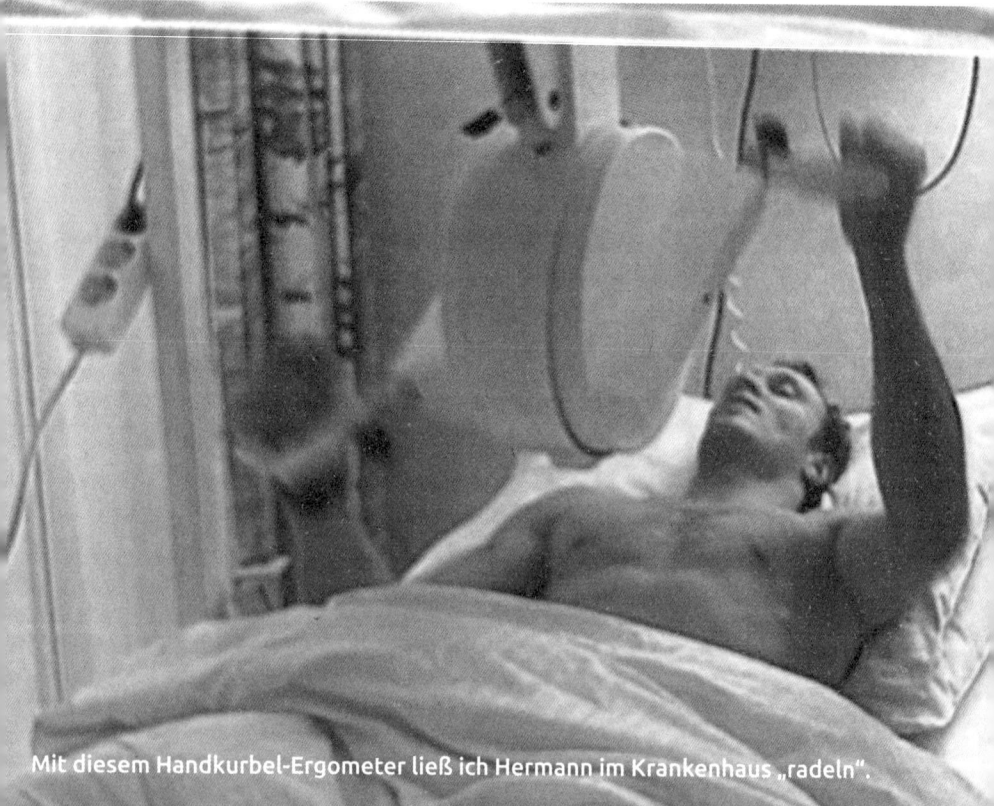

Mit diesem Handkurbel-Ergometer ließ ich Hermann im Krankenhaus „radeln".

noch ein paar Trainingsprogramme für meine Athleten vor und will dann auch Schluss machen. Hermann Maier hat sich ins Wochenende verabschiedet. In der Hand hatte er einen komischen Rucksack mit einer harten Schale, mit der man auf einer Skipiste notfalls ins Tal rutschen kann. Der sollte ihm wenige Minuten später möglicherweise das Leben retten.

Erst am Vortag vom Schneetraining aus Portillo (Chile) zurückgekommen, arbeitete Hermann in Obertauern an seiner Ausdauer. Seine Form – fast beängstigend gut. Bei drei Mal 30 Minuten Ergometer-Radeln mit jeweils 250 Watt Widerstand registrierte ich mittels einer vom Ohrläppchen entnommenen Blutprobe einen extrem niedrigen Laktatwert von 1,1. Bei den Spaziergängern vor der Tür hätte ich vermutlich eine höhere Belastung gemessen.

„Hermann hat's mit dem Motorrad erwischt"

Ich rufe noch schnell bei Hermanns Skitrainer Andreas Evers an, um die kommende Woche zu koordinieren, da klopft es in der Leitung. Und dann noch einmal. Was ist denn los? Auf der anderen Seite die völlig aufgeregte Stimme von Barbara, meiner wichtigsten Mitarbeiterin: „Hermann hat's mit dem Motorrad erwischt! Ruf sofort den Harald an!" Harald, das ist Dr. Aufmesser, der medizinische Leiter am Olympiastützpunkt. Er ist völlig aufgebracht, als Arzt versteht er es aber, sachlich zu bleiben: „Hermann ist in Radstadt von einem Auto abgeschossen worden. Offener Unterschenkelbruch. Der Helikopter ist schon da – aber warte, ich geb dir den Hermann." Der ist den Umständen entsprechend gefasst: „Mein Fuß ist total kaputt, jetzt ist alles hin." Ob er Schmerzen hat, will ich wissen. „Nimmer so arg", gibt er zurück. Ich bestärke ihn noch, dass alles gut werden würde. Hubschrauber-Lärm macht dem Gespräch ein Ende.

Knapp eine Stunde später beginnt die Operation im UKH Salzburg. Erst später sollte ich realisieren, wie gut angesichts der schlimmen Situation alles gelaufen ist, dass sich Hermann kaum einen besseren Ort für einen derart schweren Unfall aussuchen hätte können.

Ich sitze wie gelähmt auf meinem Bürosessel, starre in die Berglandschaft vor dem Fenster und beginne die Puzzleteile in meinem Kopf zusammenzusetzen.

Vor einer Stunde hatte ich noch Hermann, den Herminator, vor mir: austrainiert, braungebrannt, voller Selbstvertrauen. Auf dem Olympiastützpunkt-Parkplatz hatte er uns noch seine über 100 PS schwere, extra für ihn zusammengebaute, Eigenbau-Maschine vorgeführt und war dahin. 20 Minuten benötigte er bis runter zur Radstadt-Umfahrung, wo ihn ein falsch abbiegender Mercedes beim Überholen am Unterschenkel erwischte und in den Straßengraben beförderte.

Der Olympiastützpunkt, den ich in den Jahren davor mit viel Herzblut aufgebaut hatte, schaltet mit einem Augenblick auf Krisenmodus. Im Restaurant setze ich mich mit Johannes Zeibig zusammen. Johnny, wie ihn alle hier nennen, ist ein aufstrebender Arzt, der mit schwierigen Situationen wächst und es auch schafft, dem Krankenhaus-Personal in Salzburg klarzumachen, dass sich der Olympiastützpunkt beim Patienten Hermann Maier einbringen muss.

Während die letzten Restaurant-Gäste längst gegangen sind, besprechen wir immer wieder aufs Neue, was passiert ist und wie es jetzt weitergehen könnte. So schlimm es Hermann erwischt hat, rein logistisch hätte es nicht besser laufen können. Der Unfall passierte wenige Meter von der Aufmesser-Privatklinik in Radstadt entfernt. Harald Aufmesser ist der medizinische Leiter im Olympiastützpunkt und sein Stellvertreter Artur Trost ist Unfallchirurg im wenige Hubschrauber-Minuten entfernten UKH Salzburg. Er hat an diesem schicksalshaften Freitag sogar Nachtdienst. Während der Notfall-Helikopter landet, hat Artur bereits alles für die Operation vorbereitet.

Inzwischen läuft die Operation, und wir warten auf Arturs Anruf. Weil der nicht kommt, rufe ich lange nach Mitternacht im Krankenhaus an. „Sie operieren noch", lautet die wenig befriedigende Auskunft, die ich auch zwei Stunden später noch einmal bekomme. Erst um halb sieben in der Früh meldet sich Artur – mit seinem Anruf wird mir die Tragweite des Unfalls erst richtig bewusst.

Die Operation dauerte fast sieben Stunden. Während Artur alles genau erklärt, gehen mir tausend Gedanken durch den Kopf. Dass Hermann zurückkommen würde, stand für mich außer Zweifel. Die große Frage war, wie schnell, und: Würde es sich für die Olympischen Spiele in Salt Lake City 2002 noch ausgehen? Bis dahin blieben nicht einmal fünf Monate.

In den Presseinformationen als „offener Unterschenkelbruch" zusammengefasst, hatte Hermann eine komplizierte Schien- und Wadenbeinfraktur erlitten. Am Schienbein war sogar ein Stück abgesplittert. An der Wade fehlte viel Gewebe, was den Ärzten im ersten Moment das größte Kopfzerbrechen bereitete. Aber auch da wurde offenbar alles richtig gemacht: Artur fand mit Professor Christoph Papp einen plastischen Chirurgen, der parallel zur Knochen-Operation einen sogenannten Hautlappen von Hermanns linkem Oberarm in den Unterschenkel verpflanzte. Und: Wie durch ein Wunder konnte die Blutzufuhr zum Unterschenkel gerettet werden – im schlimmsten Fall hätte Hermann sein Bein verloren, und die Skikarriere wäre dahin gewesen.

Das war nicht alles. Der Aufprall im Straßengraben hatte massive Prellungen im Beckenbereich zur Folge – und eine Quetschung des Nervenkanals. Das war so schlimm, dass am Tag nach der Operation sogar Lähmungserscheinungen auftraten. Dass Hermann aus dieser Nummer so herauskam, dass an ein Comeback überhaupt nur zu denken war, gleicht einem Wunder.

„Wird das noch was?"

In der Intensivstation kämpfen sieben Ärzte um den kaputten Unterschenkel. Als einer der wenigen darf ich zu Hermann in die Station und erschrecke bei seinem Anblick. Links und rechts Infusionsständer, Geräte piepen. „Wird das noch was?", will er als erstes mit kaum hörbarer Stimme von mir wissen. Ich, voller Überzeugung: „Das kriegen wir schon hin!" Noch während ich das sage, schießt mir durch den Kopf: „Der braucht möglichst schnell Bewegung, egal, was."

Noch auf dem Heimweg mache ich mir Gedanken, wie man den Herminator-Motor möglichst schnell wieder zum Laufen bringen kann. Aus der Erfahrung mit unzähligen Reha-Patienten weiß ich: In so einer Phase ist es das Um und Auf, den Kreislauf mit moderater Bewegung wieder in Schwung zu bekommen. Dadurch werden Schadstoffe, Medikamente-Gift und kaputtes Gewebe abtransportiert. Fast noch wichtiger, Hermann brauchte seinen Trainingsalltag zurück und sinnvolle Aufgaben, um den Kopf freizubekommen. Ich mache mich schlau und finde in Bayern einen Tüftler, der Handkurbel-Ergometer herstellt: So was brauchen wir.

Während ich in den Ofenauer Tunnel zwischen Golling und Werfen eintauche, wird mir mit einem Schlag bewusst: Wir stehen vor der größten Herausforderung seit der Gründung des Olympiastützpunktes!

HERMANN

Hermann Maier war das Herzstück, das dem Olympiastützpunkt Obertauern das gewisse Etwas verlieh. Er war der Vorzeigeathlet, den ich mir immer gewünscht hatte. Der lebende Beweis dafür, dass meine Methode funktionierte. Er vertraute mir zu hundert Prozent – nicht zuletzt deshalb, weil er am eigenen Leib spürte, wie er sich von Trainingszyklus zu Trainingszyklus steigerte. Dazu war kein Hokuspokus notwendig. Hermann arbeitete Schritt für Schritt mein Programm ab. Das begann mit einem Blut-Check in der Früh vor Beginn der ersten Trainingseinheit. An Laborwerten wie CK, Harnstoff oder Blutgas sah ich, wie das Training am Vortag angeschlagen hatte. Auf dem Radergometer spulte Hermann seine Einheiten exakt nach Vorgabe herunter. Danach nahm er sich länger als jeder andere Athlet, der je bei mir trainiert hat, Zeit für die wichtigen Dehnübungen. Er absolvierte jede Kraft- und Koordinations-Einheit exakt nach Vorgabe. Und er war intelligent genug, zu verstehen, wie alles funktionierte. So war es für uns beide keine Überraschung, dass Hermann bei jedem der regelmäßig durchgeführten Leistungstests Fortschritte erzielte.

Dass Hermann zudem ein begnadeter Skirennläufer war, half natürlich auch. So lieferte er bereits nach wenigen Wochen unserer Zusammenarbeit die ersten Beweise auf der Piste. Genau genommen war seine erste und einzige richtige bei einem Skirennen erlittene Verletzung ein echter Glücksfall: Am 11. Jänner 1997 war er in Chamonix mit der Brechstange in seine erste Weltcup-Abfahrt gegangen und mit Startnummer 55 schwer gestürzt. In den zwei Monaten Zwangspause wollte er auf eigene Faust in Obertauern trainieren, entschloss sich aber, es unter meiner Aufsicht zu versuchen. Unsere erste Begegnung am Olympiastützpunkt hatte ich schon im Eingangs-Gespräch mit Hermann erwähnt. Unseren Dialog von damals werde ich wohl nie vergessen. Auf meine Frage: „Was trainierst du heute?", antwortete Hermann: „Kraft natürlich!" Mir drehte es bei dieser Antwort den Magen um: „Du hast ja einen Unfall gehabt, du hast eine Operation und eine Narkose hinter dir. Da muss man es ruhig angehen: mit moderaten Ausdauereinheiten." Das leuchtete Hermann sofort ein, und ich konnte ihm klarmachen: „Da bist du bei uns ganz richtig. Wir überwachen jeden einzelnen Schritt zu hundert Prozent, nehmen nach jeder Einheit Blut ab, schauen uns das Laktat an und stimmen die jeweils nächste Einheit darauf ab." Hermann hatte alles blitzschnell erfasst.

Sechs Wochen später gewann er in Garmisch sein erstes Weltcuprennen. Wir wussten beide: Die Bergmüller-Methode funktioniert! Wobei ich Ihnen ein Schmankerl nicht vorenthalten will. Vor der Fahrt nach Garmisch hatte Hermann am Vormittag Riesentorlauf trainiert und dann in aller Seelenruhe am Olympiastützpunkt ausgeradelt und seine Übungen absolviert. Auf den letzten Drücker fuhr er los. Als er unterwegs anrief, wollte ich wissen: „Hast du eh noch etwas gegessen?" Hermann: „Am Walserberg hab ich mir zwei Semmeln, eine Knacker und eine Flasche Bier gekauft ..." Ich dachte nur: „Ernährungstechnisch ist noch viel Luft nach oben ..."

Mit oder ohne Knacker – es ging es praktisch nur bergauf. In seiner ersten vollen Saison 1997/98 gewann Hermann Maier 28 Jahre nach Karl Schranz als zweiter Österreicher den Gesamtweltcup. Bei der WM in Vail 1999 folgten Gold in der Abfahrt und im Super-G und beim zweiten Gesamtweltcup-Sieg 1999/2000 ein Rekord (2000 Punkte), der über 20 Jahre halten sollte. Nach dem dritten Gesamtweltcup-Sieg 2000/01 kam Hermann stärker denn je vom Sommer-Schneetraining aus Chile zurück. Von seinen Trainingsläufen dort wurden wahre Wunderdinge berichtet. Der Herminator fuhr alle in Grund und Boden. Wir wussten beide nicht, wohin das noch führen sollte.

Nach dem Motorrad-Unfall 2001 war alles anders. Plötzlich richtete sich mein gesamter Tages-Ablauf nach ihm.

Während Hermann auf der Intensivstation lag, tüftelte ich mit meinen Mitarbeitern, wie ein Comeback funktionierten könnte. Die Richtung gab Hermann selbst vor. Zwei Tage nach der Verlegung auf die Normalstation gab er im Krankenbett dem damaligen ORF-Sportchef Elmar Oberhauser sein erstes TV-Interview. Auf ein mögliches Comeback angesprochen, erklärte er: „Ich glaub nicht, dass ich schwächer zurückkomm. Ich tipp schon eher gleich oder noch stärker!"

Ich kannte Hermann gut genug, um zu sehen, wie es hinter seiner Fassade wirklich aussah und fuhr nach Salzburg, um mir selbst ein Bild zu machen. Am Morgen nach dem Fernsehspektakel war ich im UKH und erschrak richtiggehend. Hermann saß am Bett, völlig aufgeschwemmt von den Medikamenten. Er wirkte total geschwächt. Bei seinen ersten Gehversuchen mit Krücken versagte plötzlich das an sich gesunde linke Bein. Hermann – immer noch 90 Kilo schwer – kippte um und ich musste ihn auffangen. Dabei durchfuhr mich ein zuckender Schmerz – meine wenige Wochen zuvor operierte Achillessehne wäre fast noch einmal gerissen. Ich versuchte mir nichts anmerken zu lassen. Einer musste ja den Starken spielen.

Zurück in Obertauern tüftelte ich bis spät in die Nacht, um wirklich alle Möglichkeiten auszuschöpfen, Hermann wieder zurück auf die Piste zu bekommen. Das Handergometer-Radeln war der erste Schritt. Ich hatte sogar mein Laktatmessgerät im Krankenhaus mit dabei, um wie beim echten Training die Belastung richtig zu dosieren.

Es ging in kleinen Schritten bergauf, wenngleich es auch immer wieder Rückschläge gab.

Rund zwei Wochen nach dem Unfall läutet um drei Uhr in der Nacht mein Handy. Hermann klingt verzweifelt: „Heini, ich halt's nicht mehr aus!" Ich, verschlafen: „Was ist denn los?" Er: „Ich hab solche Schmerzen, ich kann nicht mehr liegen. Meine Kraft, alles ist weg!" Eine Stunde später bin ich im UKH und Hermann führt mir seine schlimme Entdeckung vor: „Schau her!", ruft er und bohrt sich mit dem Zeigefinger in den noch immer stattlichen Oberschenkel. „Schau, da bleibt ein Loch …" Ich staune: „tatsächlich", und füge wenig erbaulich für Hermann hinzu: „Muskelberge aus Styropor. Kräftemäßig sind wir jetzt am Tiefpunkt angelangt." Das Muskelgewebe war offenbar komplett zerstört – obwohl vom ersten Tag an alles getan wurde, um das zu verhindern. Der leitende Intensivmediziner hatte Hermann vor der Dialyse bewahrt und mir verraten, dass er ihn „mit zehn Liter Wasser durchgespült" hatte – ein weiteres Puzzleteil, das dem besten Skirennläufer der Gegenwart die Karriere gerettet hat. In meinem Buch *Das Hermann Maier Trainingsprogramm* erinnert sich Hermann an die schwierige Zeit: „Man kann sich nicht vorstellen, wie ich ausgesehen habe. Wie ein Michelin-Männchen. Ich bin wie ein Sack im Bett gelegen. Richtiggehend aufgedunsen, da ich, um meine Nieren auszuschwemmen, am Tag zehn Liter Wasser getrunken habe."

Gemeinsam mit Vincent Vermeulen, dem Leiter der Physiotherapie in Obertauern, und Doc Johnny, der stets mit innovativen Ideen kam, begann ich bereits im Krankenhaus, an Hermanns Comeback zu arbeiten. Wir versuchten alles: von Lymphdrainagen bis zur damals in der Öffentlichkeit noch weitgehend unbekannten Elektromyostimulation[3] – einer Methode, bei der die Muskulatur durch Elektroreize stimuliert wird. Wobei es auch da immer wieder Rückschläge

---

[3] Dazu wurde das COMPEX-Gerät eingesetzt.

gab. Nur ein Beispiel: Als ich Hermann im Krankenhaus einen Ball zuspielte, war er nicht in der Lage, das linke – an sich gesunde – Bein über den Ball zu heben. Wir wussten beide, was das bedeutete: kaputte Nervenstränge! Wie sollte man damit Skirennen bestreiten?

Trotzdem ließen wir uns nicht entmutigen. Nach drei Wochen UKH ging es in der Aufmesser-Privatklinik in Radstadt weiter. Da war Hermanns Skitrainer und Freund aus Jugend-Tagen in Flachau, Andreas Evers, eine große Hilfe. Außerdem waren bis zu drei Olympiastützpunkt-Mitarbeiter vor Ort, um sich um den berühmten Reha-Patienten zu kümmern. Wir starteten mit einfachen Balance- und Gleichgewichtsübungen und mit ersten Schritten ohne Krücken, wobei es mir wichtig war, dass sich Hermann gleich einen sauberen Gang angewöhnte. Wie in der von ÖSV-Präsident Peter Schröcksnadel in Auftrag gegebenen TV-Doku zu sehen ist, musste sich Hermann mit einfachen „Gangschule"-Übungen am Laufband mühsam einen runden Schritt erarbeiten.

Zudem begannen die täglichen Radergometer-Einheiten, mit denen er am Olympiastützpunkt seine herminatorische Basis gelegt hatte. Dazu hatten wir extra seinen Technogym-Hochleitungsergometer aus Obertauern geholt. Mit Radeln hatte das jetzt allerdings wenig zu tun, es sah wie in Zeitlupe aus. Hermanns rechter Unterschenkel war so geschwollen, dass er bei jedem Tritt aufpassen musste, nicht an der Fahrradkurbel zu streifen. Hatte er in seiner besten Zeit selbst im moderaten Bereich 350 Watt getreten, konnte er sich jetzt bei schlappen 70 Watt kaum im Sattel halten. Und musste nach zehn Minuten eine Pause einlegen, so sehr schmerzte ihn der mit Hämatomen durchzogene Hintern.

KAPITEL 3

ZWISCHEN RAUCHFÄNGEN UND LAUSBUBENSTREICHEN

Seit ich fünf Jahre alt bin, weiß ich, dass mein Schutzengel auf mich aufpasst. Es war der 10. April 1957, kurz vor 19 Uhr. Ich war mit Grete, einem Mädchen aus der Nachbarschaft, Schlüsselblumen pflücken. Für die Belohnung, die ich von meiner Mutter dafür bekam, kaufte ich im Greißler auf der anderen Straßenseite eine 1-Schilling-Schokolade. Glücklich schoss ich aus dem Geschäft raus und direkt in ein Auto. Ich wurde heftig durch die Luft geschleudert und muss beim Aufprall die Zapfsäule der Ortstankstelle umgerissen haben. Mein Glück war, dass gerade zufällig die Rettung vorbeikam. Was danach passierte, weiß ich nur mehr bruchstückhaft: Neben mir im Krankenwagen lag noch ein Mann, der unaufhörlich das Vaterunser betete, während wir zum Unfallkrankenhaus Salzburg rasten. Auf der Intensivstation schwebten immer heller werdende Lichtkreise über mir – möglicherweise hatte ich so etwas wie eine Nahtoderfahrung.

Bei dem Crash wurden Stirnnerven durchtrennt, eine Narbe erinnert noch heute daran. Die komplizierte Oberschenkelfraktur heilte nicht richtig, das Bein musste später noch einmal gebrochen werden. Die nächsten Monate verbrachte ich im Krankenhaus, das Bein an einem Seilzug. Der Primar machte meinen Eltern und mir Hoffnungen, dass ich wieder normal gehen können würde. „Aber ob du noch ein-

Mama mit ihrem Heinerle 1953

Mit Mama und Schwester Beatrix

ni 1961:
rgtour
t Papa

Erstkommunion 1960

Volksschulturnen – ich balanciere als Zweiter über die Bank ...

Meine Eltern
genießen den
Urlaub mit mir ...

... 1957 in Cattolica.

mal laufen kannst, kann ich dir nicht versprechen", meinte er. Dass mich diese Beine noch zu Olympia bringen würden, hätte damals wohl keiner für möglich gehalten. Die ungleiche Belastung der Hüfte durch den Leistungssport rächte sich dafür Jahre später – ich zögerte es zwar lange hinaus, doch schließlich musste mir vor wenigen Jahren eine künstliche Hüfte eingesetzt werden.

Dabei war das nicht das erste Mal, dass ich richtig Glück im Unglück hatte. Als ich drei Jahre alt war, waren meine Eltern mit mir in Cattolica, einem Badeort bei Rimini. Weil ich krank wurde, fiel unser geplanter Ausflug nach San Marino ins Wasser. Zum Glück. Der Bus, den wir nehmen wollten, stürzte von der bergigen Straße in die Tiefe, einige Insassen kamen ums Leben.

Eine ähnlich schicksalshafte Erfahrung sollte ich später als ÖSV-Betreuer haben. Vor der Weltcup-Abfahrt in Val d'Isère 1987 war ich im Auto auf dem Weg zur Talstation der Gondelbahn. Da fiel mir ein, dass ich die Startnummern im Hotelzimmer vergessen hatte und kehrte um. Die dadurch entstandene Verspätung war meine Rettung: Als ich kurz darauf am Parkplatz der Seilbahn ankam, kreiste ein Helikopter in der Luft. Ein Schauder lief mir über den Rücken, als ich erfuhr, dass kurz zuvor eine Pistenraupe in die Seilbahnstütze gekracht war und mehrere Gondeln abgestürzt waren. Es gab mehrere Schwerverletzte – einer davon hätte ich sein können ...

MEINE NEUGIER BRACHTE MICH OFT IN SCHWIERIGKEITEN

Meine Eltern waren nicht ohne Grund stets in Sorge – schließlich war ihr Heinerle ein ziemlich „wilder Hund". Nicht einmal vor der Fronleichnamsprozession gab ich eine Ruhe. Neugierig wie ich war, kletterte ich auf eine fünf Meter hohe Mauer an der das Wasser runter lief.

Ich hielt mich an der obersten Zaunlatte fest – bis sie herausriss. Ich stürzte in die Tiefe und krachte direkt auf meine Hand. In der Kirche versuchte ich dann so gut es eben ging, meine Schmerzen vor meiner Familie zu verbergen. Aber vergeblich: „Warum hältst du deine Hand so komisch?", fragte meine Mutter nach dem Gottesdienst beim Essen im Gasthaus. Ich druckste verlegen herum, doch mir blieb nichts anderes übrig, als mit der Wahrheit herauszurücken. Schließlich fuhren wir ins Krankenhaus, wo ein Bruch der Elle im Unterarm festgestellt wurde. Und so wurde mir – wieder einmal – ein Gipsverband verpasst.

DIE AXT TRAF MEINEN KOPF

Richtig blutig wurde es, als meine Freunde mit mir eine Holzhütte bauen wollten. Voll motiviert werkten wir los, klopften und hämmerten. Ich legte mich dabei mit einer Axt ins Zeug. Als ich zu einem Schlag ausholte, passierte es: Das schwere Metallblatt, es musste sich irgendwie gelockert haben, löste sich vom Stiel und schlug auf meinen Kopf. Ich schrie auf. Blutüberströmt trugen mich meine vier Freunde heim, hinter uns eine Blutspur, die sich über drei Hausecken zog. Daheim schleppten sie mich bis in den obersten Stock, wo meine Mutter aus allen Wolken fiel. Es ging direkt zum Arzt, der die Wunde nähte.

Und noch einmal ließ mich mein Schutzengel nicht im Stich. Als ich als Siebenjähriger wieder einmal die Umgebung unsicher machte, zog es mich in den Garten des heutigen Kärntnerhofs, einem Gasthaus mit Landwirtschaft. Was genau passierte, weiß ich nicht mehr – jedenfalls fiel ich in die Jauchegrube. Mit Müh und Not muss ich es wieder herausgeschafft haben, ehe ich das Bewusstsein verlor. Auf der angrenzenden Wiese kam ich irgendwann wieder zu mir – völlig benebelt von den austretenden Gasen. Meine Mutter schaute entsetzt, als ich heimkam. Noch dazu, weil meine schöne lange Lederhose in Jauche getränkt war. Abgesehen von diesen Unfällen und Hoppalas hatte ich eine wunderbare Kindheit. Beim Tischler durfte ich seit ich mich erinnern kann mit Hobel und verschiedenen Werkzeugen experimentieren. Auch beim Metzger gab's immer was zu tun. Beim benachbarten Schmied brachten meine Freunde und ich Eisen zum Glühen und hämmerten darauf herum – aus heutiger Sicht unvorstellbar. Beim Kindergarten-Spaziergang schlichen wir uns heimlich aus dem Wald und gingen selbstständig nach Hause. In der Volksschule zählte ich die Minuten bis zur Schlussglocke. Kaum daheim, schmiss ich die Schultasche ins Eck und machte mit meinen Kumpels die Umgebung unsicher. Meine besten Freunde waren der spätere Starkoch Karli Obauer und dessen Cousin Hansi von der Metzgerei. Das heutige Hauben-Lokal „Obauer" war damals der „Gasthof Lebzelter" und wurde von der Tante geführt. Meine Nachbarn Heimo Viertbauer, der spätere Spitzen-Hammerwerfer, und Stabhochspringer Sepp Rieder vermittelten mir einen ersten Bezug zur Leichtathletik. Heimo beim Training zuzusehen hat mich zum Sport inspiriert.

Wie jedes Kind genoss ich auch die Sommerferien, in denen ich oft mehrere Wochen bei meiner Großmutter in Mittersill verbrachte. Sie war Sprengelhebamme und selten zu Hause, was mir nur recht war. So hatte ich freien Lauf, war immer unterwegs und konnte mit zwölf Jahren schon am Abend ins Kino gehen. Mit „Krieg der Knöpfe" hatte ich die größte Freude – noch heute steht der Film als DVD in meinem Regal.

Als leidenschaftlicher Skifahrer war ich begeistert, dass meine Großmutter Blizzard-Gründer Toni Arnsteiner gut kannte. Aber auch abseits der Piste lernte ich bei meiner Oma viel. Ihr Mann Willi war Jäger und Fischer, am Abend kam er oft betrunken mit dem Moped nach Hause. Dennoch durfte ich ihn begleiten, lernte Fische auszunehmen und auch, wie man Forelle und Wiener Schnitzel zubereitet.

Schon sehr früh, mit etwa zwölf Jahren, hatte ich meine ersten sexuellen Erlebnisse. Meine Schwester Beatrix hatte ein Kindermädchen, das bei ihr im Zimmer schlief. Mein Zimmer lag direkt angrenzend – so kam es immer wieder vor, dass das Kindermädchen zu mir ins Bett schlüpfte, wenn meine Eltern nicht zu Hause waren.

BEIM KLAVIERUNTERRICHT MUSSTE ICH DIE HOSE RUNTERZIEHEN

Nach der Volksschule hätte ich wie meine Freunde die Hauptschule im Nachbarort Bischofshofen besuchen sollen. Doch dazu hätte ich den Zug nehmen müssen. Das machte meiner Mutter Angst – wer weiß, was ich da alles angestellt hätte? Also steckte sie mich in Bad Goisern ins Internat der Schulbrüder.

Das Stephaneum war anfangs schrecklich für mich, der bis dahin alle Freiheiten genossen hatte. Wir durften gerade einmal im Monat heimfahren. Besuch gab's alle zwei Wochen, dazwischen wartete ich sehnsüchtig auf das wöchentliche Packerl von daheim. Den Unterricht ließ ich über mich ergehen und freute mich auf die Bewegung danach, denn schon damals stand Sport für mich im Mittelpunkt. Ein Halbtages-Fußmarsch von Bad Goisern nach Hallstadt oder Bad Ischl war nichts Außergewöhnliches. Und mit der Zeit entwickelte sich doch eine schöne Klassengemeinschaft mit vielen Erfahrungen, an die ich gern zurückdenke. Aber es gab auch verstörende Erlebnisse. Im Klavierunterricht musste ich des Öfteren die Hose runterziehen und bekam einen Klaps. Auch das nahm ich teilnahmslos hin. Erst Jahre später, als der Musiklehrer längst suspendiert gewesen war, begann ich über sein widerliches Verhalten nachzudenken. Bei dieser Gelegenheit fallen mir auch die Schläge ein, die mir als Linkshänder „halfen", beim Schreiben auf rechts umzulernen.

Nach der Unterstufe hätte ich in der Bundesfachschule in Hallein (jetzt HTL) zum Zimmerer ausgebildet werden sollen. Das war nicht so ganz meins, und so rettete mich eine Notlage in unserem familieneigenen Rauchfangkehrerbetrieb. Nachdem ein Mitarbeiter ausgefallen war, brauchte mich mein Vater dringend, und ich wurde darauf vorbereitet, später einmal den Betrieb zu übernehmen. Also begann ich 1968 die Lehre, legte die Gesellenprüfung und später die Meisterprüfung ab.

WIR BEOBACHTETEN LIZ TAYLOR HEIMLICH BEIM BADEN

Neben den berühmten Eishöhlen (aus denen die heutige Eisriesenwelt wurde), in denen wir uns mehr als einmal verirrten, war die Festung Hohenwerfen unser Spielplatz. Dort herrschte im Winter 1967/68 Ausnahmezustand. Rund um unsere Heimat-Burg wurde der Hollywood-Streifen *Agenten sterben einsam* gedreht. In den Hauptrollen: Richard Burton und Clint Eastwood als US-Spione im Zweiten Weltkrieg. Im Mittelpunkt des Streifens stand das fiktive „Schloss Adler" – unsere Burg! Alles war unglaublich spannend, wir Kinder verbrachten gefühlt jede freie Minute am Set. Und nicht nur dort. Obwohl sie keine Rolle im Film hatte, war auch Liz Taylor mit in Salzburg. Auf die wunderschöne Ehefrau von Richard Burton hatten wir Burschen ein besonderes Auge geworfen. Praktisch, dass die die berühmte US-Schauspielerin (*Die Katze auf dem heißen Blechdach*) ein paar Häuser weiter in der Obauer-Pension „Erzherzog Eugen" residierte. Dort ging ich nämlich ein und aus. Die besondere Ortskenntnis nutzten wir Buben aus. Karlis Cousin fand heraus, dass man über das Dach der benachbarten Metzgerei zu einer ganz speziellen Aussicht gelangte: Wir konnten einen Blick ins Badezimmer der Film-Diva werfen. Meine Lausbuben-Freunde und ich warteten nur, dass im kleinen Badezimmerfenster das Licht anging und wechselten uns am Ausguck-Punkt ab, um einen Blick auf die Taylor beim Baden zu erhaschen. Ein Wunder, dass wir nicht erwischt wurden.

Aber das war nur einer von vielen Lausbuben-Streichen. So stibitzten wir der Pfarrköchin, die wir immer nur „Frau Pfarrer" riefen, den Schlüssel, um im Kirchturm Räuber und Gendarm zu spielen. Die Seile der Glockenanlage benutzten wir zum Klettern. Weniger spaßig fand das der Herr Pfarrer, der auch unser Religionslehrer war. Ein Grobian! Dass er bei meiner Taufe ein falsches Geburtsdatum in die Taufurkunde eintrug, war noch harmlos im Vergleich dazu, wie er mit uns umging. Des Öfteren mussten meine Freunde und ich die Kirche putzen, Teppiche ausklopfen und Bänke polieren. Einmal wurde ich dabei übermütig, kletterte auf die Kanzel und pinkelte runter – als just in dem Moment die Tür aufging. Herein kam der Pfarrer, begann zu schimpfen wie der Leibhaftige und knallte mir eine. Passenderweise hieß der Mann eigentlich Jakob Teufel – bevor er seinen Namen auf Jakob Engel änderte.

In der vierten Klasse Volksschule kam ich mit einem Dreier in Betragen heim. Wobei meine Eltern jeden Tag erleichtert aufatmeten, als ich gesund zu Hause ankam. Ein Sprung in die Salzach war für mich nichts Außergewöhnliches und wenn mir danach war, überquerte ich den Fluss balancierend auf dem Brückengeländer. Die 50-Meter-Sprungschanze in Werfen „musste" ich schon als Zehnjähriger testen. Weil mir die geeignete Technik fehlte, schlug ich am Vorbau auf und schlitterte den Auslauf runter. „Vier Wochen Skiverbot", verordnete mein Vater streng, als ich mit gebrochener Skispitze heimgekommen war. Am Tag der Orts-Skimeisterschaften heulte ich Rotz und Wasser – bis sich meine Mutter erweichen ließ und die Brettln rausrückte. Ich hetzte rauf zur Piste, schaffte es gerade noch rechtzeitig an den Start und feierte meinen ersten Sieg. Und das ohne Streckenbesichtigung!

MEIN GEHEIMER BRUDER

Noch eine Rückblende: Als Achtjähriger entdeckte ich geheimnisvolle Briefe meiner Mutter. Die waren eines Tages verschwunden. Viele Jahre später, Mitte der 1980er-Jahre und einige Zeit nach dem Tod meines Vaters, verriet mir Mama, die in Dresden zur Welt gekommen und aufgewachsen war, ein brisantes Geheimnis: „Du hast einen Halbbruder. Er heißt Reinhard und lebt in der DDR!"

„DAS sind ja Neuigkeiten", dachte ich und wollte alles über den jahrelang totgeschwiegenen Reinhard wissen. 1944, in den letzten Kriegswirren, war Mama als blinde Passagierin in einem österreichischen Panzer über die Tschechei nach Österreich geflüchtet.

Panzerfahrer war Konrad Lesiak, der spätere Bürgermeister von St. Gilgen am Wolfgangsee. Ihren Mann, von dem sie während des Kriegs geschieden worden war, und ihren Sohn hatte Mama in ihrer alten Heimat zurückgelassen. Das Thema war während meiner Kindheit absolut tabu.

Reinhard wohnt heute in Potsdam, er ist nur vier Jahre älter als ich. Mama hatte ihm regelmäßig Geschenke per Post zukommen lassen und leider irgendwann den Kontakt zu ihm abgebrochen. Sie meinte, er sei mit der Zeit unverschämt geworden. Dabei hatte ihn mein Vater sogar adoptieren wollen. Meiner Mutter war aber ihr guter Ruf wichtiger. Sie war sehr intel-

Mama mit Halbbruder Reinhard

ligent und ausgezeichnet vernetzt, bis ganz nach oben, bis zum ehemaligen ÖVP-Bundeskanzler Josef Klaus. Der Vorgänger von Bruno Kreisky wollte sie sogar als Sekretärin haben, was wiederum meinem Vater nicht geheuer war.

Der Vater meines Halbbruders war, wie ich später erfuhr, auch einmal in Werfen auf Besuch – „zufällig" dann, als ich gerade mit dem Ski-Team unterwegs war. Schade, denn er hätte sicher viel Spannendes zu erzählen gewusst.

Während der Arbeit an diesem Buch im Jahr 2023 lernte ich meinen Halbbruder endlich kennen. Aus dem Nichts erhielt ich eines Tages einen langen Brief von Reinhard. Das musste ich erst einmal verarbeiten – damit hatte ich nach so langer Zeit nicht gerechnet. Was sollte ich ihm antworten? Zunächst begann ich zu recherchieren, um mehr über ihn herauszufinden. Doch weder beim Stadtamt in Potsdam noch bei einem benachbarten Gasthaus bei Reinhards vermeintlicher Adresse bekam ich Auskunft. Schließlich konnte ich mich doch überwinden, ihm zu antworten und schickte meine Telefonnummer mit.

Bei einem langen Telefonat erfuhr ich, dass der erste Mann meiner Mutter Generaldirektor eines großen DDR-Konzerns und später Direktor der Messe Leipzig war, was wiederum erklärt, weshalb Mama mehr als einmal zur Messe Leipzig gereist war. Einmal kam sie mit einem Kleinkaliber-Gewehr der Marke „Anschütz" als Geschenk für meinen Vater zurück. Wie sie die gefährliche Waffe durch den DDR-Zoll bekommen hatte, wagte ich nicht zu hinterfragen. Heute ist mir klar, dass das nur dank ihrer Beziehung zu Reinhards Vater, einem Polit-Bonzen, möglich war. Ich freute mich jedenfalls über die Sport-Literatur, die sie aus der DDR mitgebracht hatte. Die Spezial-Zeitschrift „Der Leichtathlet", die alle zwei Wochen mit der Post kam, verschlang ich täglich beim Frühstück.

Im Dezember 2023 stand mir mein Bruder endlich direkt gegenüber. Ich wohnte auf dem Land – in einem ehemaligen Herrenhaus in Gramastetten bei Linz, wo mich Reinhard mit seiner Lebensgefährtin besuchte. Bei einer zünftigen Jause mit gutem Wein sowie Kaffee und Kuchen erzählte mir Reinhard seine Lebensgeschichte: Die Mutter nach Österreich geflüchtet, vom Vater links liegen gelassen, wuchs der Bub und bei seiner Großmutter auf und hatte eine sehr harte Kindheit. Er musste sich natürlich auch meinen Werdegang anhören.

Wir stellten verblüfft fest, dass wir uns vor Jahren nur knapp verpasst hatten. So war mein Bruder nach der Wende einmal spontan nach Werfen gereist, wobei ihm einer meiner Söhne die Tür geöffnet hatte. Leider waren weder ich noch meine Frau Mischa (wir sind inzwischen längst geschieden) zu Hause gewesen.

Umso herzlicher fiel unsere erste Begegnung aus – es soll nicht die letzte gewesen sein. Wir machten uns aus, in Zukunft regelmäßig telefonisch Kontakt zu halten und uns auch einmal bei Reinhard in Potsdam zu treffen.

MEIN RAUCHFANGKEHRER-JOB
WAR DAS BESTE KONDITRAINING

Für meinen Vater waren die Werfner Struberschützen sein Ein und Alles. Bis zu seinem Tod 1984 war er Hauptmann, meine Mutter unterstützte sein Engagement. Als Bedingung dafür, dass ich mit dem Bobsport anfangen durfte, musste ich deshalb dem Schützenverein beitreten. Streng war mein Vater auch als Chef. Fieber war kein Grund, daheimzubleiben. Und wenn ich hie und da später unterwegs war, wurde ich noch früher als sonst aus dem Bett geholt. Trotzdem begann ich meinen Beruf zu lieben. Die Erinnerungen an diese Zeit bringen mich noch heute ins Schwärmen. Im Kehrbezirk mit den fünf Gemeinden Werfen, Werfenweng, Hüttau, Pfarrwerfen und einem Teil von Bischofshofen lief ich, als ich noch keinen Führerschein hatte, von Bauernhof zu Bauernhof und kam so bis auf 15 Kilometer am Tag – zu Fuß! Ich rannte die Stiegen hoch, sprang von Rauchfang zu Rauchfang, kletterte auf Häuser und stürzte dabei manchmal auch ab. Und am Abend ging's noch zum Training. Auch später legte ich noch weite Strecken zu Fuß zurück. Die Tauernautobahn war noch nicht fertig und manche Bauernhöfe hatten noch nicht einmal Strom, geschweige denn waren sie per Pkw erreichbar. Also zog

Mein Vater und ich bei der Krupp-Hochzeit

ich mit meinen Rauchfangkehrer-Utensilien und voller Energie über die Güterwege, Wiesen und Felder und träumte vor mich hin.

In dieser Zeit begegnete ich vielen wunderbaren Menschen, doch es gab auch Herausforderungen – besonders in den harten Wintern. Oft stapfte ich bei eisiger Kälte durch den Tiefschnee, der mir bis zum Bauch reichte. Im Sommer und Herbst führte mein Weg regelmäßig zu den Schutzhütten, was mit stundenlangen Wanderungen und sogar der Überquerung des Tennengebirges verbunden war. Für das Matrashaus auf 2941 Metern mussten wir einmal im Jahr auch den Gipfel des Hochkönigs besteigen. Später, als die Weggebühren stiegen, wurden wir mit dem Hubschrauber hinaufgeflogen.

Als Rauchfangkehrer und symbolischer Glücksbringer war ich 1969 bei der Hochzeit des Krupp-Erben Arndt von Bohlen und Halbach mit Henriette Auersperg im Schloss Blühnbach eingeladen. Ein Foto davon ging damals durch die Weltpresse.

Ich bin der Glücksbringer rechts.

HANDGESCHRIEBENE GOETHE-BRIEFE

Ein Highlight war die Arbeit im Gut Imlau, dem Anwesen von Baron Fritz Cerrini-Münchgesang. Der Baron lebte trotz seiner noblen Herkunft bemerkenswert bescheiden, zumindest kulinarisch. Seine Haushälter tischten großzügig auf, aber wenn ich in der Küche den Herd reinigte, sah ich oft, dass der Großteil der köstlichen Speisen unberührt blieb. Ich war sehr schüchtern, doch der Baron fand Gefallen an meiner Gesellschaft und wir kamen ins Gespräch. Sein Gutshof war voller Wertgegenstände von unschätzbarem historischen Wert. Der Esstisch, die Schränke und ein kunstvoll aus Steinkacheln gefertigter Kachelofen stammten von den Medicis. Eines Tages zeigte mir der Baron eine Schachtel voller historischer Briefe. Ich kam aus dem Staunen nicht mehr heraus, da waren tatsächlich handgeschriebene Briefe von Goethe an eine Dame aus der Verwandtschaft des Barons, sowie ein Brief von Papst Pius und vieles mehr.

Auch im Schloss Blühnbach durfte ich mich frei bewegen, da fast jedes Zimmer einen Kachelofen hatte. Ein skurriler Anblick bot sich mir im Schlafzimmer von Arndt von Bohlen. In seinem Bett lag eine lebensgroße Figur von E.T., dem Außerirdischen. Das Schloss hat eine bewegte Geschichte: Es gehörte einst dem Habsburger Franz Ferdinand. Kurz vor seinem gewaltsamen Tod in Sarajevo hatte er in Blühnbach eine weiße Gams erlegt, was nach alten Mythen Unglück bringt. Es heißt, der Abschuss wäre ein Omen für den Ausbruch des Ersten Weltkriegs gewesen.

VERSÖHNUNG MIT MEINEM VATER AM TOTENBETT

1984 änderte sich alles. Mit erst 57 Jahren war mein Vater unheilbar an Magenkrebs erkrankt. Damals wurde mir klar, dass ich den Betrieb übernehmen müsste. Die letzten vier Tage vor seinem Tod wachte ich an seinem Krankenbett. Er hatte mehr als 30 Kilo Gewicht verloren und befand sich in einem komaähnlichen Zustand. Sein Körper wurde von Tag zu Tag kälter, ja fast eiskalt. Er konnte nicht mehr sprechen, atmete schwer und röchelte. „Papa, wenn du mich verstehst, dann heb bitte die Hand", hoffte ich noch auf ein Lebenszeichen. Und tatsächlich – er hob seine Hand. Es war nur eine kleine Geste und doch bewegte sie mich tief. Ein einschneidender Moment in unserer doch schwierigen Vater-Sohn-Beziehung. So entspannte sich in seinen letzten Stunden unser heikles Verhältnis.

Für Herzangelegenheiten und die Sportambitionen war meine Mutter da. Sie war als Hürden-Sprinterin Jugend-Gaumeisterin in Sachsen gewesen. Von ihrer Witwenpension, Zimmervermieten und dem, was ich ihr als Leibrente zahlen musste, konnte sie sich viele Jahre in gehobenen Kreisen bewegen. So waren wir eng mit der Familie Castell-Rüdenhausen befreundet. Das ging so weit, dass Mama meinen Vater verdächtigte, er hätte ein Verhältnis mit Gräfin Donata von Preußen. Sie überlegte sogar, sich scheiden zu lassen. Der Sohn von Gräfin Donata ist Prinz Georg Friedrich von Preußen, der Urenkel des letzten deutschen Kaisers, Wilhelm II.

NACH DEM TOD MEINER SCHWESTER HATTEN WIR EIN KIND MEHR

Meine sieben Jahre jüngere Schwester Beatrix, die mit dem deutschen Stabhochspringer Klaus Eckert verheiratet war, kam 1987 tragischerweise bei der Geburt ihrer Tochter ums Leben. Es war an einem Freitag, als ich von einem ÖSV-Kondikurs zurückkam und sie im Spital besuchen wollte. „Lieber nicht, es geht ihr nicht so gut", wollte mich meine Mutter abwimmeln – nicht ahnend, wie schlimm es wirklich um sie stand. Da ich mit Siggi Wentz, dem Weltklasse-Zehnkämpfer, im Sportzentrum Rif verabredet war, kam mir die Verschiebung nicht ungelegen. So kam ich erst am folgenden Tag mit einem großen Strauß Rosen ins Krankenhaus. Beatrix klagte, schlecht Luft zu bekommen. Als sich die Symptome verschlechterten, wurde sie von der Entbindungsstation in Hallein ins Landeskrankenhaus Salzburg überstellt. Da unglücklicherweise das Labor am Wochenende geschlossen war, konnte auf ihre auffälligen Symptome nicht reagiert werden und das fatale Problem wurde zu spät entdeckt. Beatrix starb an einer Fruchtwasser-Embolie. Ihre Tochter Theresa wuchs dann die ersten drei, vier Jahre bei Mischa und mir auf.

ZUR GEBURT MEINES ZWEITEN SOHNES SCHAFFTE ICH ES NICHT RECHTZEITIG HEIM

Theresa war in guter Gesellschaft. Neben meinem ältesten Sohn Heiner (geb. 1984) hielt uns auch Leonhard auf Trab. Der war 1986 auf die Welt gekommen – bei einer ungeplanten Hausgeburt und drei Wochen zu früh. Mischa war gerade am Fensterputzen, als es plötzlich losging. Sie rief noch eine befreundete Hebamme an, doch als diese eintraf, war Leo bereits da. Und ich? Weil ich gerade wieder einmal am Sportplatz gewesen war, hatte ich von alldem nichts mitbekommen. Erst als ich heimkam, rief mir meine Schwester entgegen: „Gratuliere wieder zu einem Buben!" Heiner, damals zwei Jahre alt, hat im Gegensatz zu mir die Geburt live miterlebt.

Mischa hatte ich 1978 am Sportplatz kennengelernt. Wir trainierten beide auf der Union-Salzburg-Sportanlage in Nonntal, direkt unterhalb der Festung. Während ich schon fast mehr Trainer als Sportler war, stand Mischa erst kurz vor der Matura. Es war Liebe auf den ersten Blick: Sie war ein aufgewecktes, lebensfrohes und sehr attraktives Mädchen und damals die Liebe meines Lebens. Ich erinnere mich noch gut an die Worte von Walter Heugl, dem Gründer des Vereins, kurz vor seinem Tod: „Schau Heini, wenigstens eine Frau hab ich dir vermittelt."

Mischa war sehr talentiert, und wir trainierten oft zusammen. Doch ihr fehlte es an Selbstvertrauen und der Überzeugung, ihr Potenzial voll auszuschöpfen. Der Leistungssport stand für sie allerdings nie im Mittelpunkt. Mischa war eine gute Seele, sehr kommunikativ und ein echter Familienmensch. 1982 heirateten wir und sie schenkte mir vier wunderbare Kinder.

„PAPA, FAHRST DU SCHON WIEDER ZU DEINEN BLÖDEN SKIFAHRERN?"

Was meine Kinder angeht, fällt der Apfel nicht weit vom Stamm. Meine Begeisterung für Sport habe ich an sie weitergegeben. Heiner, der Älteste, war ein begnadeter Fußballer, was er aber nicht weiterverfolgte. Dafür ging er beruflich den Weg, der mein Traum gewesen wäre: Er studierte Medizin. Aus seinem Wunsch, einmal an meiner Seite zu arbeiten, ist leider nichts geworden – Heiner ist heute Facharzt für Innere Medizin und Oberarzt in Schwarzach.

Auch Leo zeigte als mehrfacher österreichischer Schüler-, Jugend- und Juniorenstaatsmeister in der Leichtathletik gute Ansätze. Im Hammerwurf galt er sogar als Jahrhunderttalent. Zwei Bandscheibenvorfälle verhinderten eine Laufbahn als Spitzensportler. Später trat er noch als Bobfahrer in meine Fußstapfen, wurde jedoch vom Bobverband bei der Olympianominierung ausgebremst, was bei mir Erinnerungen an meine Situation in Lake Placid 1980 weckte.

Abgesehen davon wollte Leo nicht werden wie ich: Immer unterwegs, nie bei einem Elternabend ... Meine Karriere kostete mich viel Zeit mit meinen Kindern, die mir das durchaus übelnahmen. „Fährst du schon wieder zu deinen blöden Skifahrern?", musste ich mir nicht nur einmal von Heiner anhören. Leo ist inzwischen Jurist und Amtsleiter der Gemeinde Golling und dreifacher Vater. Zu seinen Buben

Felix und Max kam wenige Tage vor Fertigstellung dieser Biografie auch noch eine Anna Sophie.

Dank Julian bin ich heute vierfacher Opa. Der kleine Valentin hält die ganze Familie auf Trab. Julian ist Sport- und Französisch-Lehrer. Er setzte die Bergmüller-Mehrkämpfertradition fort und wurde 2016 Staatsmeisterschafts-Dritter im Zehnkampf und über 110 Meter Hürden. Leider stoppte ihn eine Hüftverletzung. Der Leichtathletik blieb er als Trainer bei Union Salzburg erhalten.

Paul, mein Jüngster, studiert Jus und schnuppert in diverse Sportarten hinein, allerdings nicht wettkampfmäßig. Vermutlich hat ihm der Leistungssport, den er von mir und seinen Brüdern mitbekommen hat, gereicht.

Im Nachhinein ist mir fast ein Rätsel, wie ich das alles unter einen Hut gebracht habe. Nachdem ich oft monatelang mit dem Skiverband unterwegs war, arbeitete ich nächtelang durch. Schließlich war ich ja noch selbstständiger Bezirksrauchfangkehrermeister. So gesehen ist es kein Wunder, dass meine Familie und ich uns zeitweise entfremdet hatten. Ein Satz von Heiner hat sich eingebrannt. Als er 14 war, wollte ich ein Aufklärungsgespräch mit ihm führen. Er starrte mich nur entgeistert an: „Papa, bist rauschig?"

Heiner, ich, Paul, Leo und Julian Bergmüller 2015 (v. l.)

TREFFEN MIT MEINEM KINDHEITSFREUND
KARLI OBAUER

„Wir hatten eine sensationelle Kindheit"

November 2024. Ich besuche mein Elternhaus in Werfen. Sam, der Hund von meinem jüngsten Sohn Pauli, kommt mir schwanzwedelnd entgegen. Leider habe ich keine Zeit. Ich bin bei meinem Sandkastenfreund, Haubenkoch Karli Obauer, auf der anderen Straßenseite verabredet. Das bekannte Restaurant und Hotel Obauer ist noch geschlossen, Karli lässt uns rein: „Ich kann euch leider nur einen Espresso anbieten." Passt gut – diesmal sind wir ja nicht zum Essen hier. Wir graben ein paar Kindheitserinnerungen aus, wobei Knut, mein Co-Autor, ein paar Zwischenfragen stellen darf. Ich habe ein altes Tagebuch meiner Mutter dabei, in dem sie meine Kindheit dokumentiert hat. Eine gepresste Schlüsselblume und ein Zeitungsartikel erinnern an den 10. September 1957. Ein Tag, den auch Karli nie vergessen wird.

Karl Obauer: Ich hab erst gestern mit Franz Bauernfeind, dem Nachbarn von schräg vis-à-vis über deinen Unfall gesprochen, er war ja auch dabei. Heini, du bist mit einem Holzroller, der vorne ein kleines Rad und hinten zwei Räder hatte, über die Straße gezogen und schon ist es passiert und du warst unterm Auto. Georg Kainz (*ein anderer Nachbar, Anm.*) hat dich dann weggetragen. Wir waren alle schockiert.

Heini Bergmüller: Ich kann mich an all das nicht erinnern. Ich weiß nur, dass die Rettung Gott sei Dank gleich da war.

Karli: Das war sicher unser einschneidendstes gemeinsames Erlebnis.

... knapp gefolgt von Liz Taylor in der Badewanne?

Karli (lacht): Der Filmdreh 1968 auf der Burg war natürlich eine riesengroße Sache für alle im Ort. Die Crew hat sich in unserer Frühstückspension eingemietet. Im zweiten Stock war das Bad, und es hatte ein Fenster. Also haben wir beschlossen, uns das genauer anzuschauen. Über das vereiste Dach haben wir uns entlang der Dachrinne gehandelt, um einen Einblick zu bekommen. Jeder von uns Buben hat einmal reinschauen dürfen und zuschauen, wie sich die Liz Taylor die Ohren gewaschen hat. Zwei Tage später haben wir einen zweiten Anlauf genommen, aber da hatten wir Pech: Diesmal ist Richard Burton in der Badewanne gesessen und hat die Zeitung gelesen.

Heini: Haha, diese Geschichte gefällt dem Hermann am besten.

Karli: Das waren schon spannende Zeiten. Ich kann mich auch erinnern, als wir von der Schule heimgekommen sind, hat die Mutter gesagt: „Ihr müsst jetzt leise sein, weil der Clint Eastwood schlaft grad in der Bar am Sofa."

Heini: Unten ist die Liz Taylor gesessen mit ihren beiden Pekineser-Hunden, während sich Richard Burton am Getränkekühlschrank selbst bedient hat.

Karli: Und während einer Drehpause ist der Burton auf einen Drink in der Bahnhofsreste eingekehrt mit seinem Pekineser, den er auf den Tisch gesetzt hat. Als er sich geweigert hat, den Hund runterzunehmen, hat ihn der Wirt rausgeworfen.

Heini schwärmt immer wieder von eurer unbeschwerten Kindheit.

Karli: Ich würd sogar sagen: Wir hatten eine sensationelle Kindheit, wir hatten die tollste Zeit der Welt. Prägend war unsere Bandenzeit. Wir waren Mitglieder der Riederbande, mit lederüberzogenen Feuerwehrhelmen, bewaffnet mit Säbel usw. Die war verfeindet mit der Siedlungsbande. Heini war wie ein Bruder für mich. Wenn mich meine Mama gefragt hat, wo ich hingehen würde, wenn sie nicht wäre, hab ich gesagt: zur Frau Bergmüller!

Heini: Erinnerst du dich noch an den Riesen-Kirschbaum, den wir Buben umgeschnitten haben?

Karli: Der hätte mich fast erwischt ... Unsere Eltern haben uns wirklich viele Freiheiten gelassen, aber es hat auch Grenzen gegeben, was für unsere spätere Laufbahn sicher kein Nachteil war.

Ihr habt es ja beide, wie man so schön sagt, zu etwas gebracht.

Karli: Heini war mein sportliches Vorbild. Ich hab ihn immer beobachtet, und er hat mir die Grenzen aufgezeigt. Mit seinem Trainingseifer hätte er Weltcup-Sieger, Weltmeister oder Olympiasieger werden müssen. Er hätte einen Mentor gebraucht, einen Heini Bergmüller.

Heini: Der Ehrgeiz war da, aber mein Problem war, dass ich mit allem zu spät begonnen hab. Aber jetzt hätte ich keine Chance mehr gegen dich beim Skifahren. Du hast ja sogar die Koch-Skimeisterschaften gewonnen.

Karli: Ich erinnere mich an eine Ortsmeisterschaft, als ich den Heini um zwei Zehntel gepackt hab. Das hat er mir nicht verziehen. In der Woche darauf gab's ein Landescup-Rennen, und mein Freund Heini hat „vergessen", mich wie ausgemacht mit dem Volvo mitzunehmen. Ich bin übriggeblieben mit meinen Skiern.

Heini: Das hör ich zum ersten Mal. Ich war kein schlechter Verlierer. Wirklich verfeindet waren wir nie, oder?

Heini und Karli in der Obauer-Küche

Karli: Naja. Viel später vielleicht einmal ganz kurz. Ich erinnere mich an einen Silvester, als es im Ort richtig zugegangen ist. Auf einmal hat sich eine Rakete in deine wahnsinnstolle Olympia-Jacke gebohrt und du hast mich verdächtigt. Dabei hatte ich nichts damit zu tun.

Wer von euch würde heute das Ü70-Skirennen gewinnen?

Heini: Ganz klar der Karli. Ich bin schon viel zu lange nicht mehr auf Skiern gestanden.

Karli: Ich fahr noch heute aus Leidenschaft und halte mich mit dem Heini-Programm fit. Und mit Bewegung und gesunder Ernährung. Dabei war ich als Bub der Leberkäs-Karli, weil ich in der Metzgerei aufgewachsen bin. Wenn mich heute Leute fragen, wieso ich so schlank bin, sag ich: Weil ich nur beim Obauer esse!

KAPITEL 4

MEIN OLYMPIATRAUM WIRD DOCH NOCH WAHR

Hofgastein, 27. Dezember 1971. Für mich ist gerade Weihnachten, Ostern und Geburtstag zugleich. Als 19-Jähriger bekomme ich die Chance, mich mit einigen der besten Skifahrer der Welt zu messen. Weil die Weltcup-Abfahrt in Megève abgesagt wurde, springt Hofgastein ein – als inoffizielles Ersatzrennen und wichtiger Test vor den Olympischen Spielen 1972 in Sapporo. Mein Zimmerkollege, der spätere Slalomstar Alois Morgenstern, hat sich seinen Rennanzug zerrissen, also bin ich bis spät in die Nacht damit beschäftigt, den Einteiler zu flicken – derart nützliche Dinge hat man mir im Internat mitgegeben. „Zwischenzeit-Weltmeister" Werner Grißmann borgt mir ein Paar Abfahrtsski. Ich wohne mit den Stars in der Hotelfachschule, zum Essen geht's in den Salzburger Hof. Ich bin beeindruckt, was da abgeht: Im Speisesaal herrscht eine aufgekratzte Stimmung, Eiswürfel fliegen durch die Gegend, der eine oder andere wird aufgezogen. Von den Nachwuchsläufern sticht mir ein gewisser Franz Klammer (damals 18) ins Auge – nicht nur, weil ihm Ski-Ausrüster Fischer eine eigene Koje zum Präparieren seiner Ski organisiert hat. Sondern auch wegen seiner Frisur: oben ein Haarkranzerl, darunter ausrasiert. Franz wird dafür gehänselt, vor allem von Karl Cordin, dem Doyen unter unseren Abfahrern neben Karl Schranz, der ausnahmsweise nicht dabei ist.

Endlich geht's zum Start. Es ist föhnig, um mich herum tummeln sich Stars wie der spätere Klammer-Widersacher Roland Collombin aus der Schweiz. Meine Nervosität nehme ich mit ins Starthaus und leiste mir prompt einen Fehler im oberen Teil: Ich fahre das S zur Steilhangeinfahrt von der falschen Seite an und lasse dadurch sicher zwei, drei Sekunden liegen. Sonst hätte ich es sogar in die Nähe vom Klammer-Franz geschafft, der kommt gerade einmal auf Platz 17 (ein paar Wochen später sollte er allerdings eindrucksvoll durchstarten). Mein zweiter Zimmerkollege Kurt Engstler, der spätere ÖSV-Abfahrtstrainer, wird Achtzehnter. Ich verpasse die Top 30 und bin damit für den legendären Cheftrainer Charly Kahr, der jeden der jungen Garde unter die Lupe nimmt, uninteressant: „Wieder ein Zickzack-Fahrer …" Später fuhr ich dieses Rennen noch einmal – in einem Traum, bei dem ich mich für Olympia qualifizierte. Neun Jahre später sollte mein Lebenstraum tatsächlich noch Realität werden, wenn auch als Bobfahrer.

MEINE BESCHEIDENEN SKI-ANFÄNGE

Als Buben waren wir alle Skirennläufer. Oder Skispringer. Überall, wo es das Gelände in der Umgebung von Werfen zuließ, bauten wir Schanzen. Weil wir unseren Vorbildern Tag und Nacht nacheiferten, veranstalteten wir Rennen – auf selbst ausgetretenen Pisten mit geschnitzten Torstangen und selbstgebastelten Startnummern. Wobei wir uns stritten, wer Killy, Schranz, Molterer oder Sailer sein durfte.

Im Stephaneum in Bad Goisern matchte ich mich auf der Piste mit Skispringern wie Walter Habersatter, dem späteren Ehemann von Olympia-Silbermedaillengewinnerin Brigitte Totschnig. Immerhin wurde ich zu Diözesanmeisterschaften mitgenommen (im Zug, mit einem Dutzend Konserven als Verpflegung im Rucksack).

Untergebracht waren wir in einem Turnsaal. „Hauptsache, dabei" dachte ich. Mit der Gründung des Werfner Skiclubs 1969 ging richtig was weiter. Wobei noch immer Zaunpfosten als Torstangen herhalten mussten. Mein liebster Trainingspartner war der spätere ÖSV-Arzt Toni Wicker, der immerhin im Salzburger Landeskader war. Für das Training durfte ich Rauchfangkehrer-Schichten früher beenden. Schließlich begann sich sogar mein Vater für meine Sport-Ambitionen zu interessieren und fuhr mich mitunter zu Rennen. Dabei fühlte ich mich sicher – im Gegensatz zu einer Fahrt mit dem späteren Red-Bull-Skisprungverantwortlichen Hans Gschwendtner. Der hatte noch nicht einmal den Führerschein, als er uns im VW Käfer seines Vaters im Schneegestöber chauffierte. Den Scheibenwischer, der nicht funktionierte, betätigte ich mit Hilfe einer Schnur mit der Hand. Der Gschwendtner-Vater lag nach einer durchzechten Ballnacht fahruntüchtig auf der Rückbank.

Ich kämpfte mich über unfahrbare Pisten mühsam nach vorne. Beim Salzburger Landescup-RTL in Unken fasste ich mit einer Startnummer um die 200 über zehn Sekunden Rückstand aus und ließ mich dennoch nicht entmutigen. Ohne Betreuer trainierte ich fanatisch weiter, doch Leute wie der spätere Abfahrts-Weltmeister David Zwilling oder Erik Schinegger, der beim Riesentorlauf auf der Gerlos zum ersten Mal bei den Männern startete, blieben für mich unerreichbar. Was mich heute noch schmerzt: Die Werfner Ortsmeisterschaften habe ich nie gewonnen. Immer wieder haben mir meine Nerven einen Strich durch die Rechnung gemacht.

ICH DURFTE DIE PRÖLL-SKI PRÄPARIEREN

Ernüchternd auch war ein Landeskader-Kurs am Kitzsteinhorn. Trainer Alois Mühlthaler (der mich später zum Salzburger Skiverband holen sollte) jagte mich nur durch den Bruchharsch, den gefürchteten „Haxenbrecherschnee". Mein Zimmerkollege, der spätere Rallye-Pilot Sepp Haider, erzählte die ganze Nacht Witze. Meine größte Leistung damals war wahrscheinlich, dass ich Evi Pröll, der kleinen Schwester der berühmten Annemarie, die Ski präparierte. Dass ich selbst auf gutes Material zurückgreifen konnte, hatte ich meiner Oma zu verdanken. Als Hebamme in Mittersill war sie unter anderem für die Geburten bei der Blizzard-Familie zuständig. Firmenchef Toni Arnsteiner tauchte immer wieder bei Rennen auf – genauso wie Atomic-Gründer Alois Rohrmoser, manchmal sah man die beiden entspannt im Wirtshaus Karten spielen.

Die Basis für die Skirennen legte ich im Frühjahr und im Sommer als Leichtathlet. Je besser ich in der Leichtathletik wurde, desto besser fuhr ich auch Ski. Meine Abfahrtskarriere endete beim Alpencup-Rennen in Zauchensee: Ohne einen einzigen Skitag in den Beinen reiste ich direkt von der Arbeit an und stand mit 2,20 Meter langen Skiern am Start. Als ich auf ein Tor zuschoss, waren plötzlich Bundesheer-Helfer im Kurs. Ich raste links am Tor vorbei, krachte in eine Schneewechte und baute einen Irrsinns-Sturz, von dem der spätere Weltcup-Star Hans Enn, der alles beobachtet hatte, heute noch erzählt. Erfolgreicher war ich im Riesentorlauf: Bei den Alpenvereins-Meisterschaften 1973 in Oberperfuss feierte ich meinen größten Ski-Sieg. Ich hatte die ÖSV-B-Kaderläufer Reini Ebner und Hans Kogler hinter mir gelassen. In der Salzburger RTL-Rangliste schaffte ich es bis auf Rang 25 – mehr war angesichts meines späten Einstiegs leider nicht drin.

EINE B'SOFFENE G'SCHICHT:
MEINE FUSSBALLER-KARRIERE

Als Kinder haben wir die meiste Zeit am Sportplatz oder in den Ferien im Schwimmbad mit Fußballspielen verbracht. Nicht einmal die überschwemmte Salzach konnte uns stoppen – wenn der Sportplatz unbespielbar war, übersiedelten wir auf die Wiese hinter der Kirche. Nur im Winter wichen wir mitunter auf Eis aus – wenn der Parkplatz vor der Eisriesenwelt zum Eislaufplatz wurde, tobten wir uns mit selbstgebastelten Hockeyschlägern aus, mit Eis gefüllte Dosen waren unser Puck.

Meine fußballerischen Qualitäten kamen zum ersten Mal im traditionellen Werfner Duell „Verheiratet gegen Ledig" zur Geltung. Aus der Jux-Partie entwickelte sich eine solide Hobbymannschaft. In einem Freundschaftsspiel bezwangen wir sogar den ein paar Ligen über uns spielenden Traditionsklub Konkordiahütte Tenneck. Dabei bekam ich Tipps vom ehemaligen Skispringer Gerhard Strauß, der meinte, es könnte noch was werden aus mir. Also meldete ich mich beim SK Liebherr Bischofshofen, der damals in die oberste Spielklasse aufstieg. 1971/72 trainierte ich unter Helmut Bliem mit der Kampfmannschaft. Auch das war angesichts der harten Winter und der Fußball-Einheiten im tiefen Schnee eine Härteschule. Einigen Mitspielern war ich mit meiner Ernsthaftigkeit ein Dorn im Auge, die Älteren versuchten mich mit „Nicht so schnell!" einzubremsen. Gegen die Großen wie Rapid oder Austria waren wir chancenlos und Bischofshofen sollte als Letzter wieder absteigen.

Norbert Ebster und Gerhard Breitenberger waren unsere Stars. Ebster machte als erster Freund von Annemarie Pröll „Karriere", Breitenberger schaffte es sogar ins Nationalteam. Anfangs war ich auf Mitfahrgelegenheiten mit Klubkollegen angewiesen. Die zwitscherten nach dem Training oft noch das eine oder andere Bierchen oder Glaserl Wein. Als ich endlich den Führerschein hatte, durfte ich mir fürs Training den VW Variant meines Vaters ausborgen. Zum Einsatz kam ich in der 2. Mannschaft, wobei ich einmal sogar einen lupenreinen Hattrick schaffte. Meine einzige Einberufung in die Kampfmannschaft stand unter keinem guten Stern. Ausgerechnet in der Nacht davor hatte ich zur großen Party in die Almbar im dritten Stock meines Elternhauses geladen: sturmfreie Bude, Alkohol floss in Strömen. Mein Einsatz in der zweiten Halbzeit wurde zum Albtraum. Das war's dann endgültig mit meiner Profi-Karriere. Nach Saisonende wurde ich an Pfarrwerfen abgegeben. Dort war ich einmal beim Training und fragte mich: „Warum mach ich das überhaupt?" – und kehrte zur Leichtathletik und zum Skisport, meinen großen Leidenschaften, zurück.

STABHOCHSPRUNG MIT EISENSTANGE UND LAUFEINHEITEN BIS ZUM ERBRECHEN

Fasziniert hatte ich wie schon erwähnt als Bub meinem Nachbarn Heimo Viertbauer beim Hammerwerfen und Kugelstoßen zugeschaut. Der Rieder-Sepp, Dachdecker, Spengler und Installateur, war Stabhochspringer. Angespornt durch ihn bauten wir uns am Werfner Sportplatz eine wackelige Stabhochsprung-Anlage: Eine Eisenstange war unser Stab, gelandet sind wir auf Schaumstoffresten vom Tapezierer. Mit der Rauchfangkehrer-Lehre nahm meine Sportlerkarriere Fahrt auf. Ich begann mit konsequentem Lauftraining. Dank Gendarmerieschule gab es in Werfen eine Weit- und Hochsprung-Anlage und einen Kraftraum auf der Burg. All das durfte ich regelmäßig nutzen. Im Nachbarort Bischofshofen entstand unterhalb der berühmten Sprungschanze eine Leichtathletik-Anlage, als 17-Jähriger trat ich 1970 dem dortigen Verein bei. Nebenbei hatte ich Ambitionen, mich als Trainer zu engagieren. 1973 chauffierte ich das erste Mal im

VW-Bus eine Handvoll Nachwuchsathleten zu Jugend-Meisterschaften nach Graz. Wir kamen mit mehreren Meistertiteln und einem Jugend-Landesrekord im Hochsprung zurück. Mit dabei waren auch die später erfolgreichen Skilangläufer Walter Mayer und Peter Juric.

Dabei hatte ich mit meinem eigenen Training neben dem Rauchfangkehrer-Job mehr als genug zu tun. Nach dem ernüchternden ersten Zehnkampf in Innsbruck besorgte ich mir die DDR-Leichtathletik-Bibel von Gerhard Schmolinski. Nach deren Anleitungen bastelte ich meine Trainingsprogramme.

Wenn ich an die Laufeinheiten auf der Aschenbahn der Krobatin-Kaserne in St. Johann zurückdenke, wird mir heute noch schlecht. So lief ich zum Beispiel drei Serien über 10 mal 200 Meter, alle deutlich unter 30 Sekunden. Voll motiviert ging ich beim Eröffnungsmeeting auf der Linzer Gugl über 400 Meter an den Start. Nach 300 Metern die Ernüchterung: Ich fühlte mich wie von einem Pferd getreten, gerade noch so kam ich ins Ziel. Die Enttäuschung war groß, auf der Heimfahrt musste ich mich mehrmals übergeben.

Noch intensiver wurde es, als ich 1975 bestärkt durch Union-Salzburg-Gründer Walter Heugl zu dessen Verein wechselte und mich als Zehnkämpfer versuchte. Ich fuhr mehrmals in der Woche zum Training nach Salzburg und im Winter ein paar Mal nach München, wo wir die Olympiahalle mitbenutzen durften. Während ich mich im Stabhochsprung trotz schwerem Technik-Manko rasant verbesserte und schon im ersten Jahr 4,20 Meter übersprang, ging in den Wurf-Disziplinen Diskus und Speer erschreckend wenig weiter. Immerhin hielt ich im abschließenden 1.500-Meter-Lauf mit Zeiten knapp über 4:30 Minuten mit den Olympia-Zehnkämpfern Sepp Zeilbauer und Georg Werthner mit. 1977 war ich für Union Salzburg als Hochspringer beim Europacup der Vereine in Wolverhampton am Start. Am letzten Abend zog ich mit dem späteren Marathon-Olympiasieger und Weltrekord-mann Carlos Lopes aus Portugal durch Bars und Diskotheken.

Deutlich mehr Erfolg hatte ich als Trainer. Warum aus dem späteren ÖSV-Sportdirektor Toni Giger kein erfolgreicher Leichtathlet wurde, lesen Sie im nächsten Kapitel („Schinderheini"). Der mehrfache Staatsmeister Wolfgang Spann verpasste leider 1984 die Olympia-Qualifikation. Beim Länderkampf gegen die UdSSR, Polen und Deutschland blieb er mitten im 400-Meter-Lauf aus unerklärlichen Gründen einfach stehen.

Nebenbei entwickelten sich tolle Freundschaften zum ehemaligen Weltrekordmann Guido Kratschmer & Co. Die besten deutschen Zehnkämpfer samt Betreuern gingen bei mir in Werfen ein und aus. Im deutschen Leistungszentrum im Schwarzwald organisierte ich ein Skilanglauf-Camp, das mit einigen Skibrüchen endete. Gemeinsam mit Organisationstalent Waldemar Meixner holte ich 1984 die besten Mehrkämpfer für ein Fünfkampf-Meeting nach Salzburg, um den Uralt-Weltrekord von Bill Toomey zu knacken. Bei der EM 1986 in Stuttgart saß ich auf Kratschmer-Einladung auf der Tribüne, als Guido mit seinem Verletzungspech zum tragischen Helden wurde – der Schnalzer, als seine Achillessehne riss, war bis zu meinem Sitzplatz zu hören. Bevor's für ihn unters Messer ging, führte uns Guido

Mai 1963: Hochsprung über 1,65 Meter

Mein letzter Leichtathletik-Anlauf als Dreispringer

auf Krücken zum Essen und einem heftigen Umtrunk aus. Anschließend übernachteten wir bei ihm im Hotelzimmer.

Da ich in der Nähe der deutsch-österreichischen Grenz wohnte, wurde ich nebenbei zum Stabhochsprungstab-Schmuggler für unseren Rekordmann Hermann Fehringer und Kollegen: Dessen wertvolle Fiberglas-Stäbe aus den USA kamen mit dem Schiff in Hamburg an und wurden von dort postlagernd nach Freilassing gebracht. Dort übernahm ich sie mit schlechtem Gewissen – den Zöllnern erklärte ich stets, ich würde von einem Wettkampf kommen.

Zu dieser Zeit gab's für mich nur den Sport. In manchen Jahren nahm ich auf Skiern, in der Leichtathletik und im Bob an Landes- und Staatsmeisterschaften teil.

Gegen Ende meiner Leichtathletik-Karriere, mit mehreren Landes-meister-Titeln im Zehnkampf und im Stabhochsprung versuchte ich mich noch als Weit- und Dreispringer. Die Sieben-Meter-Marke wollte ich unbedingt knacken. Dafür hungerte ich mir zehn Kilo von den Rippen, ehe ein schwerer grippaler Infekt alles zunichte machte. Dennoch haute ich mit 35 noch eine persönliche Weitsprung-Bestmarke raus: 6,50 Meter! Bei meinem letzten Auftritt als Dreispringer wollte ich nach gut zehn zweiten Plätzen bei Salzburger Meisterschaften zum Abschluss endlich gewinnen. Ich war Favorit, da fragte mich mein Schützling Toni Giger, ob er mitspringen dürfe. Er durfte – und wieder wurde ich nur Zweiter!

IM BOB AUF DER JAGD NACH EINER OLYMPIA-MEDAILLE

Vom Bob-Virus wurde ich 1976 erfasst. Wie einige meiner Leicht-athletik-Kollegen hatte ich eine Einladung zu einem Trainingskurs nach Innsbruck erhalten. Mein Vater durfte davon nichts erfahren. Bobpilot, das ging für ihn überhaupt nicht. Da wäre ich ja fast den ganzen Winter unterwegs. Und da war Hauptsaison für uns Rauch-fangkehrer! Also stahl ich mich heimlich nach Innsbruck, um zu zeigen, was ich draufhatte. Als Zehnkämpfer brachte ich ideale Vo-raussetzungen mit. Ich war schnell und kräftig, und darauf kam es beim Anschieben an. Ich war athletisch, aber nicht zu schwer (im Bob spielt die Gewichtsobergrenze eine wesentliche Rolle). Und: Mit mei-nem niedrigen Puls, meinte der Sportwart, wäre ich sogar ein idealer Lenker. Diesen Job übernahm aber Quereinsteiger Manfred Stengl, unser Goldmedaillen-Gewinner im Rodel-Doppelsitzer bei Olympia 1964 in Innsbruck. Ich wurde als Anschieber und Bremser vorerst im Viererbob eingesetzt, ein Jahr später fuhr ich auch den Zweier. Als

1977: Im Viererbob hatte ich (2. v. l.) den feschesten Schnauzer, oder?

ehemaliger Skirennläufer hatte ich ein Gefühl für Tempo und aerodynamische Positionen entwickelt – im Bob kam es bei Geschwindigkeiten von bis 160 km/h auf kleinste Nuancen an.

Für meine erste Saison 1977/78 machte ich das volle Vorbereitungsprogramm mit. Das Highlight war das herbstliche Schubtraining jeden Sonntag am Maximarkt-Parkplatz in Salzburg-Anif. Es handelte sich um ein spezielles Kraft- und Starttraining: Auf einem VW-Pritschenwagen wurde unser mit Rollen versehener Viererbob angeliefert. Nach einem Aufwärmprogramm übten wir mit der kompletten Vierer-Besatzung die Startübungen: „Eins ... und zwei ... und drei... und ...“ Dann rumpelten wir los und sprangen in den Bob. Das Bremsen war eine besondere Herausforderung: Wir sprangen aus dem Gefährt und kämpften mit Händen und Füßen gegen das Trägheitsmoment. Natürlich zogen wir dabei auch Schaulustige an.

Ab November durften wir endlich im Eiskanal zeigen, was wir konnten. Bei den österreichischen Meisterschaften in Innsbruck-Igls wurden wir mit dem Vierer Dritter, von dort ging's weiter zur EM nach St. Moritz, wo uns der fürchterliche Sturz von Fritz Sperling ausgangs der Zielkurve schockte. Fritz hatte sich die Halsschlagader aufgerissen. Überall war Blut, der DDR-Mannschaftsarzt rettete ihm das Leben. Danach wurden Vollvisierhelme verpflichtend. Unter diesen Vorzeichen lag ein dunkler Schatten über meiner Qualifikation für die WM in Lake Placid. Der nicht qualifizierte Andreas Schwab, später Adidas-Österreich- und Sporthilfe-Chef, hatte das mit diversen Querschüssen vergeblich verhindert: Wir wären zu unerfahren, beschwerte er sich, und, und, und.

Lake Placid, Februar 1978. Nach einem Zwischenstopp in Paris, wo es plus 20 Grad hatte, empfing uns der spätere Olympia-Austragungsort bei 40 Grad unter null. Einen Vorgeschmack auf das, was die alte

US-Bobbahn zu bieten hatte, gab uns Manfred Stengl im Zweierbob. Der Eiskanal, der nach einem 30-jährigen Dornröschenschlaf im Hinblick auf Olympia 1980 reaktiviert wurde, galt als unfahrbar. Das Eis war rumpelig, an der Seite bildeten Bretter eine Bande – vor der gefürchteten Kombination „Zickzack" hatten wir jedes Mal Angst, im Ziel spuckte ich Blut. In jedem Training gab es schwere Stürze. Die Bilder, als Manfred Stengl und Otto Berg mit halsbrecherischer Geschwindigkeit crashten und umgekippt durch den Eiskanal schlitterten, gingen um die Welt. Meine Kollegen sollten es damit sogar auf eines der Olympia-Poster für die Winterspiele 1980 schaffen.

Ich bekam meine Chance im Viererbob, obwohl ich ein mulmiges Gefühl hatte. Stengls Selbstvertrauen und Risikobereitschaft mussten nach seinem kapitalen Sturz im Zweier im Keller sein. Am Tag vor der internen Ausscheidung sollte ich unseren Qualifikationslauf in einem Traum in allen Einzelheiten durchleben. Wir waren sensationell unterwegs, im Ziel verkündete der Platzsprecher: „We have a new track record!" Als ich meinem Zimmerkollegen Lukas Rettenbacher davon erzählte, tippte er sich an die Stirn: „Du spinnst! Wie soll das nach unseren Trainingsfahrten gehen?" 24 Stunden später wurde mein Traum bis ins kleinste Detail Realität!

Bei der WM hatten wir dann Pech. Nach dem ersten Lauf noch Zweiter hinter dem Walter-Delle-Karth-Bob, waren wir im zweiten Lauf im oberen Teil die Schnellsten. Im Zickzack ließ uns Manfred in die Bande krachen. Ich spuckte wieder einmal Blut, erlitt schwere Prellungen und eine Gehirnerschütterung. Bobverbands-Präsident Fritz Dinkhauser war unser Betreuer im Ziel. Ins Krankenhaus bringen könne er uns aber nicht, gestand er, er habe bereits für eine Party zugesagt. Die Feste abseits der Bobbahn waren es tatsächlich wert, dabei zu sein: Ein interessantes Erlebnis hatte ich beim Flirt mit einer DDR-Eisschnellläuferin. Als die Funktionäre diesen mitbekamen, wurde das Mädel schnell aus dem Verkehr gezogen. Auch sportlich hatten wir einmal mehr gegen die DDR das Nachsehen. Trotzdem nahm ich gute Erinnerungen von der WM in Lake Placid mit. Auf einer Party lernte ich zum Beispiel Caroline Kennedy, die Tochter von John F. Kennedy, kennen. Heim fuhren wir in einem geborgten Chevy, bei dem wir es nicht schafften, das Licht einzuschalten. Immer dann, wenn wir die Lichter eines anderen Autos auftauchen sahen, hielten wir an der Seite an.

KURZ SEHE ICH MEINEN OLYMPIA-TRAUM GEPLATZT

1978/79 fuhr ich mit Manfred Stengl Zweier- und Viererbob. Wir waren ein super eingespieltes Team, wurden österreichischer Meister im Vierer und qualifizierten uns für Olympia 1980 in Lake Placid. Dass uns der Bob-Verband für die ursprünglich im Frühjahr 1979 geplante Generalprobe auf der inzwischen neugebauten Bahn aus mir unerklärlichen Gründen nicht nominierte, versetzte Manfred derart in Rage, dass er zurücktrat. Er wollte lieber mit dem Motorrad bei der Tourist Trophy starten, da müsse er sich nicht mit Verbänden herumstreiten. Das berühmte Superbike-Rennen auf der Isle of Man sollte seine letzte Station als Sportler werden. 1992 kam er von der Strecke ab, krachte gegen einen Betonpflock und erlag noch am selben Abend seinen Verletzungen.

Im Bob mit Manfred Stengl in Königssee

Ich stand ohne Lenker da und sah meinen Olympia-Traum schon geplatzt. Da meldete sich mit Fritz Sperling, der beste Lenker des Landes, und fragte mich, ob ich nicht die Olympia-Saison mit ihm fahren möchte. Damit saß ich in Österreichs Einser-Bob. Dazu schätzte ich mich glücklich, dass mich mein Vater für eine profimäßige Vorbereitung freispielte. Zum ersten Mal in meinem Leben trainierte ich penibel nach einem Trainingsprogramm, das der ehemalige 400-Meter-Hürden-Rekordmann Helmut Haid für mich zusammenstellte. Ein Monster-Pensum: Am einen Tag standen Maximalkraft-Kniebeugen-Serien mit 120, 130 Kilogramm auf der Schulter an, am nächsten Tag 200- und 300-Meter-Sprints. An manchen Wochen kam ich auf tausend und mehr Sprünge. Es gab Tage, an denen trainierte ich zweimal und trat am Abend quasi zum Drüberstreuen noch bei einem Leichtathletik-Wettkampf (z. B. Dreisprung) an. Weil ich akribisch auf gute Ernährung und ausreichend Schlaf achtete (und auch das eine oder andere unerlaubte Mittel einwarf), spielte mein Körper mit. Wenn ich vom Gas ging, fiel mein System mitunter in sich zusammen – ich war fix und fertig. Aber unterm Strich passte es: Bei den Schub-Tests war ich die Nummer zwei in Österreich. Und beim Saisonstart in Winterberg ließen wir im Zweier in zwei von vier Läufen sensationell die DDR-Bobs und den späteren Olympiasieger Erich Schärer aus der Schweiz hinter uns.

WIR CRASHEN – UND KEINER HAT MITLEID

Beim Olympia-Vorbereitungstraining in Lake Placid im Dezember 1979 passiert es dann. Im zweiten Trainingslauf schießen wir mit weit über 100 km/h auf eine Linkskurve zu. Es stellt uns quer, und Fritz lenkt den Bob in die Bande. Wir kippen um! Ich bekomme die Panik und schaffte es irgendwie, mich aus dem gekenterten Geschoss zu quetschen. Eine gefühlte Ewigkeit, bei der mir unzählige Gedanken durch den Kopf schießen, schlittere ich am Eis dahin. An den zum Abbremsen eingesetzten Händen habe ich schlimme Abschürfungen und Verbrennungen erlitten. Mitleid hatte keiner. Im Gegenteil, wir hatten uns zum Gespött gemacht. Beim Abendessen musste sich Fritz die Kommentare der Kollegen anhören: Was wäre gewesen, wenn ich mich schlimmer verletzt hätte? Das wär's für ihn vermutlich gewesen. Denn Fritz traute nur wenigen im Team über den Weg. Nicht einmal dem Masseur, weshalb ich immer wieder dessen Aufgabe übernehmen musste.

WUNDERTROPFEN VOM DDR-TEAMARZT MIT FOLGEN

Die Vorzeichen für Olympia 1980 waren nicht die besten. Zwar gewannen wir im Vierer bei den österreichischen Meisterschaften, doch am nächsten Rennwochenende beim Nationencup in Königssee wurde ich krank. Ich hatte über 40 Grad Fieber und bat den DDR-Mannschaftsarzt um Hilfe. Von ihm bekam ich hochdosiertes Chinin, um meine Körpertemperatur zu senken und Wundertropfen zum Inhalieren. Am nächsten Tag war ich fieberfrei. Aber ich war nicht mehr der Alte. Am Start fühlte ich mich wie ein nasser Fetzen, danach nahm ich zwei, drei Kilo ab und war tagelang für nichts zu gebrauchen. Vermutlich hatte ich mir damals eine Herzmuskelentzündung eingefangen – die Nachwirkungen sollten mir noch heute zu schaffen machen.

Die Olympia-Ausscheidung stieg von 26. Jänner bis 3. Februar im Rahmen der EM in St. Moritz, auf jener Bahn, auf der Fritz Sperling im Jahr davor seinen blutigen Sturz gehabt hatte, der ihn fast das Leben gekostet hätte. Noch vor der ersten internen Ausscheidung wurde es hektisch: Beim Frühstück hieß es, es gebe eine Gewichtskontrolle (im Zweierbob durfte das Höchstgewicht von 390 kg nicht überschritten werden). Also: auf zur nächsten Apotheke, Ausziehen bis auf die

EM 1980 in St. Moritz

Unterhose und auf die Waage. Dabei war ich fast 20 Kilo leichter als Fritz. Trotzdem wurde ab sofort auf jeden Bissen geachtet. Ich hielt es nicht mehr aus, schlich mich in ein Milchgeschäft neben unserem Hotel und kaufte mir ein Riesenstück Emmentaler, über das ich mich dann im Zimmer heimlich hermachte. Genau in diesem Moment kam Fritz zur Tür rein und schrie mich an: „Ich verhungere halb, und du frisst dich an?!" Um Gewicht zu sparen, wurde jedes unnötige Teil aus dem Bob entfernt – ich hatte nicht einmal mehr eine Sitzlehne, immerhin hatte man mir die Bremsgriffe ganz gelassen. Anziehen durfte ich unterm Rennanzug nicht einmal eine Unterhose und holte mir in dieser wichtigen Phase tatsächlich noch Hämorrhoiden. Aber immerhin kamen wir gerade noch durch die Gewichtskontrolle.

DOPINGKONTROLLE! EIN ALKOHOLIKER RETTET MICH

Noch kreativer war ich, als Dopingkontrolleure im Hotel auftauchten. Meine Rettung war, dass ich mein Gefäß im Pissoir anfüllen durfte und neben mir ein Hotelgast gerade sein Hosentürl öffnete. „Bitte, pinkeln's mir da rein", flehte ich meinen Toilettennachbarn an. „Ich bin Alkoholiker", bedauerte er auf Schwyzerdütsch. Ich: „Das ist das geringste Problem ..." Der Mann hatte Mitleid, drehte sich beim Wasserlassen in meine Richtung und rettete so möglicherweise meinen Olympia-Start. Zur Erklärung: In Zeiten, in denen die DDR-Schlitten alles in Grund und Boden fuhren (mit Hilfe eines Staatsprogrammes, auf das ich nicht näher eingehen will), genehmigten wir uns vor wichtigen Rennen die eine oder andere Aufputschpille. Am Start ist explosive Spritzigkeit gefragt, da musst du in Sekundenbruchteilen alles aus deinem Körper rausholen. Captagon war hoch im Kurs und für mich vom Hausarzt auf Rezept zu haben. Das Mittel erfreute sich übrigens, wie mir ein ehemaliger Bayern-Spieler bei der wöchentlichen Sauna-Runde verriet, auch im Profi-Fußball großer Beliebtheit.

Auf der Bobbahn ging's rumpelig weiter: Fritz musste seinen Vorjahresunfall erst verarbeiten. Dementsprechend chaotisch waren die ersten beiden Trainingsfahrten. Aber plötzlich lief es, und wir schafften es sogar zum Bahnrekord und ins Goldene Buch der Stadt St. Moritz.

Nachdem ich mit der internen Ausscheidung inklusive Dopingkontrolle die letzten Olympia-Hürden genommen hatte, wurde es hektisch. Es ging nach Innsbruck, wo unsere Einkleidungsstücke warteten und von München via Montreal zu den Spielen nach Lake Placid. An der kanadisch-US-amerikanischen Grenze wurden wir durchgewunken, als würden wir die Zollstation in Freilassing passieren.

Mein Olympia-Abenteuer begann gleich mit einer bösen Überraschung: Ich musste in die interne Qualifikation. Naiv, wie ich zu der Zeit war, ließ ich mich am Tag davor vom Konditrainer zu Sprungserien, die Rocky alle Ehre gemacht hätten, hinreißen. Am Quali-Tag hatte ich einen derartigen Muskelkater, dass ich kaum die Stiegen hinabsteigen konnte. Damit musste ich in die Ausscheidung und verlor meinen Platz im Zweier hinter Fritz Sperling, was ich so nebenbei über den Masseur erfuhr. Ich war entschlossen abzureisen, ÖOC-Generalsekretär Pilsl konnte mich aber davon abhalten – sie brauchten mich ja im Viererbob. Da schrammten wir vor einer tollen Kulisse mit rund 50 000 Zuschauern als Vierter knapp an einer Medaille vorbei, wobei es uns der starke Schneefall unmöglich gemacht hatte, die entscheidenden Zehntel auf den DDR-II-Bob aufzuholen. Dabei war es ein Wunder, dass wir mit unseren Rumpel-Gefährten überhaupt in die Nähe der Ostdeutschen mit ihren Hightech-Schlitten mit Einzel-Kufenaufhängung kommen konnten. Möglicherweise hat uns aber auch ein Experiment bei der Kufen-Präparierung die ersehnte Medaille gekostet.

Ein Erlebnis waren auch die vom legendären Dopingjäger Ludwig Prokop erstmals bei Winterspielen vorgenommenen Kontrollen. Der Wiener Professor, im weißen Anzug und mit selbstgebundenem Mascherl, war dabei wortkarg und unnahbar. Dabei waren wir Landsleute! Als er mir bei der Urinabgabe zusah, brachte ich keinen Tropfen raus. Offenbar war ich dabei nicht der einzige, dem es so ging, denn für solche Fälle stand viel Bier bereit. Zwei, drei Dosen später konnte ich endlich pinkeln und taumelte halb besoffen aus dem Container.

LAKE PLACID 1980: NACH „BLECH" AUF DER EHRENTRIBÜNE HINTER IOC-PRÄSIDENT LORD KILLANIN

Abgesehen von meiner Ausbootung im Zweier und der knapp verpassten Medaille wurde Olympia zum unvergesslichen Erlebnis. Auf der Bobbahn gehörte der schwedische König, der seine Athleten am Start persönlich anfeuerte, schon fast zum Inventar. Für mich wurde Toni Sailer zum Türöffner. An der Seite der Skilegende verfolgte ich den Eishockey-Kracher USA gegen ČSSR vom VIP-Sitzplatz aus. Im Olympischen Dorf, einer ehemaligen Gefängnisanlage, unterhielt ich mich beim Frühstück mit drei Damen im Afro-Look. Als sie weg waren, stieß mich ein Kollege an: „Weißt du, wer das war?" Ich hatte keine Ahnung. Es waren die Girls der Popgruppe Boney M, die noch am selben Tag einen Auftritt hatten.

Da lernte ich meinen größten Fan näher kennen: Eine Olympia-Hostess hatte mich jeden Tag auf der Bobbahn besucht. Vor der Schlusszeremonie holte sie mich vom Dorf ab und schleuste mich durch einen Hintereingang ins Eisstadion und weiter in eine exklusive Party-Lounge. Dort saßen IOC-Präsident Lord Killanin, der Gouverneur von New York und viele honorige Funktionäre. Als es losging, schnappte sich meine Begleiterin eine Flasche Champagner und nahm mich mit auf die Ehrentribüne, von dort aus verfolgte ich die Schlusszeremonie. Beim Abschied tauschten wir noch unsere Adressen aus, und ich wankte im Morgengrauen zurück Richtung Gefängnis. Am Eingang zum olympischen Dorf registrierte ich ein Riesentransparent: „USA KILLED USSR." Weiter hinten feierten die Amis noch immer den Sensationssieg im Eishockey-Finale gegen die Erzrivalen. Vor der Disco taumelten Alkoholleichen aller Nationen, wobei mir die abgemagerte finnische Langlauf-Legende Juha Mieto sturzbetrunken den Weg versperrte. Im Athleten-Foyer hing Eiskunstlauf-Olympiasieger Robin Cousins schlafend mit einer Whiskeyflasche in der Hand in der abgesessenen Sitzgarnitur. Ich, auch nicht mehr ganz nüchtern, zog mich in meine Zelle zurück und begann sofort zusammenzupacken. Zwei Stunden später ging es zu einem Empfang des österreichischen Botschafters nach Montreal ins Eishockeystadion der Canadiens. Die Olympia-Hostess sah ich nie wieder. Später erhielt ich noch drei Briefe von ihr aus Nova Scotia. Beantwortet habe ich keinen – schließlich war ich damals schon verlobt.

FRANZ KLAMMER:

„Bei uns war jedes Training ein Wettkampf"

Das eingangs des Kapitels erwähnte Abfahrtsrennen gegen Franz
Klammer in Bad Hofgastein im Dezember 1971 war das Ski-High-
light in Bergmüllers bunter Sport-Karriere. Weder Heini noch der
spätere Ski-Kaiser hatten in diesem FIS-Rennen viel zu lachen. Als
Bergmüller Mitte der 1980er-Jahre ins ÖSV-Trainerteam wechselte, war Klammers erfolgreiche Karriere bereits vorbei. Dennoch laufen sich der Abfahrts-Olympiasieger von 1976 und der um ein Jahr
ältere Erfolgs-Coach auch heute noch regenmäßig über den Weg.

Heini erinnert sich bis ins kleinste Detail an sein größtes Skirennen ...

Franz Klammer: Ich erinnere mich tatsächlich auch noch an dieses Rennen, wir sind in Bad Hofgastein die Abfahrt am Schloss-
berg gefahren. Ich weiß noch, dass es damals gute FIS-Punkte
gegeben hat und dass es Karl Cordin gerade noch in die Top 10
geschafft hat. Ich war ein paar Plätze hinter ihm. Aber an den
Heini kann ich mich beim besten Willen nicht erinnern.

*Heini bewunderte Ihre eigene Koje zum Ski-Präparieren und Ihre Fri-
sur mit dem Haarkranz oben und unten ausrasiert ...*

Klammer: Ausrasiert? So ein Blödsinn. Ich hab immer einen
super Haarschopf gehabt. Da bräuchten wir jetzt Fotos, die es,
fürchte ich, nicht mehr gibt.

Wann haben Sie Heini bewusst wahrgenommen?

Klammer: Das war nach meiner aktiven Zeit, als er beim ÖSV Trainer geworden ist. Ich kann mich dunkel erinnern, dass ich ihn bei den Spielen 1988 in Calgary mit meiner damaligen Franz-Kollektion outfitmäßig unterstützt hab. Richtig wahrgenommen hab ich Heini dann natürlich, als er den Olympiastützpunkt Obertauern aufgebaut hat und später als Trainer von Hermann Maier.

Die Schinderheini-Zeiten sind Ihnen erspart geblieben ...

Klammer: Unser Schinderheini war Bergmüllers Vorgänger, der Andreas Rauch. Bei uns hat's in jedem Training nur Vollgas gegeben. Grundlangenausdauer, hat's geheißen, ist langweilig und bringt keine richtige Kondition. Jede Einheit war ein Wettkampf. Auf individuelles Training ist gepfiffen worden. Bei uns haben alle in der Mannschaft immer das Gleiche gemacht. Pulswerte haben keinen interessiert, Laktatmessungen hat's noch nicht gegeben, dafür aber richtig viele Kondikurse. Das Motto war: Nur die Harten kommen durch! Aber die waren dann auch für die Wettkämpfe gestärkt. Wenn ich seh, wie sich unsere Leute bei schwierigen Riesentorläufen im unteren Teil schwertun, frag ich mich, ob heute alles richtig läuft. Erschreckend, wie kraft- und saftlos einige unterwegs sind.

Wie sieht Ihrer Meinung nach das perfekte Konditionstraining für Skirennläufer aus?

Klammer: Die alte Weisheit aus unserer Zeit gilt auch heute: Wenn es darauf ankommt, musst du besser beisammen sein als die Konkurrenz. Die Basis dafür legst du im Frühjahr und Sommer, und darauf hat Heini Bergmüller größten Wert gelegt.

Als Bergmüller beim ÖSV begann, hat er sich Testwerte aus Ihrer Karriere geben lassen und alles analysiert. Dabei ist ihm aufgefallen, dass Sie in den Jahren, in denen Sie die Abfahrt dominiert hatten, auch die besten Leistungswerte hatten ...

Klammer: Das bestätigt genau das, was ich vorhin gesagt habe. Ich war bedacht darauf, im Sommer eine gute Basis zu legen. Da hab ich auch bei 400- und 800-Meter-Läufen zu den Besten gehört. Nur Weitspringen hab ich nicht können.

Patrick Ortlieb & Co. mussten unter Bergmüller auch Ballett tanzen ...

Klammer: Das war sicher eine gute Sache, nicht nur koordinativ, sondern auch um Körperspannung aufzubauen. Patrick Ortlieb hätte ich sehr gern beim Ballett zugeschaut. Aus meiner Zeit gibt's auch lustige Fotos: Wir hatten Aerobic-Kurse ...

Hermann Maier legte seine körperliche Basis mit vielen Stunden auf dem Ergometer, wobei Heini exakt die Herzfrequenz vorgab. Was halten Sie davon?

Klammer: Als Hermann alles gewonnen hat, wurde viel diskutiert über sein Radlfahren und das viele Grundlagen-Ausdauertraining in Obertauern. Im Nachhinein betrachtet hat er vieles richtig gemacht, auch um Verletzungen vorzubeugen.

Verstehen Sie, dass der ÖSV inzwischen auf den Olympiastützpunkt Obertauern und das Knowhow einer Erfolgs-Ära verzichtet?

Klammer: Ich frag mich, warum das so ist. Schade, dass Heini von oben weggegangen ist. Da sieht man, wie viel von einer einzigen Person abhängt.

KAPITEL 5

SCHINDERHEINI

Salzburg, 17. Juni. 1987. Für meinen zweiten Kurs als offizieller Konditionstrainer der ÖSV-Abfahrtsgruppe habe ich mir etwas Besonderes einfallen lassen. Mit einer 150-Kilometer-Radtour will ich die Grenzen unserer Skistars austesten. Wir starten in Hallein Richtung Abtenau. Von dort geht's über den 957 Meter hoch gelegenen Pass Gschütt nach Hallstatt und über Bad Ischl zum Wolfgangsee und zurück nach Hallein. Es hat nur wenige Grad über Null, der Nieselregen geht in Hagel über. Jimmy Steiner, unser einziger Medaillengewinner bei Olympia 1984 in Sarajevo, zieht aus Angst abzureißen, seinen Regenschutz im Fahren aus und landet in der Botanik. Aber er kämpft sich zurück ins Feld. Stefan Niederseer besitzt weniger Steherqualitäten, er schleudert sein Rad die Böschung runter und motzt: „Ich fahr keinen Meter weiter!"

Mit dem Wissen von heute ist mir klar: Mit gezieltem Ausdauertraining hatten solche Radtouren, die in regelrechten Schlachten ausarteten, wenig zu tun. Zu groß war der Niveauunterschied der einzelnen Läufer. Derart lange Trainingseinheiten funktionierten vielleicht für ein paar Läufer, andere waren massiv überlastet. Heute gehe ich bei jedem Sportler bei jeder Einheit individuell auf den jeweiligen Leistungszustand ein.

Meine ersten ernsten Anläufer als Trainer machte ich 1978 mit gerade mal 25 Jahren. Zwar hatte ich selbst noch auf eine Karriere als Skirennläufer, Fußballer, Zehnkämpfer und Bobfahrer gehofft. Aber ich hatte immer schon das Gefühl, dass ich Athleten in diversen Sportarten weiterhelfen konnte.

Bei meinen Anfängen beim Salzburger Skiverband Mitte der 1980er-Jahre hatte ich einen Nachwuchs-Kader, um den mich heutzutage wohl jeder Cheftrainer beneiden würde: Hermann Maier, Andreas Schifferer, Alexandra Meissnitzer, Siegfried Voglreiter, Karin Köllerer – lauter spätere Weltcup-Sieger. Jedenfalls durfte ich mein Wissen schon bald beim Österreichischen Skiverband unter Beweis stellen. Noch heute sprechen mich ehemalige Rennläufer auf meinen ersten Kondikurs unter dem Schweizer Erwin Cavegn und Alois Kahr, an. Damals war ich wirklich Schinderheini.

Es war keine einfache Zeit: Nach der für Österreichs Abfahrer medaillenlosen WM 1985 in Bormio steckte der Stachel noch immer

Anfänge als ÖSV-Konditionstrainer 1987

tief. Die Stimmung war im Keller, unsere Speed-Truppe ein zerstrittener Haufen, nach dem Rücktritt von Franz Klammer fehlte eine Leitfigur. Und der Umgangston war ein rauer. ÖSV-Herrenchef Dieter Bartsch tauchte bei meinem ersten Kondikurs in Salzburg auf. Untergebracht waren wir im Brückenwirt in Hallein, wo die gesamte Mannschaft im Speisesaal Platz genommen hatte, als Bartsch losflegelte: „Soll ich für euch Arschlöcher überhaupt noch was machen?" Da fiel sogar mir die Kinnlade runter. Wo bin ich hier gelandet?

Ich wollte es besser machen als mein Vorgänger, dessen Arbeit ich genau analysiert hatte, und den Burschen die Schneid abkaufen. Erst einmal ging es mir darum, auszuprobieren, wie weit ich dabei gehen konnte. Natürlich wollte ich auch die Schwächen meiner Athleten austesten.

EIN ASSINGER-EKLAT NACH DEM ANDEREN

Armin Assinger, heute „Mr. Millionenshow", war überhaupt ein eigenes Kapitel. Quasi als Vorgeschmack auf das, was mich mit ihm erwarten würde, schmiss er seinen vollbeladenen Teller durch den Speisesaal: „Was soll denn der Fraß?" Dabei hatte ich die Zutaten wegen der leeren Kohlehydratspeicher und im Hinblick und die nächsten Aufgaben mit viel Bedacht zusammengestellt. Beim Trampolinspringen weigerte sich Armin, die Schuhe auszuziehen. Aber nicht mit mir! „Den hol ich mir", dachte ich.

Ich hatte spezielle Tests zusammengestellt, um mögliche Schwächen aufzudecken: Stand-Weitsprung, Sprints, Fünfer-Hopp-Sprünge, Kniebeugen, Maximalkraft-Check, 800-Meter-Lauf und Tau-Klettern. Spätestens beim Tau-Klettern war es bei Armin vorbei – er hing wie ein nasser Fetzen am Seil und wurde von seinen Kollegen verspottet. Und von mir gab's noch ein: „Durchgefallen!" Ich hatte schon vorher gewusst, dass er es nicht schaffen würde, sich hochzuziehen, wollte ihm aber bewusst seine Schwächen aufzeigen. Armin war völlig am Ende und verbarrikadierte sich in seinem Zimmer.

Daraufhin hatte ich Lois Kahr auf der Dacke: „Du musst unbedingt mit dem Armin reden, der dreht völlig durch!" Also nahm ich mir den Burschen zur Brust. Die „Aussprache" war eher ein Ausschreien. „Jetzt kommst du und erklärst uns, dass alles was wir vorher gemacht haben scheiße ist", ging er mich an. Ich versuchte, ihn zu beruhigen: „Schau, ich führ dir deine Schwächen vor Augen, damit du daran arbeiten kannst, um besser zu werden." Angesichts der erschreckend schlechten Stand-Weitsprung-Vorstellung und der Nullnummer am Seil sah der an sich sehr intelligente Knabe ein, dass er an sich arbeiten musste. Armin kapierte, dass er am besten fuhr, wenn er mein Programm exakt umsetzte – und nebenbei wurden wir Freunde.

Weniger harmonisch ging's angesichts der anhaltenden Krise in meinem Abfahrts-Team zu. Während Journalisten an Storys wie „1000 Tage ohne Abfahrtssieg" bastelten, schien Hans Pum, der neue Cheftrainer, fest entschlossen, die „Alten" durch junge Läufer zu ersetzen. Außerdem wollte er Technik- zu Speed-Spezialisten umfunktionieren und warf mir zudem bei meinen Ambitionen als Ski-Coach Prügel vor den Weg. Weil ich nebenbei in der Leichtathletik-Trainerausbildung steckte und zudem um meinen Platz im Viererbob-Team kämpfte, sagte man mir zu, dass ich mit der Skitrainer-Ausbil-

Ganz links: Armin Assinger

dung problemlos später weitermachen könnte. Aber dem war leider nicht so. Ich musste zu meiner 1978 bestandenen Aufnahmeprüfung 1990 neu antreten. Im Bundessportheim St. Christoph war der spätere Abfahrts-Coach und Ski-Chef bei Red Bull Robert Trenkwalder der große Zampano in der Prüfungskommission. Er ließ mich im Slalom-Fahren prompt durchfallen, wie übrigens auch Patrick Ortlieb, den späteren Olympiasieger und Weltmeister in der Abfahrt. Der damalige Speed-Trainer Kurt Hoch, der wusste, wie gut ich am Ski stand, konnte es nicht fassen. Ich stieg auf die Barrikaden und wendete mich in meiner Verzweiflung an Baldur Preiml. Der „Erfinder" des Skispringer-Wunderteams um Olympiasieger Karl Schnabl und Toni Innauer saß inzwischen im Sportministerium und hatte ein Gespür für „Politik" entwickelt. Baldi hörte sich um und berichtete mir: „Heini, die wollen dich nicht als Skitrainer!" Mit „die" meinte er die später als Trainer-Legenden gefeierten Pum und Trenkwalder. Wie der Taktiker Hans Pum tickt, ahnte ich bereits, als es um die Planung der Abfahrtssaison 1988/89 ging. Bei einem Meeting in Werfen verriet mir Hans: „Den Trenkwalder hol ich mir für den Europacup, weil deine Feinde musst du im Griff haben."

Ich war tatsächlich als Konditrainer am besten aufgehoben. Als solcher hatte ich schon damals die Idee zu einer nahezu perfekten Rundum-Trainings- und Anlaufstätte für Sportler, Trainer, Ärzte, Praktikanten, Reha-Patienten und Gesundheitsbewusste. Bis es mir gelingen sollte, diese Vision umzusetzen, half ich mit, unsere Abfahrer in die Spur zu bringen, nach Olympia 1992 sollte ich auch die Riesentorlauf-Gruppe übernehmen. Dabei ließ ich mich auch nicht dadurch entmutigen, dass ich in Calgary 1988 bei meinen ersten Olympischen Spielen als Betreuer scheinbar nur als fünftes Rad am Wagen mitlief und nicht einmal bei der offiziellen Einkleidung berücksichtigt worden war. Als Olympiasieger Franz Klammer, als Experte vor Ort, davon Wind bekam, ließ er mir ein Outfit seiner (leider bald wieder eingestellten) Klammer-Kollektion zukommen, was unseren Olympia-Bossen wiederum ein Dorn im Auge war. Motto: „Der Bergmüller braucht überall Extrawürste!"

Der Bergmüller wollte es allen erst recht beweisen. Am Athleten-Material, da war ich mir sicher, lag es nicht. Vor allem die „Alten" sprachen auf mein Training an. So machte ich mich für Leo Stock, den Abfahrts-Olympiasieger von Lake Placid 1980, stark – er sollte auch für Assinger der lebende Beweis sein, wofür mein Programm gut war. Wobei es auch der gute Leonhard nicht immer leicht mit mir hatte. Nicht nur, dass ich ihm das tägliche Nachmittags-Kickerl absagte. Beim Kondikurs auf Lanzarote führte unsere Rad-Tour durchs Tal der Tausend Palmen. Ich gab die Anweisungen aus dem Begleitauto, als Leo immer schwerer zu treten begann und mich beschimpfte: „Spinnst du, dass i mi auf meine alten Tag bei dieser Hitze noch so schinden muss?" Letztlich sollte gerade dieses Trainingslager zwischen Lavasteinen unsere Abfahrtstruppe endgültig zusammenschweißen.

Das Trainingscamp auf Lanzarote 1987 zwischen Lavasteinen schweißte uns zusammen.

Beim Abendessen kam eine gemeinsame Rechnung, die teilten wir uns. Bis dahin hatte jeder darauf bestanden, separat zu bezahlen. Und beim Abschlussabend im Club La Santa rauchten wir Zigarren, Marke Davidoff.

Zu Helmut Höflehner entwickelte ich eine besondere Beziehung. Tatsächlich gewann Höfi 1989/90 nach fünf durchwachsenen Jahren noch einmal den Abfahrts-Weltcup, wobei mir zwei Erlebnisse besonders in Erinnerung geblieben sind.

HÖFI PENDELTE SEINEN SIEG AUS – UND STOLPERTE ÜBER DIE EIGENEN SKI

Doppelabfahrt in Cortina. Kurt Hoch zu mir: „Schau bitte, was mit dem Höfi los ist, der gefällt mir gar nicht." Tatsächlich rief mich Heli vor der zweiten Abfahrt kurz vor Mitternacht an, ich möge doch bitte zu ihm ins Zimmer kommen. Dort traute ich meinen Augen nicht. Wenige Stunden zuvor Dritter auf der ersten Abfahrt (hinter Daniel Mahrer und Kristian Ghedina) hockte er mit einem Pendel in der Hand da und lotete aus, wie das zweite Rennen in wenigen Stunden ausgehen würde. Es schlug auf Sieger Höflehner aus, was dann tatsächlich eintreffen sollte …

Weniger lustig war Höfis Start bei der WM-Abfahrt 1991 in Saalbach, bei der er als großer Favorit ins Rennen ging. Schon während der Vorbereitungen wirkte er ungewohnt abwesend. Ich begleitete ihn zum Startbereich – es blieben ihm noch gut 60 Sekunden bis zur Freigabe. Plötzlich begann er am ganzen Körper zu zittern. Ich stand hilflos hinter ihm und wusste nicht, wie ich reagieren sollte. Ihn anschreien und wachrütteln? Ich zögerte – und die Zeit lief runter. So passierte es: Beim Start bleibt er mit den Stöcken zwischen seinen

Skiern hängen und ist nach dem dritten Tor draußen. Millionen vor den TV-Geräten können es nicht fassen, diese Slapstick-Einlage sollte noch tagelang Gesprächsthema sein. Und ich grübelte noch viel länger, was ich in dieser Situation hätte tun sollen. Letztlich stellte sich der wahre Grund für seinen Aussetzer heraus: Helmut hatte den Tod seines Vaters im Dezember davor noch immer nicht verarbeitet.

DAS PHÄNOMEN PATRICK ORTLIEB

Dass Patrick Ortlieb Olympiasieger wurde, hat er zu einem nicht unwesentlichen Teil auch mir zu verdanken. Als ich 1988 bei einer Analysesitzung Wind davon bekam, dass sie das nicht wirklich beliebte „Riesenbaby" loswerden wollten, machte ich mich bei Pum für ihn stark: „Aus dem mach ich noch was!" Dabei hatte Patrick wegen seiner Probleme mit dem ÖSV sogar überlegt, für Frankreich zu fahren – sein Vater war Franzose.

Da ich inzwischen mit Ortlieb und anderen Abfahrern wie Peter Wirnsberger, Peter Rzehak oder Gernot

Kraftentwicklung, Patrick Ortlieb von 1987 - 1992

CYBEX	1987			1992	
Seite	Rechts	Links		Rechts	Links
Maximale Kraftentwicklung 5 WH					
Strecker Maximum	268 NM	313 NM		347 NM	341 NM
Max % Körpergew.	298 %	348 %		373 %	367 %
Beuger Maximum	166 NM	162 NM		204 NM	227 NM
Max % Körpergew.	185 %	181 %		220 %	245 %
Verhältnis Beuger/Strecker	62 %	52 %		59 %	67 %
KRAFTAUSDAUER bei 40 WH					
Strecker Maximum	3469 J.	4284 J.		5930 J.	5490 J.
Max % Körpergew.	86 %	82 %		47 %	37 %
Beuger Maximum	1442 J.	1096 J.		3908 J.	3911 J.
Max % Körpergew.	104 %	43 %		42 %	30 %
Verhältnis Beuger/Strecker	42 %	40 %		66 %	71 %
te	rechts	links		rechts	links
	1987			1992	

Reinstadler privat bei mir daheim in Werfen arbeite, wusste ich, was in dem Ü100-Kilo-Bröckerl steckte. Bei zwei von mir organisierten und teilweise mitfinanzierten Kondikursen in der berühmten Sporttraumatologischen Ambulanz der Mooswaldklinik in Freiburg sorgte Patrick mit unglaublichen Kraftwerten für Furore. Beim Quadrizeps-Test (dabei werden spezielle Kraftwerte im Oberschenkel gemessen) hatte er sogar DDR-Modellathlet Udo Beyer, den wahrscheinlich stärksten Kugelstoßer aller Zeiten, übertroffen.

Zurück in Werfen warteten „spezielle" Ausdauereinheiten: Ich lief vorne, Patrick keuchte am Anschlag hinter mir her. Heute weiß ich es natürlich besser. Hätte ich ihn wie später Hermann Maier in der richtigen Trainingszone auf dem Ergometer radeln lassen, hätte er vermutlich neue Maßstäbe in den Speed-Disziplinen gesetzt. Für Sensations-Gold bei Olympia 1992 in Val d'Isère reichte es dennoch. Dabei war Patrick auch mental nicht der Stärkste. Oben am Start der berühmtberüchtigten „Face de Bellevarde" wartete er und flippte. Ich beruhigte ihn, dass er zwei Jahre später in Lillehammer die nächste Chance auf Olympia-Gold haben würde und sprach ihm Mut zu: „Du fährst jetzt einfach genauso runter wie im Abschlusstraining (*wo er schon alle verblüfft hatte, Anm.*)."

Das setzte er mit Startnummer 1 perfekt um – einer nach dem anderen zerbrach an seiner Bestzeit. Die letzten Läufer, die für einen Sieg infrage kamen, beobachtete ich von einem Felsen aus, wie sie Richtung Ziel rauschten und dachte mir: „Wenn jetzt noch einer schneller fährt, dann stürze ich mich da runter!" Im Hotelzimmer analysierte ich die Zwischenzeiten, als es an meiner Tür klopfte. „Komm rein!" Vor mir stand ein geknickter Armin Assinger: „Wie gibt's das, dass dieser Sack Olympiasieger wird?" Ich erinnerte Armin daran, dass Patrick die besten Kraftwerte im Team hatte und dass er im Training einiges richtig gemacht haben muss.

Etwa zu dieser Zeit lernte ich Bernd Pansold kennen, und dabei wurden mir die Augen geöffnet. Nicht, was man jetzt vielleicht denken könnte. Der umstrittene Sportarzt aus der DDR sollte zwar später aufgrund seiner Doping-Vergangenheit verurteilt werden – nichtsdestotrotz kannte er sich wie kein Zweiter mit legaler Trainingssteuerung aus. Pansold bestätigte das, was ich in nächtelangen Diskussionen und Tüfteleien mit Kurt Hoch herausgefunden hatte: Wenn unsere Leute am Gletscher auf über 3000 Meter ans Limit gehen, dann dürfen sie unten nur regenerativ trainieren, sonst machen sie sich kaputt. Wobei Pansold vorschlug, auch bei längeren Aufenthalten in der Höhe regelmäßig Regenerations-Einheiten einzustreuen (und dazu koordinative Elemente). So setzte ich, inzwischen offizieller „Kondi-Koordinator" im ÖSV, im Sommer 1991 durch, dass erstmals Radergometer und Sauerstoffflaschen fürs Schnee-Camp in Chile organisiert wurden und ein Reflotron[4], mit dem ich die wichtigsten Blutparameter untersuchte.

Ein Jahr später hätte auch Pansold für 15 000 Schilling (also für nur etwas mehr als 1000 Euro) mit nach Südamerika fliegen sollen, doch das hatte der ÖSV trotz vorheriger Zusage in letzter Sekunde verhindert – weshalb, sollte mir erst später bewusstwerden. Also hielt ich mich an die Vorgaben, die ich von meinem Lehrmeister übers Telefon bekam.

Auch ich war bereit, umzulernen. In den folgenden Jahren stellte ich mein Trainingsprogramm und meine Methoden drastisch um. Ich wurde quasi vom Schinderheini oder Murgsmüller, wie mich Stephan Eberharter und die Tiroler Läufer nannten, zum Ergometer-Papst. Wobei ich mir von der ÖSV-Datenbank die Leistungsdiagnostik-Werte von Franz Klammer, dem erfolgreichsten Abfahrer aller Zeiten, holte und versuchte, daraus Schlüsse zu ziehen. Der deutsche

---

4 Kofferradio-großes Gerät zur Blutanalyse

Leichtathletik-Startrainer Bert Sumser, der schon zu Klammer-Zeiten mit den Südtiroler Thöni-Cousins gearbeitet hatte, brachte mich auf die Idee, den typischen Ski-Bewegungen mit koordinativen Elementen gegenzusteuern.

Viele meiner Methoden hatte ich als Leichtathlet und Fußballer erarbeitet und am eigenen Körper ausgetestet. Durch das intensive Hürdenlauf- und Stabhochsprung-Training im Sommer wurde auch mein Skigefühl besser – so konnte ich plötzlich auf Buckelpisten problemlos auf einem Ski runterfahren. Das Krafttraining tat mir wiederum weniger gut, ebenso intensives Ausdauertraining. Umso wichtiger erschien mir das Grundlagen-Ausdauertraining, weil damit eine solide Basis gelegt wird. Dazu kam das Athletik-Training mit gezielter Kräftigung und Stabilisierung des Rumpfs, sowie Koordination wie Laufschule[5] und viele Sprungvarianten. Dieses Training baute ich dann exzessiv aus. Mit einer Übung trieb ich zum Beispiel Armin Assinger zur Verzweiflung: eineinhalb Minuten lang rhythmisches Aufspringen auf einen 50 Zentimeter hohen Kasten im Takt eines Metronoms, das gemeinerweise den Rhythmus änderte.

Bald beherrschten meine Läufer die Übungen aus dem Effeff. Sogar Hannes Trinkl, der zu Beginn unserer Zusammenarbeit schwerfällig wie ein Vorschlaghammer gewirkt hatte, führte die Übungen bald bilderbuchartig aus. Ein paar Jahre später sollte er sich für die Quälerei revanchieren und sich bei der WM 2001 in St. Anton das für Hermann „reservierte" Abfahrts-Gold schnappen.

---

5 Übungen zur Verbesserung der Lauftechnik

WIR WAREN DIE ERSTEN MIT LAKTAT-CHECKS

Meine Athleten meisterten die Laufschule mit Bravour – inklusive variierenden Bodenkontakten zwischen den Hürden und gleichzeitigem Jonglieren mit zwei, drei Bällen. Richtungweisend war ein Kondikurs 1990 in Freiburg, der mir so wichtig war, dass ich ihn sogar aus eigener Tasche mitfinanzierte. Erstmals führten wir eine mittels Laktat-Checks gesteuerte Laufeinheit durch. Möglich gemacht hatten das mein Freund Oliver Maehl, der sportwissenschaftliche Leiter der Klinik, und Georg Zipfel, der spätere Chef der deutschen Langläufer. Sie hatten schon damals auf die von Pansold entwickelte Methode aus Ostberlin, die später State of the Art wurde, gesetzt.

ABFAHRER ALS BALLETTTÄNZER –
FRITZ STROBL BRILLIERT IN SCHWANENSEE

Um neue Reize zu setzen, ließ ich meine Skifahrer mit besonderen Experten geräteturnen und trampolinspringen. Ich holte zum Beispiel den ehemaligen russischen Turmspringer und Olympia-Medaillengewinner Wladimir Alejnik mit seiner Frau, die Tänzerin am Bolschoi-Ballett war. Bald brachte sogar Patrick Ortlieb mit seiner Masse einen Salto rückwärts zusammen. Fritz Strobl brillierte beim Sommer-Kurs auf Rhodos in einer Schwanensee-Rolle. Die sprichwörtliche Geschmeidigkeit sollte ihm später den Namen „Fritz the Cat" einbringen – und Abfahrts-Olympia-Gold in Salt Lake City 2002. Den schweren Ski-Verletzungen versuchte ich mit Knie-Stabilisierungsübungen, Einbein-Kniebeugen und Kräftigungsübungen für die Oberschenkelrückseite („Hamstrings") gegenzusteuern. Dazu ließ ich Tretroller besorgen oder die Jungs mussten ihre Sprünge in die Weichbodenmatte mit Skischuhen absolvieren. Mit Trainer Kurt Hoch philosophierte ich oft bis spät in die Nacht hinein, gemeinsam gewannen wir wichtige Erkenntnisse.

So war uns schon vor Pansold bewusst geworden, dass wir nach intensivem Schneetraining auf hoch gelegenen Skigebieten längere Regenerationsphasen einlegen mussten. Als Alternativen streuten wir Grasski- und Ski-Einheiten auf Langlauflatten ein.

Für jeden meiner Athleten gab's einen eigenen, handschriftlich von mir erstellten Trainingsplan für die jeweils kommende Woche, den ich noch am Kursende verteilte oder per Fax verschickte. Manchmal funktionierte das Faxgerät nicht. Damit keiner ohne Programm blieb, fuhr ich mitunter Sonntagnacht ins Hauptpostamt nach Salzburg, um mein Gewissen zu erleichtern. Daneben lief mein Rauchfangkehrerbetrieb, den ich inzwischen „nur" noch leitete. Dennoch musste ich vor den Trainingskursen alles für meine Mitarbeiter vorbereiten.

Als der Weltcup-Winter losging, kümmerte ich mich nach den Rennen hauptsächlich um jene Läufer, denen es nicht gut ging. Oft suchte ich dann auch die Schuld bei mir selbst.

So leistete ich doch einen wesentlichen Beitrag zum Downhill-Aufschwung Anfang der 1990er-Jahre, wobei Ortliebs Olympia- und WM-Goldmedaillen die Kirsche auf der Torte waren. Hannes Trinkl und Fritz Strobl wurden zu Siegläufern. Leonhard Stock startete Jahre nach seinem Olympiasieg 1980 noch einmal durch und gewann in Laax 1989 sein erstes Weltcup-Rennen. Stephan Eberharter war nach Doppel-WM-Gold 1991 abgestürzt und begann, auch von Verletzungen zurückgeworfen, quasi von vorne. Werner Franz absolvierte eine Zimmermann-Lehre, und ich stritt immer wieder mit seinem Chef, damit er mit zu den Kursen durfte. Nebenbei schaute ich auch dem Konditrainer von Petra Kronberger über die Schultern – Wolfgang Spann war als einer meiner ehemaligen Leichtathletik-Schützlinge durch mich in den ÖSV gekommen, wo ich sein Lehrmeister war.

„ZAUBERLEHRLING" GIGER KAM DURCH MICH ZUM ÖSV

Einen ähnlichen Weg machte Toni Giger. Er war ein – sagen wir – spezieller Athlet in meiner Leichtathletik-Gruppe: gelernter Mathematiker, hochintelligent, ein echter Tüftler und manchmal auch ein Besserwisser. Mit seinen Ideen (zum Beispiel was die Stabhochsprung-Technik betraf) konnte er einem schon den Nerv ziehen. Toni war damals im Kader des Leichtathletik-Verbandes, da spritzte er aber immer wieder Kurse, weil ihm Skifahren wichtiger war. Um Toni zu entschuldigen, musste ich mir beim damaligen ÖLV-Cheftrainer immer wieder Ausreden einfallen lassen.

Als 1989 im Skiverband ein Konditrainer für die Europacup-Abfahrtsgruppe gesucht wurde, legte ich Chefcoach Pum Giger ans Herz. Zum Vorstellungsgespräch kam Toni in Jeanshemd und Sneakers und machte nicht den besten Eindruck. Schließlich überzeugte ich Pum, und Hans wusste schnell, was er an Giger hatte. „Der kann einmal Cheftrainer werden", hatte er vorausschauend gemeint. Toni legte einen steilen Aufstieg innerhalb des Skiverbandes hin. Als er die Weltcup-Trainingsgruppe um Hermann Maier übernahm, wurde unsere Zusammenarbeit intensiver. Und dabei gerieten wir mitunter aneinander: Nach dem traditionellen Südamerika-Skicamp im Sommer 1997 war Hermanns Ausdauer-Niveau im Keller. Als ich eine Ski-Auszeit vorschlug, um das zu reparieren, beschimpfte mich Toni: „Du machst Hermanns Karriere kaputt, er wird keinen Startplatz in der Abfahrt bekommen!" Angesichts meiner Rauchfangkehrer-Ausbildung wurde er sogar untergriffig. Der Rest seiner „Zauberlehrling"-Karriere ist, wie man so schön sagt, Geschichte.

Giger verließ den ÖSV 2022 als erfolgreichster Trainer aller Zeiten Richtung Red Bull, wo er ins „Global Sports"-Management übersiedelte.

EIN GEHIRNTUMOR HOLTE EINEN WEITEREN FREUND

Der Skitrainer, mit dem ich den längsten und engsten Kontakt hatte, war Walter Hubmann. Er war zweifellos einer der besten seines Fachs. Mit seiner ruhigen, besonnenen Art fiel er im hektischen Weltcup-Zirkus angenehm auf. Anfang der 1980er-Jahre betreute er die britische Mannschaft und suchte Rat bei mir. Fortan tauschten wir uns immer wieder über Trainingsansätze aus und ich half ihm bei seinen Fragen weiter, sei es die Trainingsumstellung vor Überseereisen oder die Vorbereitung auf Großereignisse.

Walter kam als Ski-Weltenbummler ordentlich rum. Zu seinen Trainerstationen zählten unter anderem Neuseeland, Bulgarien, Ungarn und Georgien. Als Hermann nach seinem Unfall 2003 in den Weltcup zurückkehrte, leitete er dessen Trainingsgruppe. Von 2007 bis 2011 betreuten wir gemeinsam das kroatische Herren-Team. Ohne Walter wäre Ivica Kostelić vermutlich nie Gesamtweltcup-Sieger geworden. Auch Kombi-Bronze von Natko Zrnčić-Dim bei der WM 2009 in Val d'Isère war eine kleine Sensation. Obwohl Walter oft in Ländern arbeitete, wo das Geld eher knapp war, setzte er auf meine Trainingsmethoden und

© GEPA pictures

führte auf eigene Faust Laktattests bei seinen Athleten durch. Ich half ihm mit der Berechnung der Ergometrien und gab ihm per Mail oder telefonisch die Trainingszonen für die jeweiligen Athleten durch.

Als mich Walter 2019 wieder einmal anrief,

Walter Hubmann mit Hermann in Zermatt

fiel ich aus allen Wolken. Er hatte einen Zusammenbruch erlitten. Die erschütternde Diagnose: Gehirntumor. Doch Walter blieb auch in dieser schweren Zeit und nach mehreren Operationen unglaublich diszipliniert. Wie er es im Sport gelernt hatte, setzte er auf gezieltes Ergometer-Training mit leichten Kraft- und Koordinationsübungen. Er achtete penibel auf die Ernährung. Und er überraschte mich mit der Nachricht, dass er sich einen Hund angeschafft hätte – es war ein Australian Shepherd, wie ich einen hatte. Wir tauschten Fotos aus.

Anfang März 2020 meldete sich Walter ein letztes Mal bei mir. „Danke für alles, was du für mich getan hast", wiederholte er mehrmals. Ein paar Tage später war er tot. Walter war nicht nur ein herausragender Skitrainer, sondern auch ein herzensguter Mensch. Im Gegensatz zu vielen anderen, denen ich im Laufe der Jahre begegnet bin, hatte er sich nie ins Rampenlicht gedrängt. Leider war Walter nicht der einzige Freund, den ich während meiner Trainer-Laufbahn verloren habe.

DIE REINSTADLER-TRAGÖDIE

1990 stieß der damals 20-jährige Gernot Reinstadler zur Abfahrts-Mannschaft. Ein Riesentalent mit toller Ausstrahlung und einer unglaublichen Lebensfreude. Beim Ski-Camp in Australien waren wir zum Abschluss im Busch unterwegs, um Känguru- und Emu-Herden zu beobachten. Wir krochen auf dem Bauch hinter Sträucher, um die Tiere zu fotografieren. Gernot sprang in seiner draufgängerischen Art gleich mal in

Vorsicht, Giftschlangen! Gernot Reinstadler in Australien

einen Bach. Plötzlich ließ uns ein Schrei von Leo Stock aufschrecken: Eine Tafel warnte vor der Tiger- und der Copperhead Snake, zwei Giftschlangen, deren Biss absolut tödlich ist. Wir waren schwer erleichtert, als wir wieder in unseren Toyota-Bussen saßen, die uns zurück in den Skiort Thredbo brachten.

Gernot war mir richtig ans Herz gewachsen, auch mit seiner Mutter Traudl hatte ich eine besondere Verbindung. Sie kam aus Mittersill und hatte meine Großmutter, die dort Sprengelhebamme war, gut gekannt. Immer wieder tauschte ich mich mit Traudl über ihren Sohn aus. Ich erinnere mich noch gut an ein Gespräch, bei dem es um eine Anstellung für Gernot ging, damit er wenigstens versichert war. Jedenfalls kümmerte ich mich besonders um den Burschen – in seiner ersten Weltcup-Saison hatte er es ohnehin schwer genug gegen die Arrivierten.

18. Jänner 1991. Die Stimmung im ansonsten gemütlichen Schweizer Alpendorf Wengen ist angespannt. Eine umstrittene Regel der FIS sorgt für Unmut unter Trainern und Rennläufern: Für den Tag vor der berühmten Lauberhornabfahrt ist erstmals eine Art Qualifying angesetzt. Nur mehr die Top 30 sollen am Tag darauf im Rennen an den Start gehen. Für junge Läufer ein gigantischer Druck, und das auf der längsten Abfahrtsstrecke der Welt. Scheinbar unbeeindruckt von alldem freut sich Gernot Reinstadler über das herrliche Wetter, das die Lauberhorn-Woche für uns zu bieten hat – und darüber, dass ich beim Training einen Fotoapparat dabeihabe (den ich nie benütze, um die Läufer nicht abzulenken). „Bitte mach ein Foto von mir", lacht er und stellt sich aus dem Schatten, so dass er von der Sonne perfekt ausgeleuchtet wird. „Da hast einmal ein schönes Andenken an mich." Als er sich aus dem Starthaus katapultiert, drücke ich noch einmal auf den Auslöser und denk mir nichts weiter dabei. Später sollte mich diese Szene immer wieder ins Grübeln bringen. Hatte er eine Vorahnung gehabt?

Am Abend vor der Qualifikation gehe ich mit meinem Freund und Zimmerkollegen Helmut Krug, der fürs Technik-Training der Speedtruppe verantwortlich war (heute trainiert er Seriensieger Marco Odermatt) noch was trinken. In einem Pub treffen wir Gernot Reinstadler. Nach 22 Uhr noch unterwegs? Ein No-Go, erst recht in einem Nest wie Wengen, wo überall Reporter unterwegs sind. Ich gehe mit Gernot vors Lokal und rede ihm ins Gewissen, dass er sich nicht seine Karriere verbauen solle: „Du bist doch so talentiert! Aber wenn du so spät in einem Lokal gesehen wirst, wirft das kein gutes Licht auf dich!"

Zwei Stunden später landen Heli und ich in der Diskothek „Karussell". Wir setzen uns an einen Tisch in der Galerie und unterhalten uns bis nach Mitternacht. Plötzlich sehe ich unten an der Bar einen stehen, der wie Gernot aussieht, und sag zu Heli: „Jetzt ist der noch immer nicht im Bett!" Als ich runtergehe, um Gernot heimzuschicken, ist er verschwunden. War das wirklich Gernot, den ich noch ein paar Augenblicke davor gesehen hatte? Die Frage lässt mich die ganze Nacht nicht los – ich bekomme kaum ein Auge zu.

Am nächsten Tag ist Gernot seltsam überdreht, was auch Trainern und Skifahrerkollegen auffällt. Ich bin die letzte

Gernot Reinstadler, ein Tag vor seinem tragischen Tod: „Mach ein Foto von mir!"

Kontaktperson für die Rennläufer am Start, Reinstadler ist mit Startnummer 44 dran. Trainer Hoch funkt letzte Anweisungen rauf. „Zum Hundschopf hin soll er einen größeren Bauch fahren, nicht zu direkt ..." Gernot lacht übermütig: „Ja, das wer ma schon machen." Knapp drei Minuten später erreicht mich ein besorgter Funkspruch von ÖSV-Mann Werner Öttl aus dem Zielraum: „Gernot ist im Ziel-S schwer gestürzt. Es schaut nicht gut aus."

Schreckliche Stille. Wie benommen rutsche ich neben der gesperrten Strecke runter und sehe die Blutspur, die sich ins Ziel zieht. Dort kümmern sich Ärzte und Sanitäter um den schwer verletzten Burschen, der noch wenige Minuten zuvor so gut drauf war. Ich kann es nicht fassen. Gernot hatte am Ende der 4,5 Kilometer langen Abfahrt den Ski verschnitten und war mit den Skispitzen im Fangnetz hängengeblieben. Es hatte ihm das Becken auseinandergerissen, so dass er schwerste Gefäßverletzungen erlitt.

Mit dem Teamarzt fahre ich in die Klinik nach Interlaken, wo wir das Schlimmste befürchten müssen. Die Todesnachricht kommt um 0.43 Uhr. „Man konnte nichts mehr machen", schüttelt der Arzt den Kopf und findet drastische Worte: „Wie wenn man das Bein mit einer Axt durchschlägt." Den Medizinern war es unmöglich gewesen, die Blutungen zu stoppen. Sogar die Blutkonserven gingen aus, davor hatte es über Schweizer Medien einen Spenden-Aufruf für „Blutgruppe 0 Negativ" gegeben. Eigentlich meine Blutgruppe. Im Schock weiß ich nicht mehr, ob ich selbst Blut gespendet hatte. Heute erinnert eine Gedenktafel im Zielstadion an die Tragödie: „Gottes Wille kennt kein Warum." Diese Worte las ich auch in einem der Briefe, die mir Traudl im Laufe der Jahre schickte.

PETER WIRNSBERGER II STÜRZTE
BEIM FREIEN SKIFAHREN ZU TODE

Peter, wegen der Namensgleichheit mit dem Olympia-Silberme-daillengewinner 1980 für alle „Peter Wirnsberger II", kam 1988 mit 24 Jahren zu mir in die Abfahrts-Mannschaft. Da seine Freun-din Monika und meine Mischa Schulkolleginnen waren, hatten wir gleich eine spezielle Verbindung. Mit Monika hatte ich für die Auf-nahmsprüfung fürs Sportstudium Weitsprung und Kugelstoßen trainiert. Peter ist übrigens auch „schuld" daran, dass es bis heute ÖSV-Konditionskurse beim Stanglwirt in Going gibt: Bei Touris-musspielen im Burgenland war er mit dem Stanglwirt-Direktor Reinhard Stocker in einem Team geradelt, gemeinsam hatten sie die Idee vom Trainingscamp in Going. Ein Jahr später organisier-te ich den ersten Kondikurs beim Stanglwirt. Jedenfalls kämpfte Peter, Junioren-Weltmeister 1986, verzweifelt um seinen Platz im Weltcup, ehe er sich im August 1990 beim Ski-Camp im australi-schen Winter das Knie zerstörte. Zur Reha schickte ich ihn nach Freiburg in die Mooswald-Klinik, wo er – ganz der Perfektionist – jede Übung vorbildlich ausführte. Mit einem 15. Abfahrts-Platz in Kitzbühel 1992 deutete er sein Potenzial an. Beim folgenden Som-mer-Camp in Chile fuhr er dann allen um die Ohren und gewann dort auch eine zum Südamerika-Cup zählende Abfahrt und einen Super-G. Eine Medaille überließ er mir, „als Andenken für deine Kinder".

Zu Beginn der Saison 1992/93 war er aus mir unerfindlichen Grün-den dann völlig von der Rolle. Weder in Val d'Isère noch in Gröden reichte es für Punkte, worauf wir beschlossen hatten, ihn aus dem Weltcup rauszunehmen, um ihn wieder Selbstvertrauen tanken zu lassen. So startete Peter am 20. Dezember 1992 in Altenmarkt-Zau-chensee bei Salzburger Abfahrtsmeisterschaften, wo er gewann.

Andenken von Peter Wirnsberger II vom Chile-Camp 1992

Nach dem Rennen ging Peter mit Monika frei Skifahren, als das Schreckliche passierte: Die beiden stiegen vom Sessellift aus und fuhren los. Peter drehte sich noch einmal zu seiner Freundin um, als er die Ski verschnitt, in einen Zaun krachte und dabei tödliche Verletzungen erlitt. Ich war auf der Anreise zum Weltcup-Super-G in Bad Kleinkirchheim, als ich die Nachricht im Radio hörte. Ein Wahnsinns-Schock. Drei Tage später nahmen wir in Rennweg am Katschberg Abschied von unserem Freund. Peters Teamkollegen trugen den Sarg, Armin Assinger, der am Tag davor in Bad Kleinkirchheim gewonnen hatte, schrieb einen bewegenden Nachruf für den viel zu früh verstorbenen Freund.

Monika sollte mir Jahre später beim Aufbau des Olympiastützpunktes eine wichtige Hilfe sein. Weil wir in Obertauern den Fitnessbereich für Athleten und Tagesgäste gepachtet hatten, fiel das wöchentliche Damen-Turnen in Obertauern plötzlich aus. Nach dem ersten Aufschrei sprang ich als „Animateur" ein, wovon die Ladys nicht wirklich begeistert waren. Also rettete mich Monika, die nebenbei auch ihr Knowhow als Sportwissenschaftlerin und Turnlehrerin einbrachte. Dazu organisierte sie die eine oder andere Walking-Einheit in der Gegend um den Olympiastützpunkt.

ARMIN ASSINGER IM INTERVIEW

„Heinrich, mir graut vor dir!"

Dass sich Armin Assinger, in den 1990er-Jahren Sieger von drei Welt-cup-Abfahrten und einem Super-G, auch heute noch auf Bergmüllers Diagnostik-Ergometer setzt und bis zur totalen Erschöpfung (aktuell bei 360 Watt) in die Pedale tritt, sagt eigentlich alles: Der inzwischen über 60-jährige Erfolgsmoderator diverser Primetime-Erfolgsforma-te (*Millionenshow, 9 Plätze – 9 Schätze, Das Rennen*) hat, wie er hier verrät, viel von der Bergmüller-Philosophie in seine zweite Karriere mitgenommen. Dass er auf einer Wellenlänge mit Heini liegt, hatte Assinger schon 2005 mit einem sehr persönlichen Vorwort im Berg-müller-Bestseller *Fit in 100 Tagen* bewiesen ...

Armin, in Fit in 100 Tagen hast du Heini Bergmüller als „Vorturner der Nation" vorgeschlagen ...

Armin Assinger: Das würde ich heute, fast 20 Jahre später, immer noch tun. Heini ist ein Besessener im guten Sinn. Er lebt rund um die Uhr für seine Visionen und das 365 Tage im Jahr. Im-mer auf der Suche nach dem Heiligen Gral der Trainingslehre. Die Konsequenz, die ich bei ihm gelernt habe, hab ich in mein Leben nach meiner aktiven Karriere mitgenommen. Mit seinem Anteil am Comeback von Hermann Maier und an den außergewöhnli-chen Erfolgen von Michael Walchhofer hat es Heini auch seinen letzten Kritikern bewiesen. Heute verhilft er unzähligen Gesund-heitsbewussten und Reha-Patienten zu einem neuen Leben. Als er mir vor 20 Jahren von seinen Bewegungs-Projekten mit Schü-lern berichtete, wusste ich: Das ist es: Kinder sitzen im Klassen-zimmer am Ergometer und büffeln Vokabel. Beim Kopfrechnen werden Rumpf-Übungen gemacht usw. Die Kinder haben Spaß, werden gesünder und der Lerneffekt bei moderater Bewegung ist längst mit vielen Studien belegt.

Woran liegt es dann, dass wir in den letzten 20 Jahren bei der „täglichen Bewegungsstunde" noch immer nicht entscheidend weitergekommen sind?

Assinger: Es fehlt am Willen, so ein Bewegungskonzept konkret umzusetzen, wobei gern die Ausrede, dass kein Geld dafür da ist, vorgeschoben wird. Was spricht wirklich dagegen, ein Pilotprojekt zu starten? Die Anleitung dafür hätte Heini in der Schublade.

Dabei hatten Heinis Anfänge in den späten 1980er-Jahren wenig mit seiner heutigen Philosophie zu tun. Welche Erinnerungen hast du an die Schinderheini-Zeiten?

Assinger: Heini ist es sehr ambitioniert angegangen. Frühsport war ein gefühlter Halbmarathon, das Highlight war eine 150-Kilome-

ter-Radtour im Quali-Modus, bei der ein Kollege nach dem anderen k. o. ging, und es gab Sprünge, Sprünge und noch einmal Sprünge, die teilweise über Fußballplatz-Längen gingen. Nach dem ersten Heini-Kurs hatte ich einen derartigen Muskelkater, dass ich in den Tagen danach nur mehr verkehrt die Stiegen runtergehen konnte. Ich hab den Heini verflucht. Aber als Einzelsportler weißt du auch, dass dir das, was dir am meisten weh tut, am meisten bringt.

Es heißt, du hättest zu Beginn der Bergmüller-Ära nicht verstanden, weshalb plötzlich völlig anders trainiert wurde. Wieso?

Assinger: Ich war immer einer, der die Dinge kritisch hinterfragt hat. Als ich in den Weltcup gekommen bin, haben wir unter Charly Kahr am Hintertuxer Gletscher Abfahrt trainiert: Fünf Läufe über 2:10 Minuten. Am Nachmittag mussten die Jungen dann sechs Kilometer zum Sportplatz nach Lanersbach laufen. Die Alten wie Uli Spieß, Franz Klammer oder Erwin Resch durften im Auto fahren. Nach Zirkeltraining oder Fußball mussten die Jungen wieder zurücklaufen und Charly Kahr beobachtete vom Balkon aus, ob die Jungen eh wirklich gelaufen sind. Am nächsten Tag ging's wieder rauf auf 3000 Meter Höhe, wo die nächsten fünf Abfahrtsläufe am Programm standen. Dann kommt der Heini und macht alles anders. Klar hinterfragst du dann alles. Aber Heini hat mir genau erklärt, worum es ging, und von da an war ich bedingungsloser Heini-Jünger.

Was aus dieser Zeit bleibt dir besonders in Erinnerung?

Assinger: 1988, vor einem Trainingslager auf Lanzarote, nahm mich Heini von Werfen mit nach München zum Flughafen. Wie immer philosophierte er während der Autofahrt über sein Training, schaute mich an und ging vom Gas und beschleunigte dann wieder.

Mir war nie wieder derart schlecht wie auf dieser Stopp-and-Go-Fahrt. Ganz ehrlich: Lieber lass ich mich von Heini über Fußball-platz-Längen hetzen als von ihm chauffieren.

Wobei du, wie es heißt, immer wieder Faust zitiert hast ...

Assinger *(lacht):* Das war aufgelegt: Als wir bei den Trainingskursen beim ersten Abendessen das Programm der kommenden Woche erfuhren, hat es uns den Magen umgedreht. Da hab ich dann gesagt: Heinrich, Heinrich, mir graut vor dir! Aber eigentlich waren die Kondikurse lässig, ich hab den Konkurrenzkampf geliebt.

Allerdings hat Heini seine Trainingsphilosophie, wie er selbst sagt, im Laufe der Jahre grundlegend verändert. Tut es dir leid, dass du von den Erkenntnissen der Hermiator-Ära nicht mehr profitieren konntest?

Assinger: Nein, es hat schon gepasst für mich, wie es war. Wer weiß: Vielleicht wäre ich wie einige andere am Hermann zerbrochen. Ich bin eigentlich froh, dass ich nicht gegen ihn fahren musste. Mir haben Ortlieb und Trinkl als Konkurrenten schon gereicht ...

Heini erinnert sich, dass du nach Ortliebs Olympiasieg die Welt nicht mehr verstanden hast ...

Assinger: Ich hab mich damals körperlich in einer besseren Verfassung gesehen als der Faxe. Aber ich muss zugeben: Die Strecke in Val d'Isère ist seinen Fähigkeiten perfekt entgegengekommen.

Warum ist Bergmüller im Skiverband ständig auf Widerstand gestoßen?

Assinger: Vielleicht hat er mit seinen Thesen zu sehr auf den Tisch gehaut. Motto: Nur das ist es! In einem Verband wie dem ÖSV ist es aber sehr schwer, alte Strukturen aufzubrechen. Daran hat sich Heini die Zähne ausgebissen. 15 Mal am Tag Laktat messen und erst am jeweiligen Tag in der Früh abhängig von den Labor- und Laktatwerten entscheiden, was trainiert wird ... Ich erinnere mich an Chile 1991, an einen wunderschönen Tag, an dem Hannes Trinkl einen erhöhten Harnstoff-Wert hatte. Heini meinte: „Du fährst heute nicht Ski!" Mit dieser zu bestimmten Art machte er sich keine Freunde.

Ist das Hermann-Maier-Trainingsprogramm heute noch immer State of the Art?

Assinger: Gewisse – nennen wir sie Fitness-Gesetze – sind festge-schrieben. Der Weisheit letzter Schluss ist die perfekt abgestimm-te Kombination aus Ergometer-Radeln und Krafttraining. Im Ski-Rennsport ist heute noch mehr Rumpf-Stabilisation gefragt als vor 20 Jahren – nicht zuletzt, weil das Material viel aggressiver ist. Da muss die Rumpfmuskulatur viel ausgleichen. Schau dir nur den Marco Odermatt an.

Wie sieht das Training des Ü60-Sportlers Armin Assinger heute aus?
Assinger: Ich halte mich an die Bergmüller-Grundregeln. Wobei ich die elendslangen Ergometer-Einheiten bei nur 80 Puls auslasse. Ich fahre zwar pulskontrolliert mit dem Radl, aber dazwischen ist immer wieder Durchputzen angesagt.

KAPITEL 6

DER STREIT MIT DEM ÖSV

Flughafen Salzburg, 10. Mai 1990. Harti Weirather nimmt mich am General Aviation Terminal in Empfang, und wir heben im Privatjet des ehemaligen Abfahrts-Weltmeisters ab. Unser Ziel ist die Müllermilch-Zentrale im bayrischen Aretsried. Schon der Flug verläuft turbulent: Harti ist nervös am Steuer und kramt in seinen Unterlagen herum. Eine Gewitterfront zieht auf. Plötzlich dreht ein Abfangjäger an der Seite ab und fordert uns auf, den Kurs zu ändern: militärisches Sperrgebiet! In dieser Situation bleibt Harti cool und wir landen sicher in Augsburg.

ALLES MÜLLER, ODER WAS?

Von dort geht's nach Aretsried ins Reich von Müllermilch („Alles Müller, oder was?"). Weirather hat nach seinem Karriere-Ende im Rekordtempo mit der Sport-Vermarktungsagentur WWP[6] durchgestartet. Jetzt will er mich bei meiner Olympiastützpunkt-Vision unterstützen. Sagt er zumindest. Den Kontakt zu Müllermilch habe ich über meinen guten Bekannten Prof. Johannes Peil, den späteren Leibarzt von Formel-1-Star Michael Schumacher, hergestellt. Der Professor ist bestens mit dem berühmten Nahrungsmittel-Konzern

---

6 Weirather-Wenzel & Partner

vernetzt und will am Rande der geplanten Sponsoring-Partnerschaft aufwändige und für unsere Sportler kostenlose Untersuchungen in einem Speziallabor vermitteln. Jedenfalls erscheint uns das sport-affine Unternehmen der perfekte Partner – mit diesem Big Player im Boot würden wir nebenbei auch die Chance bekommen, Sport-ernährungs-Produkte zu entwickeln. Inzwischen hatte ich auch die Zusage, für das von Müllermilch gelaunchte Fitnessgetränk R'activ werben zu dürfen (wie übrigens auch ein gewisser Boris Becker). Da machte mir allerdings ÖSV-Generalsekretär Klaus Leistner einen Strich durch die Rechnung: Ich müsse wie alle anderen ÖSV-Trainer „Milchschnitte" am Kopf spazieren führen – es sei denn, ich zahle mir alle ÖSV-Kurse und Reisespesen selbst.

In Aretsried empfangen uns Müllermilch-Produktentwickler Richard Hafenmayer (wir sind seit Jahren bestens befreundet) und Geschäfts-führer Gerhard Schützner. Die Beträge, die bei den folgenden Sponso-ring-Verhandlungen fallen, lassen mein Olympiastützpunkt-Herz hö-herschlagen. So hätte es zum Beispiel für Müllermilch-Produktnamen auf den Hauben und Stirnbändern aller ÖSV-Betreuer bei der Ski-WM 1991 in Saalbach 700 000 Schilling (50 870 Euro) gegeben. Unsere Al-pin-Rennläufer hätten für eine Saison sogar 500 000 D-Mark (255.650 Euro) lukriert. Aber wo war der Benefit für den Olympiastützpunkt, für den ich unseren Ausflug eigentlich eingefädelt hatte? Leider war ich zu naiv, indem ich Harti mit ins Boot genommen hatte. Dem schlauen Sportvermarkter ging's offenbar nur um die große Kohle, die mit Weltcuprennen (Werbung auf Startnummern, Torflaggen etc.) zu holen war. Ich hingegen war an keinen Provisionen beteiligt und sollte wieder einmal durch die Finger schauen. Im Fall Müllermilch sollte mir das leider erst viel später bewusst werden. Immerhin wur-den meine Athleten mit hochwertigen R'activ-Getränken versorgt. Für Ende Dezember 1990 organisierte ich ein Treffen beim Stanglwirt: Schützner und Hafenmayer unterhielten sich mit dem damals neu ge-

Patrick Ortlieb und Kollegen spielten mit R'activ-Dressen.

wählten ÖSV-Präsidenten Peter Schröcksnadel über Sportsponsoring-Möglichkeiten. Auch davon hatte ich nichts. Dabei war ich mit meinen Konzepten sogar in der WWP-Zentrale in Liechtenstein angetanzt. Irgendwann ließ mir Harti ausrichten, dass er nichts mit dem Olympiastützpunkt machen wollte.

ÜBERS WOCHENENDE WURDEN BLUTPROBEN KAPUTT

Etwa zur selben Zeit arbeitete ich in Salzburg mit meinen Leichtathletik-Trainerfreunden Hannes Langer[7] und Roland Werthner an der Umsetzung meiner Olympiastützpunkt-Vision. Die Idee dazu hatte eigentlich der frühere ÖOC-Generalsekretär Peter Pilsl gehabt. Ich hatte ihm als Bobfahrer bei Olympia 1980 in Lake Placid vorgeträumt, was man bei entsprechender Infrastruktur alles aus einem Athleten rausholen könnte. „Dann macht's das einfach", hatte Pilsl flapsig gemeint

---

7 Rennleiter beim Vienna City Marathon

und mir einen Floh ins Ohr gesetzt. Ursprünglich wollte ich den Betreuungsstützpunkt für den Skiverband aufbauen. Aber das war offenbar nicht gewünscht, da sollte alles wie immer weiterlaufen.

Nur ein Beispiel. Als ÖSV-Konditionsverantwortlicher schaffte ich die von der Uni Innsbruck durchgeführten Standard-Untersuchungen ab: Kastenspringen, handgestoppte Sprints usw. erschienen mir nicht mehr zeitgemäß. Dazu kam, dass die alten Hasen wie Jimmy Steiner (unser einziger Olympiamedaillen-Gewinner in Sarajevo 1984) schnell herausbekamen, wie man sich mit Tricks bessere Testwerte erschwindeln konnte. Ich wiederum holte mir Knowhow aus dem Ausland, zum Beispiel bei Top-Leichtathletik-Trainern in Mainz. Dass ich plötzlich Laufband-Leistungstests wollte, sorgte bei ÖSV-Chefarzt Prof. Ernst Raas für Kopfschütteln – er kam mir mit der falschen Ansicht, dass man die Werte vom Radergometer-Test eins zu eins auf das Laufen umlegen könnte. Diagnostiken, das heißt Laktatstufentests, anhand derer sich das Training exakt steuern lässt, waren nur im Frühjahr und im Herbst vorgesehen, was mir einfach zu wenig war. So war der Start in die Weltcup-Saison aus meiner Sicht ein Blindflug. Deswegen ließ ich schon zu Beginn der 1990er-Jahre das Blut der Athleten analysieren – mit dem Erfolg, dass die Proben teilweise übers Wochenende in der Uniklinik in Innsbruck liegen blieben. Damit waren sie unbrauchbar.

Gegen jeden Widerstand zog ich meine Linie durch. Und siehe da: Die Abfahrer hatten plötzlich bessere Werte als die Technik-Spezialisten.

Später machte man mich beim ÖSV zum „Konditions-Koordinator". Das klang gut, davon hatte aber keiner was. Ich konnte keine klare Linie mehr vorgeben. Als ich zum Beispiel bei einer Trainerfortbildung in Innsbruck beobachtete, wie der damalige Damenchef Herbert Mandl seine Skirennläuferinnen mit 200 Puls am Fußballplatz über Hürden hetzte und das als „ideale Form zur Entwicklung der Grundlagenausdauer" präsentierte, ärgerte ich mich einfach nur. Genau so macht man Athletinnen kaputt. Ich hatte keine Chance, etwas dagegen zu tun. Herrenchef Dieter Bartsch wiederum erklärte mir sinngemäß, dass der Konditrainer „eh nur dafür da ist, den Leuten am Nachmittag eine Beschäftigung zu geben". Und sei es nur ein Kickerl, das allen Spaß machte.

MEINE VISION VON DER PERFEKTEN TRAININGSSTÄTTE

In jeder freien Minute brütete ich mit Hannes Langer an unserer Vision. Wir wollten den Spitzensport auf ein neues Level heben. Die Athleten sollten eine nahezu perfekte Rundumbetreuung erhalten: Trainingspläne anhand von regelmäßigen Leistungs-Diagnostiken[8], spezielle Labor-Untersuchungen von Blut und Urin, bestmögliche sportmedizinische Betreuung und das alles auf dem weltweit neuesten Stand. Dazu erarbeiteten wir uns ein Netzwerk aus internationalen Experten aus den Fachgebieten Sportmedizin, Diagnostik und Trainingssteuerung, Labormedizin und Biochemie, Sporttraumatologie[9], Physiotherapie, Sportpsychologie und Regeneration. Unterstützung bekamen wir von Artur Trost, dem Vereinsarzt von Austria Salzburg, der Jahre später Hermanns Bein retten sollte. Patrick-Ortlieb-Spezi und Golf-Pro Heinz Schmidbauer steuerte sein Business-Knowhow bei.

Im Salzburger Landessportzentrum Rif hätten wir mit ein paar kleinen Umbauarbeiten losstarten können. Meist mit Hannes Langer an meiner Seite klapperte ich eine Institution nach der anderen ab: ÖOC-Präsident Leo Wallner und dessen „General" Heinz Jungwirth,

---

8 Laktatstufentests auf dem Laufband bzw. Radergometer
9 Behandlung von Sportverletzungen

Sportminister Michael Ausserwinkler und natürlich die wichtigsten Salzburger Polit- und Sportfunktionäre. Mit anfangs wenig Erfolg. Den größten Gegenwind gab's aus unserem Heimat-Bundesland. Motto: Bergmüller und Langer mit ihrem Olympiastützpunkt sind uns zu mühsam.

Rif war schnell ad acta gelegt, da bot sich Hof bei Salzburg an. Das neue Sportzentrum, bei dem das Obergeschoss noch leer stand, wurde kurz sogar Olympiastützpunkt-Heimat. Ein Grafiker designte ein Logo, ein Architekt stürzte sich in die Planung. Artur Trost war bereit, die medizinische Leitung zu übernehmen, Hannes Langer wurde Geschäftsführer vom Olympiastützpunkt Hof.

März 1992. Nach dem Skiweltcup-Finale in Aspen habe ich als ÖSV-Konditrainer ein paar Tage frei. Die nütze ich, indem ich nach Miami fliege, wo ich Mitstreiter Heinz Schmidbauer treffe. Mit dem Auto geht's westlich durch die Everglades nach Bradenton. Unsere Mission: eine Kooperation mit der berühmten Nick Bollettieri Tennis Academy. Stars wie Monica Seles, Andre Agassi, Anna Kournikova

Mit Tommy Haas, Nick Bollettieri und Heinz Schmidbauer

(damals 10 Jahre alt und von ihrer Mama bewacht) oder Tommy Haas (damals 13) laufen uns über den Weg.

Nick überließ uns sein Apartment, sein Assistent Larry half uns, ein Tennis-Konzept für den Olympiastützpunkt zu erstellen, bei dem die Bollettieri-Sponsoren eingebunden waren. Das hätte uns die Tür zur weltgrößten Sportmarketing-Agentur IMG öffnen sollen. Zurück in Österreich ging ich damit zum hochrangigen Sport-Funktionär Theo Zeh von dem ich mir erhofft hatte, er könnte die nächsten Schritte für uns veranlassen. Zeh hörte mir mit den Füßen auf dem Tisch zu und ließ das Konzept in einer Lade verschwinden. Dort liegt es vermutlich noch heute.

BEIM GLETSCHERTRAINING WAREN URINFLASCHEN DABEI

Ich versuchte weiter verzweifelt, Geld für unseren Olympiastützpunkt aufzustellen. Damals kam die Aminosäure L-Carnitin (wichtig für Regeneration und Energiebereitstellung) auf den Markt, was ich sofort für unsere Skirennläufer nützte. Weil sich bei den Athleten sichtbare Fortschritte einstellten, besorgte ich das Nahrungsergänzungsmittel in der Apotheke, was ordentlich ins Geld der Läufer ging. Parallel dazu ließen wir von der Uni Wien aufwändige Stoffwechseluntersuchungen an unseren Aktiven durchführen.

Bei einem Regenerationskurs stellte der renommierte Biochemiker Prof. Lohninger trocken fest, dass die Athleten „Fettstoffwechselwerte wie Intensivpatienten" hätten. Sie hatten zum Beispiel enorme Defizite an Omega-3[10]- und Omega-6-Fettsäuren[11]. Daraufhin wurden die Laboruntersuchungen wiederholt, außerdem mussten die Rennläufer den Harn der jeweils vergangenen 24 Stunden analysieren

---

10 spielen eine wichtige Rolle bei Blutdruckregulation und Nierenfunktion
11 wichtig für Wachstums- und Reparaturprozesse

lassen. Deswegen war die Pinkel-Flasche immer dabei – sogar beim Gletschertraining. Auf Basis dieser Untersuchungen wurden von der Berglandmilch-Tochter Alpi erste Getränke auf Molkebasis mit L-Carnitin und Omega-3-Fettsäuren entwickelt, mit deren Hilfe die Defizite ausgeglichen werden sollten. Vor dem Abflug zum Skicamp nach Australien war jeder ausreichend mit dem neuen „Zaubertrank" versorgt. Mit dem Ergebnis, dass Abfahrtstrainer Kurt Hoch schon während des Langstreckenfluges über Durchfall klagte und mich anschnauzte: „Dein Scheißhäuslgetränk kannst selber saufen!

Trotzdem kamen Spezialgetränke in den Handel (z. B. „Carnitop", wobei wir die ersten unbedruckten Tetra Paks bekommen hatten). Für den Olympiastützpunkt, von dem Alpi-Marketingmann Wolfgang Saliger angeblich schwer begeistert war, sollte eine Million Schilling abfallen. An diese „Zusage" wollte sich kurze Zeit später keiner erinnern.

WARUM GEHEN WIR NICHT GANZ NACH OBERTAUERN?

September 1992. Endlich geht was weiter. Bei einem Workshop im Schloss Fuschl wird die Bedeutung der neuen Mode-Aminosäure erarbeitet. Dazu halte ich einen Vortrag zum Thema „Ernährungserfahrungen mit L-Carnitin im Leistungssport". Unter den weiteren Referenten sind u. a. Bernd Pansold, der „Laktat-Papst" aus der ehemaligen DDR, und Dieter Kindl, Bürgermeister und Fremdenverkehrsdirektor von Obertauern. Der machte Werbung für sein Ski-Paradies knapp 1800 Meter über dem Meer, auf das wir längst ein Auge geworfen hatten. Obertauern war immer schon Teil unseres Konzepts gewesen – allerdings vorerst „nur" als Höhentrainingsaußenstelle. Als Hannes Langer, inzwischen hochoffiziell Präsident des im Dezember 1991 gegründeten Vereins „Olympiastützpunkt Salzburg" unser Projekt vorstellt, macht es endgültig „Klick". Wir wollen die Vorteile von Obertauern aufgrund der Höhenlage besser nützen, uns dort mehr ausbreiten. Im neuen Sportzentrum, das sich noch in der Planungsphase befindet, wären wir von Beginn an eingebunden.

Bei einem Schneekurs mit dem Skiteam in Obertauern kam ich mit Bürgermeister Kindl ins Gespräch. Der war sofort von unserer Idee angetan und stellte mir die Ärzte Harald und Werner Aufmesser, die in Obertauern und im nahen Radstadt eine Privatklinik führten, vor. Auch sie wollten sofort bei unserem Projekt dabei sein. Dann ging alles ganz schnell. Ich wurde in den Bauausschuss für das Sportzentrum geladen. Als ich mit meinen Vorstellungen beim Baumeister vorstellig wurde, durfte ich noch Ideen in die Planung einbringen – das war die Geburtsstunde des Olympiastützpunktes Obertauern.

Im Hintergrund lief mein größter Coup: Ich war dabei, Pansold für unser Projekt zu gewinnen. Ich wollte dem genialen Sportarzt trotz Dopingvergangenheit, die ihn in West-Deutschland in Ungnade fallen hatte lassen, eine neue Chance geben (siehe Kapitel 7). Pansold hatte bei der ÖSV-Trainer-Akademie in Innsbruck-Igls mit einem Referat seine Visitenkarte abgegeben, indem er es in seiner typischen Art auf den Punkt brachte: „In Österreich ist Trainingssteuerung ein weißer Fleck auf der Landkarte." Der Leistungsdiagnostiker sollte gemeinsam mit Harald Aufmesser und Artur Trost die medizinische Leitung übernehmen. Unsere Höhentrainings-Schmiede begann Formen anzunehmen.

Parallel dazu wollten wir auch den Olympiastützpunkt in der Gemeinde Hof wegen der Nähe zur Stadt Salzburg hochfahren. Doch dann sahen wir ein: Wenn wir beide Projekte verfolgen, übernehmen wir uns. Schweren Herzens gaben wir den Standort Hof auf.

Mit Manfred Stengl, Lukas Rettenbacher und Bernhard Purkrabek
bei der Viererbob-WM 1978 in Lake Placid im berüchtigten „Zickzack",
wo es die meisten Stürze gab

o.: Bei der Österreichischen Viererbob-Meisterschaft in Innsbruck-Igls 1980 rasten Fritz Sperling, Franz Rednack, Bernhard Purkrabek und ich zum Sieg.

u.: Fußball-Duell der Abfahrtsmannschaft gegen das Serviceteam in Lambach 1993: Leonhard Stock und ich im Zweikampf mit Salomon-Servicemann Günther Reichholf

oben + rechts:1987 durfte ich
Country-Legende John Denver
in Saalbach beim Skifahren begleiten –
wir machten nicht nur auf der
Piste, sondern auch beim Après-
Ski eine gute Figur.

unten: 1976 beim Riesentorlauf-
Training in Sportgastein

l. o.: Kondikurs mit der Abfahrtsmannschaft im Club La Santa auf Lanzarote (1987)

l. u.: Val d'Isère im Dezember 1987

r.: Bei meinem Rückwärtssalto in den Hotelpool beim Kondikurs auf Rhodos 1992 staunt Peter Wirnsberger II nicht schlecht.

Kondikurs 1998 beim Stanglwirt in Going, im Hintergrund der Wilde Kaiser

l.: 18. Jänner 1991: Gernot Reinstadler stößt sich in Wengen aus dem Starthaus. Tags darauf sollte er auf der Strecke tödlich verunglücken.

o.: Shigakogen, 1996: Bernd Pansold bei Laktattests von Japans Nordischen Kombinierern, auf Du und Du mit einem Makaken-Affen

o.: Box-Schwergewicht Axel Schulz ging 1998 bei einem mehrwöchigen Höhentrainingslager am Olympiastützpunkt bei mir ein und aus.

u.: Mit „Kaiser" Franz Beckenbauer 1998 am Olympiastützpunkt

r.: Formel-1-Star Damon Hill 1996 bei Tests in Obertauern

Nagano 1998: Hermann jubelt über Riesenvorlauf-Gold

l.: Prost! Nach seinem Olympiasieg 2000 ließ Christoph Sieber mit Hermann Maier und mir bei den Obauers in Werfen die Korken knallen.

r.: Juli 2002, Trainingscamp in Faak am See: Hermann Maier jongliert mit 5, 6 und 7,25 kg schweren Kugelstoßkugeln

l: „Was hast du mit dem Maier gemacht?" Stephan Eberharter musste sich nach Hermanns zweitem Olympia-Gold in Nagano 1998 im Riesentorlauf mit Silber begnügen.

r.: Abstecher zum Tennis: Mit NÖ-Landeshauptmann Erwin Pröll und Hermann beim Raiffeisen Grand Prix 2004 in St. Pölten

u.: Kräftigungsübung für die Hamstrings: Hermann musste in der Reha nach seinem Unfall 2001 wieder mit kleinen Schritten anfangen.

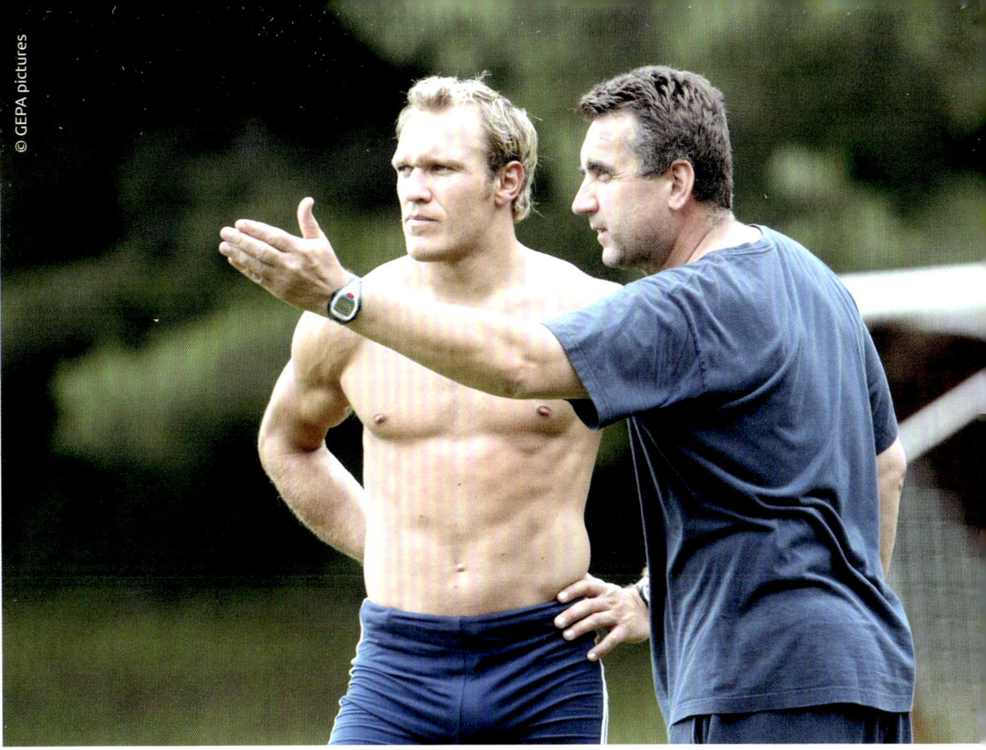

© GEPA pictures

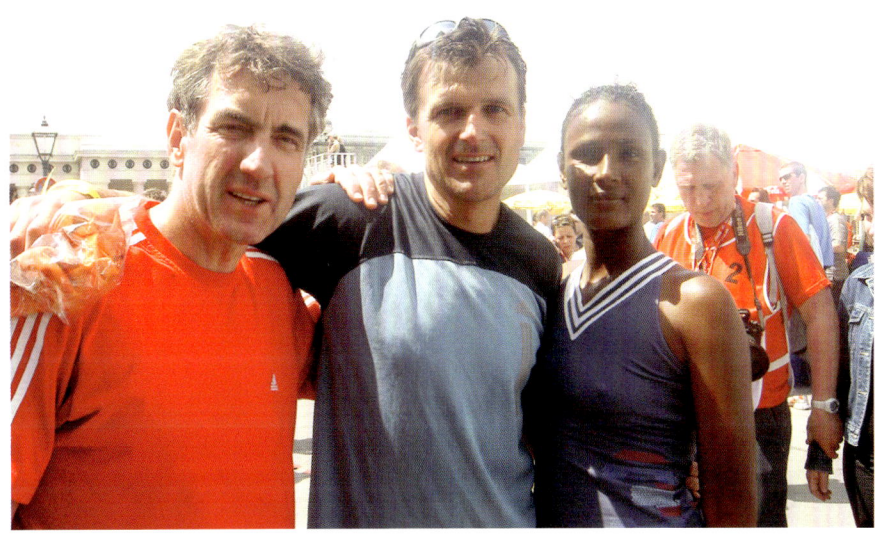

l.: Paris, 5. Juli 2003: Gespannt blicke ich Hermann wenige Augenblicke nach seinem Start bei der 90. Tour de France aus der Startrampe hinterher.

o.: Hermann und ich beim Trainingscamp in Faak am See (2002)

u.: Mit meinem Co-Autor Knut Okresek und Waris Dirie beim Vienna City Marathon im Mai 2005

La Dolce Vita: Mit meinem Australian Shepherd Max im Sommer 2024 auf dem Piazza del Duomo in Siena.

IM AUSDAUERRAUM FALLEN ATHLETEN VOM ERGOMETER

1993 hieß es: Alle Energie für Obertauern! Im August gründeten wir eine GmbH[12]. Schritt für Schritt wurden die Baupläne umgesetzt. Neben dem Büro im Erdgeschoss entstanden Bereiche für Massage und Physiotherapie. Die Tennis- und Trainingshalle bekam einen Holzschwingboden. Im Untergeschoss, gleich beim Garageneingang, entstand die Kraftkammer sowie ein minimalistischer Ausdauer-Raum, der später das „Wohnzimmer" von Hermann Maier werden sollte. Weil in dem kleinen, viel zu niedrigen und schlecht belüfteten Kämmerchen der Sauerstoff schnell knapp wurde, kam es auch mal vor, dass Athleten vom Ergometer fielen.

Im Dachgeschoss entstand das Herzstück: die sportmedizinische Abteilung mit Ambulatorium, Labor und dem Raum für Leistungs-diagnostiken auf Spezial-Radergometer und Laufband. Von dort aus hatten die Athleten ei-nen Blick auf die traumhafte Bergwelt. Bei Bedarf ließen sie die Fenster öffnen und ge-nossen die Frischluft. Dorthin sollte der Herminator nach seinem Erfolgsrun später ein-mal sprichwörtlich aufsteigen.

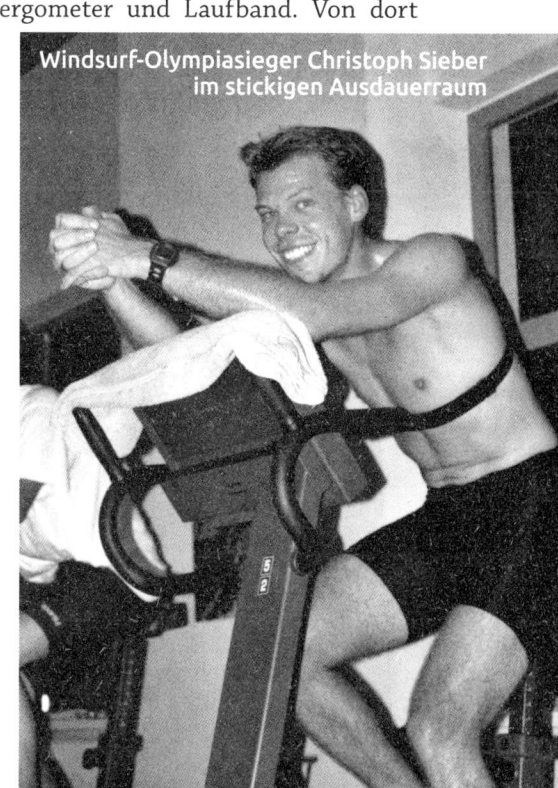

Windsurf-Olympiasieger Christoph Sieber im stickigen Ausdauerraum

Ganz oben war die Chefeta-ge. Im Büro neben Chefarzt Pansold durfte ich mich breit-machen. Dass wir das Ober-geschoss einrichten und mit

---

12 siehe Olympiastützpunkt-Chrono-logie im Anhang

modernen Geräten ausstatten konnten, hatten wir einer Förderung durch den Bund von einer Million Schilling (72 673 Euro) zu verdanken[13]. Das war übrigens die einzige Förderung, die wir in all den Jahren bekommen haben.

PLÖTZLICH BRENNT DIE TANKSTELLE HINTER MIR

Die Zeit, die mir neben meiner Rolle als ÖSV-Betreuer und Konditrainer blieb, nützte ich, um Lobbying für unser Olympiastützpunkt-Projekt zu betreiben. Bei den Olympischen Spielen 1994 sorgte ich allerdings für mehr Aufmerksamkeit, als mir lieb war.

Lillehammer, 17. Februar 1994. Nach dem Super-G der Herren gab's nichts zu feiern: Während die Deutschen ihr Gold durch Markus Wasmeier bejubelten, analysierten wir unsere Pleite (Günther Mader als bester ÖSV-Läufer auf Platz 9). Im Österreich-Haus studierten Entscheidungsträger von Sportminister Ausserwinkler, ÖOC-Boss Wallner und Ski-Präsident Schröcksnadel abwärts unsere frischgedruckten Folder. Wallner, der bereits den Olympiastützpunkt in Obertauern besucht hatte, war sichtlich angetan von dem, was da im Entstehen war.

Gegen 22.30 Uhr machte ich mich am Steuer meines ÖSV-BMW auf den Weg zu unserem Quartier in Lillehammer. Neben mir saß Masseur Harry Quenz, Teamarzt Toni Wicker versuchte, auf der Rückbank einzuschlafen. Da ich schon auf „Reserve" fuhr, legte ich einen Tankstopp ein. Ich zahlte und fuhr los. Da machte es einen Rumpler – im Rückspiegel sah ich, wie die Zapfsäule umkippte. Ich hatte vergessen, den Zapfhahn aus der Tanköffnung zu nehmen. Der Schlauch begann zu brennen und ich brüllte: „Raus aus dem

---

13 freigegeben von Sport-Staatssekretär Gerhard Schäffer

Auto!" In wenigen Augenblicken waren Feuerwehr und Polizei zur Stelle, um uns ein Riesen-Auflauf. Blitzschnell war der Brand gelöscht. Nur wenige Meter entfernt loderte das Olympische Feuer unbeeindruckt weiter. Meine Daten wurden aufgenommen, dann durfte ich weiterfahren. Von den norwegischen Behörden habe ich nie wieder etwas gehört.

OLYMPIASTÜTZPUNKT-ERÖFFNUNG MIT KANZLER & CO.

23. April 1994. Ausnahmezustand in der 200-Einwohner-Skistation Obertauern. Mit viel Trara wird das neue Sportzentrum mit dem Olympiastützpunkt als Herzstück aus der Taufe gehoben. Bundeskanzler Franz Vranitzky hält die Eröffnungsrede in der festlich geschmückten Mehrzweckhalle. Neben der Polit-Prominenz (u. a. Landeshauptmann Hans Katschthaler und Unterrichtsminister Rudolf Scholten) haben sich bekannte Sportler eingefunden – die Skistars Alexandra Meissnitzer, Christian Mayer, Siegfried Voglreiter, Thomas Stangassinger, Petra Kronberger, Gerhard Pfaffenbichler, Anita Wachter und ihr Verlobter Rainer Salzgeber. Auf den VIP-Plätzen sehe ich Athleten aus meinen Anfängen wie Hannes Trinkl, Leo Stock, Peter Wirnsberger oder Hubert Strolz. Der Schladminger Hans Knauß, damals am Beginn seiner Karriere, ist ebenso neugierig auf die neue Sportstätte vor seiner Haustür wie der spätere Atomic-Rennsportchef Rudi Huber. Der zum Alpinchef aufgestiegene Hans Pum und ÖSV-Generalsekretär Klaus Leistner repräsentieren den ÖSV. Weitere VIP-Gäste sind der Salzburger Ski-Präsident Alex Reiner, Rodel-Legende Markus Prock, Langlauf-Ass Alois Stadlober und mein deutscher Zehnkampf-Kumpel Guido Kratschmer. An die Party danach bis spät in die Nacht erinnere ich mich nur mehr bruchstückhaft.

IM TV SEHE ICH EIN F1-AUTO ZURÜCK AUF DIE STRECKE SCHLITTERN: „DAS IST DOCH NICHT ..."

Besonders freute mich, dass der angehende Formel-1-Rennfahrer Roland Ratzenberger zwischen den Grand-Prix-Wochenenden in Aida (Japan) und Imola (Italien) Zeit für den Termin in Obertauern fand. Unsere Zusammenarbeit hatte erst wenige Tage davor begonnen. Tausendsassa Burghard Hummel, der beim Skiweltcup-Highlight in Kitzbühel und in der Formel 1 mit die Fäden zog, hatte Roland nahegelegt, sich von mir fitmachen zu lassen. Bei unserem ersten Treffen im Salzburger Café Tomaselli waren wir sofort auf einer Wellenlänge. Roland wollte gleich mit dem Training beginnen. Tatsächlich tauchte er zwei Tage später in Obertauern auf – am Tag der großen Eröffnungsgala. Bei all dem Stress, den ich hatte, gab ich meinem prominenten Neuzugang die Vorgaben für die erste Trainingseinheit am Vormittag. Im Gegenzug half er mir mit Tipps für meine Rede. Außerdem wollte er uns als Testimonial für den Olympiastützpunkt helfen und einen signierten Helm zur Verfügung stellen, „vielleicht gibt's ja eine Tombola".

Eine Woche später, nach einem verkürzten Samstagsprogramm in Obertauern, komme ich daheim in Werfen an und drehe den Fernseher auf, als ich ein völlig zerstörtes Formel-1-Auto zurück auf die Strecke schlittern sehe. „Imola," schießt es mir durch den Kopf, und im Unterbewusstsein registriere ich den Helm im Rot-Weiß-Rot-Design. „Um Gottes Willen, das kann doch nicht der Roland sein!" Da wir erst so kurz zusammengearbeitet haben (und Ratzenberger erst sein zweites F1-Rennen fuhr), hatte ich Roland nie bewusst fahren gesehen. Ich brauche ein paar Augenblicke, um zu verarbeiten, was da gerade passiert. Wie damals bei Gernot Reinstadler und bei Peter Wirnsberger II kommen mir die gemeinsamen Erinnerungen. Das Gespräch im Tomaselli, in dem mir Roland erzählte, dass er sich mit seinen Eltern zerstritten hatte und jahrelang im Ausland lebte. Inzwischen hatte er sich ausgesprochen, Wohnung und Auto in Salzburg zugelegt, und sich für die Betreuung in Obertauern entschieden. Das schwarze Wochenende von Imola, bei dem 24 Stunden nach Ratzenberger auch Legende Ayrton Senna zu Tode kam, veränderte alles. Auch wenn wir uns viel zu kurz kannten: Roland bleibt für mich ein Lichtblick in der schwierigen ersten Olympiastützpunkt-Phase.

DER STREIT MIT DEM ÖSV ESKALIERT

Meine ursprüngliche Vision war, den Olympiastützpunkt vor allem für den ÖSV aufzubauen – als Rundum-Anlaufstelle für eine perfekte Betreuung. Also handelte ich meine Rolle beim Skiverband neu aus: Ich musste bei Schneekursen und Rennen nicht mehr dabei sein. Im Nachhinein betrachtet eine Lösung, bei der ich mich letztlich aufrieb. Ich betreute weiter die Riesentorlauf-Gruppe, organisierte Trainings-Camps, zu denen ich dann doch immer wieder mitkam. Bei der Planung von Kursen der anderen Gruppen brachte ich meine Ideen ein und setzte Impulse. Allerdings hatte ich das Gefühl, dass man mich ins Abseits stellen wollte. Ich fühlte mich zwischen zwei Stühlen, meine Aufgabe war unbefriedigend und zahnlos. Mein Dienst-BMW wurde gegen einen alten ausrangierten Jeep ausgetauscht. Als der nach ein paar Monaten seinen Geist aufgab, bekam ich wieder einen BMW – allerdings musste die Olympiastützpunkt-GmbH die monatliche Leasingrate von 7000 Schilling (ca. 500 Euro) übernehmen.

Aber ergab das alles noch Sinn für mich? Ich wollte das Konditionstraining der Alpinen auf ein neues Level heben. Zum großen

Teil hatte ich meine Vorstellungen in den Jahren zuvor umsetzen können. ÖSV-„General" Leistner bezeichnete mich bei allen Meinungsverschiedenheiten als einen „positiven Querdenker". Außerdem versicherte er mir, das Projekt Obertauern komme im Hinblick auf die Nordische Heim-WM 1999 in der Ramsau gerade zum richtigen Zeitpunkt.

Mit ÖSV-Sportwart Werner Wörndle wurde ich nie richtig warm. Er wies mich immer wieder oberlehrerhaft zurecht. Ein Beispiel: Leichtathletik-Manager Robert Wagner brachte mit Kreatin ein neues – legales – Nahrungsergänzungsmittel auf den Markt. Im Rahmen der ÖSV-Einkleidung ließ ich Wagner das Produkt vorstellen. Es fand so großen Anklang, dass sich ÖSV-Zeugwart Otto Mader (ein Rennrad-Freak) und Präsident Schröcksnadel (wollte Ski-Weltmeister bei den Senioren werden) eine Ration für den persönlichen Gebrauch sicherten. Wörndle war weniger begeistert: Er fuhr mich an, dass ich meine Kompetenzen überschritten hätte, indem ich das Zeug bei unseren Läufern einführen wollte.

Telfs, April 1994. Bei der traditionellen Analyse- und Planungssitzung des Skiverbandes geht es heiß her. Als ich gegenüber ÖSV-Chefarzt Raas anklingen lasse, dass ich Pansold im Olympiastützpunkt anstellen werde, ist alles aus. Jetzt will man mich endgültig loswerden. Das wiederum bringt Rennläufer-Vertreter Rainer Salzgeber in Rage. Der ist ganz auf meiner Linie: „Wir brauchen keinen Konditrainer, der immer dabei ist, aber wir brauchen Fachleute wie den Heini und wir brauchen seine Trainingsprogramme."

Ein paar Tage später wurde es schmutzig. Ich bekam einen Anruf von Wörndle. Er streute mir Rosen und meinte, dass ich unersetzlich für den Verband wäre. Ich möge doch endlich der Form halber meinen über ein Jahr alten ÖSV-Vertrag rückwirkend unterschreiben, was ich auch tat. Ein paar Tage später erhielt ich einen eingeschriebenen Brief: die Kündigung. Unglaublich! Erst mit meiner Unterschrift hatte ich meinen Vertrag offiziell gemacht. Und daraus hatte man mir einen Strick gedreht. Weil Rennläufer und Trainer auf mich setzten, arbeitete ich weiter, als wäre nichts passiert. Schließlich warteten die Athleten auf meine Programme. Natürlich organisierte ich auch die Kurse. Herren-Cheftrainer Werner Margreiter bekam mit, dass ich irgendwie im Vakuum unterwegs war und regte beim ÖSV an, meinen Vertrag doch um ein weiteres Jahr zu verlängern. Danach sollte man über eine Kooperation mit dem Olympiastützpunkt reden. Auch Europacup-Trainer Toni Giger, der später Hermann Maier in den Weltcup führen sollte, machte sich für mich stark. Am 26. Juni der Anruf von Margreiter: „Dein Vertrag ist fertig, allerdings unterschreibt ihn der Präsident nicht." Ich werde also hingehalten.

MEINE LETZTE AKTION FÜR DEN ÖSV

Mitte Juli kommt die Slalom-Gruppe mit Mario Reiter, Michael Tritscher, Thomas Sykora und Christian Mayer zu einem Vorbereitungs-Camp nach Obertauern und nützt die neue Olympiastützpunkt-Infrastruktur. Zum letzten Mal steuere ich die Trainingseinheiten. Das war meine letzte offizielle Aktion für den ÖSV.

Das Geld für meine bisherigen Leistungen forderte ich vor Gericht ein. Mit den Athleten, die mit mir weiterarbeiten wollten, machte ich Einzelverträge, die über die Olympiastützpunkt-GmbH abgerechnet wurden. Die Namen, mit denen ich eine neue Ära startete: Anita Wachter, Steffi Schuster, Christiane Mitterwallner, Renate Götschl, Mario Reiter. Michael Tritscher, Thomas Sykora, Rainer Salzgeber, Christian Mayer, Stephan Eberharter, Heinz und Horst

Schilchegger – alle aktuelle oder spätere Siegläufer im Weltcup, bei Weltmeisterschaften und Olympischen Spielen. Mit dabei waren auch Mathias Berthold und Sebastian Vitzthum, die ins Profilager gewechselt waren. Auch Richard Kröll bekam weiterhin Pläne von mir – bis zum Autounfall Anfang Oktober, der ihn auf tragische Weise aus dem Leben reißen sollte.

Inzwischen nahm der Olympiastützpunkt Fahrt auf. Rallyefahrer Raimund Baumschlager war mein erster Nicht-Wintersportler. Dann kam mit der Salzburgerin Melanie Schnell ein Tennis-Talent. Die damals 18-Jährige schaffte es in Wimbledon und bei den US Open in die zweite Runde. Sportler aus Obertauern nutzten das Angebot vor der Haustür: die Snowboard-Schwestern Alexandra und Heidi Krings. Die Schilchegger-Brüder Horst und Heinz standen vor dem Durchbruch im Ski-Weltcup. Für die späteren Junioren-WM-Medaillengewinner Philipp Schörghofer und Hannes Reiter kam ich an meinen freien Samstagen für Nachmittagsschichten nach Obertauern.

Es blieb nicht bei Einzelsportlern: Peter Kleinmann meldete sich mit den Donaukraft-Volleyballern zu einem Höhentrainingslager an. Handball-Zampano Gunnar Prokop kam mit dem Frauen-National-team zu einem mehrwöchigen Trainingscamp, die chinesische Nationalmannschaft folgte, und es gab sogar Länderspiele.

Reges Treiben herrschte auch im Hinblick auf Olympia 1996: Österreichs Top-Judokas holten sich in mehreren Trainingslagern den Feinschliff für Atlanta. Radprofi Harry Morscher kämpfte sich nach Drüsenfieber wieder zurück. Auch deutsche Ringer, Judokas und Boxlegende Axel Schulz nutzten unsere Möglichkeiten.

FORMEL-1-STAR DAMON HILL:
„SIE HABEN LAUTER NADELN IN MICH HINEINGESTECKT"

Sogar für die Formel 1 wurden wir interessant. So tauchte Hannes Langer mit einem echten Superstar auf: Damon Hill kam in Begleitung seines Salzburger Physiotherapeuten Erwin Göllner zur Diagnostik. Ganz geheuer waren dem Williams-Piloten die Laktat-Checks nicht, wie er in einem Interview bemerkte: „Sie haben lauter Nadeln in mich hineingesteckt." Immerhin wurde Hill wenige Monate später – ausgestattet mit dem Langer-Trainingsplan – Weltmeister. Sein Benetton-Rivale Gerhard Berger wurde ebenfalls in Obertauern gesichtet. Er ließ sich allerdings nur Blut für Laborchecks abnehmen – um Ergometer und Laufband machte er einen weiten Bogen.

Abseits der Trainingssteuerung gaben sich die Sportstars in Obertauern mit Koryphäen der Sportwissenschaft bei Seminaren die Klinke in die Hand. Charlie Francis, Trainer von Dopingskandal-Sprinter Ben Johnson, gab etwas von seinem Wissen preis, ebenso die Konditrainer von Juventus Turin.

F1-Star Damon Hill mit Olympiastützpunkt-Mitgründer Langer in Obertauern

Immerhin nützten heimische Top-Kicker den Olympiastützpunkt: Artur Trost schickte im Jänner 1996 den SV Casino Salzburg zu Leistungstests. Es war die Zeit nach Trainerlegende Otto Barić. Die Spieler waren am Boden, was aber nur Kurzzeit-Trainer Herbert Stessl realisierte. Dessen Nachfolger Heribert Weber verdrehte die Augen, als Pansold begann, die Diagnostik-Ergebnisse im Kollektiv mit den Spielern zu besprechen. Als er etwa zu den mäßigen Werten von Star-Goalie Otto Konrad erklärte: „Auch ein Torhüter muss an seiner Grundlagenausdauer arbeiten," war es aus.

Nicht überzeugen musste ich meine ersten Skirennläufer, allen voran Thomas Sykora, der in der Weltcup-Saison 1996/97 fünf Slaloms plus die kleine Kristallkugel für die Disziplinenwertung gewann.

Pansold steuerte seine Geistesblitze bei, außerdem hatte er als einziger Erfahrung mit Höhentraining mitgebracht. Ein Sportwissenschaftler half neben der Betreuung von Sportlern auch mit Reha-Patienten.

Zudem bekam ich mit Barbara Zechner eine Sekretärin, die später gemeinsam mit mir die Geschäftsführung übernehmen sollte. Nebenbei schaffte es Barbara allerdings, mich privat ziemlich aus der Bahn zu werfen. Immer öfter wurde ich erst spät in der Nacht mit meiner Arbeit fertig. Dann sollte ich noch nach Hause nach Werfen fahren und am nächsten Morgen die 48 Kilometer wieder zurück nach Obertauern, oft auf verschneiten Bergstraßen. Das wurde mir irgendwann einmal zu viel. So übernachtete ich öfter im Büro, bis ich eine Wohnung im Sportzentrum benutzen durfte. Und da passierte etwas, auf das ich nicht wirklich stolz bin. Mein berufliches Verhältnis zu Barbara wurde auch ein privates. So habe ich neben meinen vier Söhnen auch eine Tochter: Katharina wuchs in all dem Olympiastützpunkt-Chaos auf.

DIE JAPANER ZIEHEN BEI MIR DAHEIM EIN

Bei all der Aufbruchsstimmung gab es ein nicht unwesentliches Problem: Die aufwändigen Tests inklusive personalintensiver Nachbesprechungen, Investitionen für moderne Geräte und die ohnehin hohen Fixkosten sprengten Monat für Monat unser Budget.

Die Rettung kam durch den ehemaligen ÖSV-Technikchef Peter Prodinger. Der war inzwischen Trainer in Japan und aufgrund seiner Weltcup-Erfolge mit Tetsuya Okabe ein Held im Land der aufgehenden Sonne. Prodinger wurde zu unserem Türöffner nach Fernost.

Airport Tokio-Narita, 2. Juni 1995. Dolmetscherin Tomo holt mich ab und bringt mich ins Skigebiet Nozawa Onsen. Ein Goldgriff: Als Sportwissenschaftlerin sollte uns die zierliche Japanerin im Vorfeld der Olympischen Spiele 1998 unbezahlbare Dienste leisten. Mein Auftritt ist ebenfalls ein Erfolg. Ich unterschreibe einen lukrativen Vertrag über die mehrjährige Betreuung des Provinz-Skiteams der Präfektur Nagano – und zwar für die Alpinen und die Kombinierer. Das Ziel: Ich sollte die jungen Japaner für ihr Heim-Olympia 1998 in Nagano fit machen. Dass dort ein gewisser Hermann Maier für Furore sorgen sollte, ahnte ich da noch nicht.

Nach den ersten Tests vor Ort bekam ich die Verantwortung für Planung und Trainingssteuerung, zudem wurden Kurse in Obertauern vereinbart. 1996 bauten die Japaner mein Engagement aus: Ich übernahm auch die Ski-Nationalmannschaft. Provinz- und Nationalteam verbrachten viel Zeit in Obertauern, im Gegenzug war ich bis zu zwölf Wochen im Jahr in Japan. Ich begleitete die Sportler auch immer wieder zu Konditions-Camps, zu Schneekursen und zu Großereignissen. Eine besondere Herausforderung und Auszeichnung zugleich war, dass ich beim Olympischen

Kongress 1996 als Keynote Speaker vor über tausend Gästen das Er-
öffnungsreferat zu „Nagano 1998" halten durfte.

Zu Japan entstand nicht nur eine sportliche, sondern auch eine
familiäre Beziehung: So wohnten immer wieder junge Sportler in meinem Haus in Werfen. Der längste japanische Gast war
Hata Yu, der mit 16 zu meiner Familie kam und fast sieben Jahre
bei uns lebte. Nur einmal pro Jahr flog er für zwei Wochen heim.

Die Betreuung der Japaner war ein Meilenstein in der jungen Geschichte des Olympiastützpunktes. Nicht nur, dass ich internationale Anerkennung für meine Arbeit verspürte – endlich kam auch regelmäßig Geld rein. Aber der 18. Jänner 1997 sollte alles ändern: Da
schlug ein gewisser Hermann Maier am Olympiastützpunkt Obertauern auf.

Mischa, Yu und klein Paul bei uns in Werfen

Japans Ski-Rennläufer radeln in Obertauern.

Ein Polaroid aus meiner Japan-Zeit. Links: Dolmetscherin
Tomo, die später bei Hermanns Olympia-Abenteuer in Nagano
eine wichtige Rolle spielen sollte

KAPITEL 7

DIE AKTE PANSOLD

Donnerstag, 2. Jänner 1992, Flughafen Salzburg. Es ist klirrend kalt, strahlend blauer Himmel. Gemeinsam mit Hannes Langer, meinem Mitstreiter bei der Olympiastützpunkt-Gründung, sehe ich der Lufthansa-Maschine aus Berlin beim Landen zu. Wir erwarten einen speziellen Passagier: Dr. Bernd Pansold, 51 Jahre alt. Der – zugegeben nicht unumstrittene – Sportarzt aus der früheren DDR soll unser medizinischer Leiter werden. Damit hätten wir den vielleicht weltbesten Leistungsdiagnostiker an Bord. Ans Herz gelegt worden war uns der Mann übrigens von Prof. Norbert Bachl, dem Leiter des Sportmedizin-Instituts der Uni Wien. Wir sind naiv genug zu glauben, dass Pansold seine Dopingvergangenheit in der DDR gelassen hat. Wir wollen ihm die Chance geben, mit ausschließlich legalen Me-

Pansold erklärt seine Trainings-Philosophie.

äußere Belastung

innere

Leist

biolo

Watt

thoden neu durchzustarten. Für mich ist Pansold der „Laktat-Papst", der „Erfinder der Laktat-Leistungskurve", keiner ist mit der aeroben und der anaeroben Schwelle so auf Du und Du wie er. Ich weiß: Mit seinem Wissen können wir das Grundlagentraining auf eine neue Stufe heben. Und damit den Leistungssport revolutionieren.

„Ein cooler Typ", denke ich mir, während ich Pansold die Hand schüttle. Ich bin sofort von seinem Charisma angetan. Vom Flughafen geht's zu Prof. Alfred Aigner, dem Leiter der Salzburger Sportmedizin, dem wir eine Anstellung der Koryphäe schmackhaft machen wollen. Doch der Professor hat uns, wie sich später herausstellt, nur ausgehorcht. In Wahrheit will er sich nicht die Hände an dem umstrittenen Ex-DDR-Mann verbrennen und beschließt offenbar für sich, das geplante Engagement zu blockieren.

Nach dem Termin bei Aigner setzen wir uns im Braugasthof Krimpelstätter zusammen und sprechen alles offen an. Dem ehemaligen Mitverantwortlichen des DDR-Dopingprogramms ist vermutlich klar, dass er zwei Jahre nach dem Mauerfall in seiner alten Heimat keinen Top-Job mehr bekommen würde. Er brennt ganz offensichtlich darauf, bei uns loszulegen.

„Vielleicht versuchen wir's mal mit richtigem Training"

Da Pansold bislang an der Uni Wien tätig war, habe ich Vertrauen. Sein Lieblingsspruch gefällt mir: „Vielleicht versuchen wir's mal mit richtigem Training." Das sagte er übrigens auch immer, wenn Athleten nach „Nahrungsergänzungsmitteln" fragten. In Pansolds Augen, das klingt schnell durch, sind wir Österreicher ahnungslos. Bei uns herrsche die „Glorifizierung des Mittelmaßes". Wieder so ein Sager. Das Leistungspotenzial unserer Top-Athleten, davon versucht uns Pansold zu überzeugen, sei vielleicht zu 50 Prozent ausgereizt. Die restlichen 50 Prozent könne man mit gezielter Trainingssteuerung herauskitzeln. Wir sind auf Anhieb angetan von seinen Ansätzen. Unser Gegenüber erklärt uns die Notwendigkeit von regelmäßigen Leistungsdiagnostiken. Damit meint er seine berühmten Laktatstufentest[14].

Über Doping habe ich mit Pansold nie gesprochen, ich habe dieses Thema nicht ein einziges Mal angeschnitten. Umso mehr bin ich vom Wissen dieses Mannes fasziniert und spüre sofort: Was die Trainingssteuerung betrifft, kann dem keiner was vormachen. Diese Art von Training war für mich (und ich war bis dahin überzeugt von meinen Methoden) absolutes Neuland. Bei Pansold dreht sich alles um das „Zusammenspiel von äußerer Belastung und innerer Beanspruchung". Mit dieser Philosophie kann er scheinbar jeden auf ein höheres Niveau bringen. Ab sofort dachte auch ich bei jedem Trainingsplan an dieses Motto, das ich mantraartig in Gedanken wiederholte: „äußere Belastung – innere Beanspruchung." So funktioniert also Training!

Zudem beherrschte Pansold bereits in den Achtzigerjahren das Höhentraining aus dem Effeff. Damit war er nicht nur seiner Zeit voraus, dieses Wissen sollte uns später am knapp 1800 Meter hoch gelegenen Olympiastützpunkt Obertauern wesentlich helfen.

Da wir schnell auf einer Wellenlänge sind (und bald auch per Du), geben wir Pansold die Chance, sein Können unter Beweis zu stellen. Genau genommen handelte es sich um einen 20-Stunden-Job ohne Anwesenheitspflicht. In meiner Aufzeichnung vom März 1997 geht hervor, dass Bernd in den ersten 12 Wochen des Jahres ganze 125 Stunden am Olympiastützpunkt gearbeitet hat und dafür

---

14 Auf dem Radergometer oder Laufband wird die Belastung alle drei bis vier Minuten gesteigert, wobei bei jeder Stufe aus dem Ohrläppchen ein Bluttropfen entnommen wird. Dazu werden die Pulswerte aufgezeichnet. Daraus werden aerobe und anaerobe Schwelle bzw. eine Laktat-Leistungskurve errechnet. Damit werden Trainings-Zonen ermittelt.

141.300 Schilling (10.270 Euro) Gehalt inklusive Fahrtkosten erhalten hat, was immerhin einem Stunden-Satz von 82 Euro entsprach.

Pansolds Hauptaufgabe war es, die Trainingszonen anhand der Leistungsdiagnostiken zu errechnen und die Auswertungen zu erstellen. Wenn er vor Ort war, übernahm er gelegentlich die Diagnostik-Besprechungen mit Freizeit- und Leistungssportlern. Vorläufig krähte kein Hahn nach dem ehemaligen Dopingdoktor, unter dessen Aufsicht die DDR bei ihrer letzten Olympia-Mission 1988 in Seoul 108 Medaillen abgeräumt hatte. Was kaum einer mitbekommen hat: Pansold war schon zu DDR-Zeiten regelmäßig in Österreich und nahm u.a. an Fachtagungen teil. Nach dem Mauerfall wurde er an der Uni Wien im Institut für Sportwissenschaften engagiert und hauptsächlich mit Forschungsfragen beschäftigt.

Lange davor, bereits Mitte der Achtzigerjahre hatten übrigens, wie ich aus dem Österreichischen Journal für Sportmedizin (Ausgabe 1-2 1997) erfuhr, auch unsere Eisschnellläufer um Olympia-Medaillengewinner Michael Hadschieff auf Pansold-Methoden gesetzt. Sie hatten sich sogar bei ihm in Berlin-Hohenschönhausen nicht nur durchchecken lassen, sondern beim Leistungsdiagnostik-Guru sogar Muskelbiopsien[15] durchführen lassen.

HERMINATOR MACHT PANSOLD FÜR MEDIEN INTERESSANT

Pansold war seit 1995 am Olympiastützpunkt tätig und arbeitete die Diagnostiken von Top-Skirennläufern wie Thomas Sykora oder Mario Reiter aus. Mit dem Aufstieg von Hermann Maier wurde sein Job in Obertauern plötzlich für die Medien interessant. Dass Bernd

---

15 Dabei wird Gewebe entnommen um Kenntnisse über die Leistungsfähigkeit des Muskels zu gewinnen.

in erster Linie Hermanns Diagnostikkurven errechnete und ich aber der war, der die Trainingsprogramme erstellte, war den Journalisten egal. Anhand der von Pansold ermittelten Daten gab ich die Intensitäten für jede einzelne Trainingseinheit vor. Meine so erstellten Pläne wiederum kratzten Pansold nicht – ich glaube, er hat sich kein einziges Trainingsprogramm angesehen.

Die Erstellung der Programme waren vor allem in der Anfangszeit ein hartes Stück Arbeit: Ich bekam von Pansold die Diagnostik-Auswertungen mit den Pulswerten für die jeweilige Trainingszone. Daraus erstellte ich 4-Wochen-Pläne. Nach einem Monat kamen die Athleten zum Folgetest. Wenn es dabei – was manchmal vorkam – sogar Rückschritte gab, stand ich als Depp da und ging hilfesuchend zu Pansold. Der lächelte nur süffisant und meinte: „Da hast du etwas falsch gemacht." Viel mehr kam nicht von ihm. Er wäre ja nicht hier, um mich auszubilden, stellte er klar. Immerhin lernte ich doch, die Programme so zu gestalten, dass sich die Leute in der Regel verbesserten, was Pansold immerhin registrierte und meinte: „Das hast du richtig gemacht." Ich musste alles regelrecht von ihm herauskitzeln. Ein heikles Thema: Wie baue ich das wichtige Krafttraining so ein, dass die Grundlagen nicht geschädigt werden? Ich brauchte Jahre, um die Zusammenhänge zu kapieren. Immer wieder ließ mich Bernd anrennen. Immerhin bescheinigte er mir „ein gutes Gespür". Anfang 1997, also zu der Zeit, ab der Hermann Maier regelmäßig zu mir kam, war ich schon einen Riesenschritt weiter.

Da Pansold nur ein paar Tage im Monat in Obertauern war, blieb ihm gerade genug Zeit, die Diagnostiken auszuwerten. Zu Hermann hatte er wenig Kontakt. Natürlich fragte ich Pansold immer wieder um seinen Rat. Der kam zögernd, begleitet von ironischen Bemerkungen. Als Hermann beispielsweise auf dem Radergometer mit 250 Watt in die Pedale trat und dabei auf einen extrem niedrigen Laktatwert von

1 mmol/l kam[16], dachte ich, das Messgerät wäre defekt. Pansold meinte trocken: „Heini, da erlebst du gerade einen Leistungssprung." Ich konnte meinen Vorzeige-Athleten in Zukunft bei deutlich höherem Watt-Widerstand radeln lassen. Genau das willst du als Trainer erreichen.

Mein Büro in Obertauern war Tür an Tür mit dem von Pansold, der mir aber stets das Gefühl gab, dass er sein Wissen für sich behalten wollte. Wobei ich behaupte, dass auch er durch mich sehr viel über den alpinen Skisport gelernt hat. Er hat schnell gecheckt, dass es im Wesentlichen um zwei Komponenten ging: dass die Rennläufer möglichst spät übersäuern (und so weniger Fehler begehen) und dass sie zwischen Training und Rennen schnell regenerieren (was sich auf dem Radergometer ideal steuern lässt).

Immer wieder schaffte ich es doch, den meist souverän agierenden Ex-DDR-Doc aus der Reserve zu locken. 1997 hatten wir Charlie Francis,

---

16 Je niedriger das Laktat, desto besser das Ausdauer-Niveau

Bernd Pansold in Japan beim Laktat-Check

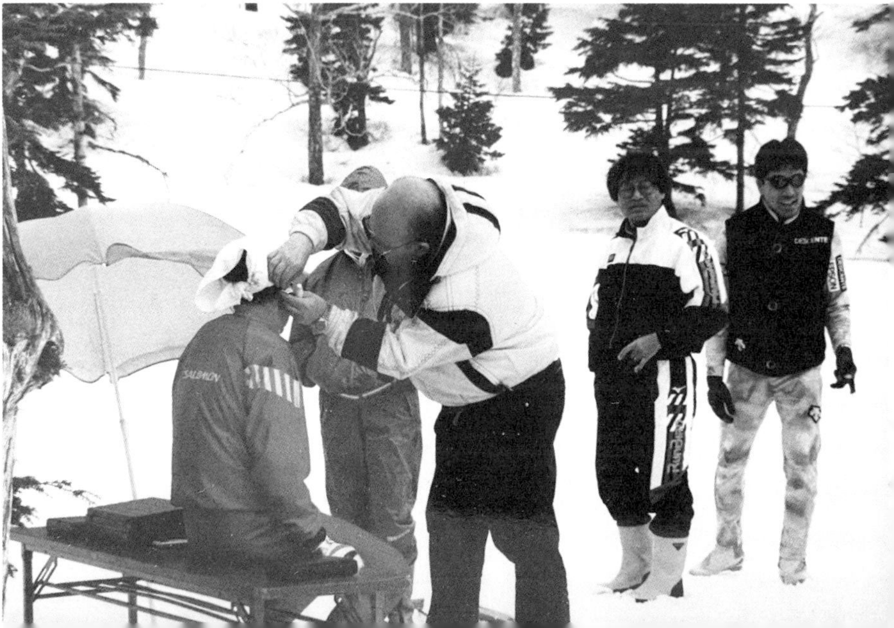

den ehemaligen Coach von Sprint-Dopingsünder Ben Johnson, als Gastreferent bei einem Seminar zum Thema Elektromyostimulation[17] in Obertauern. Bei einem Pausentratsch mit Pansold verriet der kanadische Startrainer, dass er beste Kontakte zur DDR-Sprintszene gehabt hatte und genau wusste, wie dort gearbeitet wurde. Ich konnte regelrecht beobachten, wie es in Bernd kochte: Er merkte, dass „sein" früheres Geheimkonstrukt alles andere als dicht war.

HERMANNS KITZBÜHEL-ABSAGE: RÜCKENDECKUNG VON PANSOLD

Vor den Olympischen Spielen 1998 in Nagano mischte sich Pansold dann doch in das Herminator-Training ein. Er bestätigte mich in meinem Vorhaben, vor dem Saison-Höhepunkt eine Regenerationsphase einzulegen. Dummerweise standen vor Olympia im fast 10 000 Kilometer entfernten Japan in der anderen Hemisphäre die Hahnenkammrennen am Programm. Bestärkt durch Pansold bestand ich darauf, dass Hermann die berühmte Abfahrt in Kitzbühel auslassen sollte. Das bedeutete „Krieg" mit dem Skiverband, mit Sponsoren, mit ganz Sport-Österreich und löste, wie schon in unserem Eingangsgespräch in Kapitel 1 erwähnt, in den Medien ein Riesen-Trara aus. Aber wie die nach Hermanns Jahrhundert-Abflug gewonnenen Goldmedaillen bewiesen, sollte uns der Erfolg recht geben.

Nach Olympia meinte Bernd halbironisch zu mir: „Dieses Arschloch (*damit meinte er Hermann, der Pansolds Beitrag offenbar zu wenig würdigte, Anm.*) soll mir eine Million Schilling bezahlen, dann werde ich ihm weiterhin seine Diagnostiken errechnen." Natürlich machte er seinen Job weiter – wenn auch kürzer als geplant.

---

17 Muskelstimulation mit Strom

URTEIL IM BERLINER DOPINGPROZESS:
ES WIRD ENG FÜR PANSOLD

Ausgerechnet 1998 (nach zweimal Olympia-Gold, gewann Hermann zum ersten Mal den Gesamtweltcup) wird Pansold von seiner Dopingvergangenheit eingeholt. Von der Bild-Zeitung bis zur New York Times berichten die Medien weltweit über den Berliner Dopingprozess gegen ehemalige DDR-Sportärzte und -Trainer. Im Dezember 1998 wird Pansold wegen staatlich verordnetem Doping von neun Minderjährigen zu einer Geldstrafe von 14 400 D-Mark verurteilt (wobei es mehr um das Signal ging als um den fast lächerlich geringen Geldbetrag, der 7360 Euro entspricht). Die Basis für das Urteil war die Stasi-Akte, in der Pansold unter dem Decknamen als IMS (inoffizieller Mitarbeiter) „Jürgen Wendt" geführt worden war.

Schon vor dem Urteil waren immer mehr Details von Pansolds Vergangenheit an die Öffentlichkeit gelangt. Als die „Akte Pansold" wieder einmal Thema in den ORF-Sportnachrichten war, tauchte Hannes Langer bei mir im Büro auf: „Weißt du Näheres über das, was Bernd alles getan haben soll?" Ich deutete auf den Karton unter meinem Schreibtisch. Da war sie: Die Stasi-Akte Pansold (zumindest ein großer Teil davon als Kopie), die mir ein Journalist zugespielt hatte. Hannes schnappte sich einen Ordner aus dem Karton und begann im Fauteuil gegenüber meinem Schreibtisch zu lesen. Aus den Augenwinkeln heraus konnte ich beobachten, wie er zusehends verfiel. Er holte mich her, gemeinsam gingen wir Bericht für Bericht durch. Auf Hunderten Seiten war alles aufgelistet, von der Dosierung illegaler unterstützender Mittel (z.B. Anabolika) über Pansolds Anregung, die Hormondosierung bei weiblichen Sportlern zu reduzieren bis zu Aussagen von abgehörten Athleten und Athletinnen. Trainer wurden bespitzelt, rätselhafte Leistungssprünge oder -einbrüche analysiert. Zwischendurch berichtet „IMS Wendt" auch über seine Beobachtungen

√34

Anlage zum Treffbericht IMS "J. Wendt" vom 7.11.1972

1. GLÄSER, Rolf - Trainer

Durchgeführte Überprüfungen in Lindow ergaben, daß G. über
fünf aktive Testwerte abgegeben hat, obwohl überhaupt keine
Test durchgeführt wurden. Alle von G. abgegebenen Werte waren
von ihm rekonstruiert worden.
Schwierigkeiten hat er gegenwärtig mit der Schwimmerin POLLACK.
Es hat den Anschein, als ob diese alles darauf anlegt, um von
ihren Leistungssport abgebunden zu werden. Sie meldet ständig
neue Beschwerden an, die jedoch bei einer Untersuchung nicht
bestätigt werden können. Über bestehende Probleme auch G.
betreffend, soll sie mit Gen. PERFÜLZ gesprochen haben.

Im Spitzen-Schwimmbereich wurde jetzt festgelegt, daß künftig
die doppelte Menge an Anabolika verabreicht wird. Dem IMS ist
diese Maßnahme vollkommen unverständlich, da es keine Veran-
lassung für eine solche Maßnahme gibt.

Maßnahme: Information an Gen. Hptm. NOTROFF

2.

In einem weiteren Gespräch versicherte ████ dem IMS, daß er diesem
bei der Beschaffung von West-Zündkerzen behilflich sein wird.
Allerdings würde es derartige gegenwärtig nicht im Shop geben,
worauf der IMS zum Ausdruck brachte, daß er auch an Westgeld
interessiert sei und sich die Zündkerzen denn selbst beschafft.
████ reagierte darauf mit den Worten, daß er sich wieder beim IMS
melden wird und lehnte das Ansinnen nicht grundsätzlich ab.
In der kommenden Woche wird es zu einem erneuten Gespräch
kommen und der IMS erneut Möglichkeiten für die Realisierung
seines Auftrages hat.

Maßnahme: Information an Gen. Ofw. EICHLER zum OM "████"

3. Dr. ████████

In einem Gespräch mit ████████ bestätigte dieser gegenüber dem IMS,
daß ████ ████████ jetzt am Krankenhaus ████████
████ beschäftigt ist und eine schöne Zwei-Raum-Wohnung besitzt.

Kopie b.RÜ
AR 8

157
/ 3

Sollten der DDR-Sportmedizin diese Zusammenhänge bekannt-
werden, wird sie sicherlich in einer Feststellung bestärkt
werden, die sie vorher auch schon treffen konnte: Dr. MADER
war kein Verlust für sie, oder: *Du in die FAZ vom*
11.9.76 abgedruckte Seite beweist einen
sehr hohen, stabil an das Zündkerzen der über
die Vorbereitung der DDR-Ruderer. Deshalb
ging in Zukunft aller exakten Form-
ierungen über die Stoffwechselprozesse und
ihre Beeinflußbarkeit das Verhalten Dr. Maders
im Falle ████████ in Bezug auf seine
Aufrichtigkeit hervorrufen. Sollte er
das so gewollt haben ...

Kopie b.RÜ
AR 8

Auszüge aus der Stasi-Akte Pansold, die mir ein Journalist zugespielt hat.

Diensteinheit HA XX/3

18

Datum 12. 12. 197
Sichtvermerke

Treffbericht

Kategorie/Deckname IMS "Jürgen Wendt"

Datum/Zeit	Treffort	Mitarbeiter	Teilnahme durch Vorgesetzten
7.11.77; 11-12.30 17.11.77; 13-15.00		Hptm. Neudel	
Nächster Treff 16. 12. 1977	am	Zeit 12.00 Uhr	Treffort IMK "Norbert"
Ausweichtreff	am	Zeit	Treffort

Treffvorbereitung:
(z. B. Treff geplant / kurzfristig festgelegt, Kurzfassung des geplanten Treffinhaltes, Schwerpunkte der Auftragserteilung, Instruierung, Erziehung und Erziehung)

Die durchgeführten Treffs waren geplant und dienten vorrangig der
Auswertung des Vorkommnisses mit der Dynamo-Sportlerin SLUPIANEK.
Der IMS informierte, daß er seine Dissertation zur Erlangung der
Promotion - A - fertiggestellt hat und mit der Verteidigung etwa im
Febr. 1978 an der Universität Greifswald zu rechnen ist.

Kopie b.RÜ
AR 8

Form 436

175

Abschrift

IM-Bericht

Die hervorragenden Erfolge der DDR bei Olympischen Spielen 1976
führten in Presse und Fernsehen westlicher Länder (insbesondere
BRD) zu Diskussionen über die Ursachen dieser Entwicklung.
Als Gründe werden genannt:
1. hochqualifizierte Trainer
2. optimale Trainingsbedingungen und gesellschaftliche Förderung
   des Sports
3. eine effektiv arbeitende Sportmedizin

In letzter Zeit liegt der Schwerpunkt auf der Sportmedizin
bzw. ihrer festen Integration in Leistungssport. Eigene (ihre)
Beobachtungen und wertvollen Informationen durch r-flüchtige
Ärzte, u.a. Dr. WENZKAT, Dr. MADER und Dr. FECHTER vermitteln
einen doch keineswegs unglaubwürdigen Eindruck über das Bedin-
gungsgefüge des sozialistischen Leistungssports und die Rolle
der Sportmedizin.

Im Gesamtgefüge der Leistungsentwicklung spielen leistungsbe-
einflussende Maßnahmen eine große Rolle; dies erkannt und
systematisch genutzt zu haben, ist unser Plus.
Die andere Seite ist jedoch materiell-technisch ebenso, wenn
nicht teilweise besser in der Lage, diesen Gesichtspunkt zu
berücksichtigen, scheitert jedoch an einer Reihe von Faktoren.
Andererseits ist die Sportärzteschaft geteilt. Sowohl bei uns
als auch dort gibt es Ärzte, die von einer Anwendung abraten.
Die freie Entscheidung ist bei uns erschwert, da daraus soziale
Konflikte für den Arzt entstehen.
Bei jugendlichen Sportlern (Schwimmen, Turnen usw.) ist die
Entscheidung äußerst erschwert, da absoluter Leistungszwang
entsteht.
Bei dieser Erkenntnis einer unentbehrlichen Hilfe wirken Angriffe
gegen die DDR, die fachlich gesehen auf festem Boden stehen,
verschärfend.

Kopie b.RÜ
AR 8

während seiner Spionagereisen nach Österreich. Auch ich war schockiert und sah meinen Büro-Nachbarn mit anderen Augen. Mir lief der kalte Schauer über den Rücken. Natürlich war mir immer klar, dass Pansold Dreck am Stecken hatte, aber dass es so arg war ... Ich hatte mich von seinem Ruf als „Laktat-Papst" und unserer gemeinsamen Pionierarbeit bei der Trainingssteuerung zu sehr blenden lassen.

Trotzdem machte Pansold vorerst weiter, als wäre nichts passiert. Natürlich versuchte man – vor allem aus dem Ausland – seinen Job am Olympiastützpunkt mit Doping in Verbindung zu bringen. Pansolds Konter im Monatsmagazin „Wiener": „Ich wäre doch ein Trottel, wenn ich – mit diesem Ruf, von allen beobachtet – Hermann Maier dopte. Ich arbeite mit meinen leistungsphysiologischen Kenntnissen und mit 30 Jahren Sportmedizin-Erfahrung seine Trainingspläne aus." Welche Trainingspläne will Bernd ausgearbeitet haben? Immerhin sprach Pansold in dem Interview das aus, was auch mir am Herzen lag: „Jeder Dopingfahnder kann uns täglich kontrollieren. Leider kommt keiner." Tatsächlich sollte es über ein Jahr dauern, ehe endlich ein deutscher Kontrolleur in Obertauern auftauchte – und natürlich nichts fand.

Obwohl Medien und ÖSV-Präsident Schröcksnadel mich immer mehr unter Druck setzten, ließ ich Pansold nicht sofort fallen. Ich hatte ihm die Chance für einen Neubeginn gegeben, und dazu stand ich. Und das, obwohl seine Vergangenheit wie ein dunkler Schatten über unserem Institut schwebte. Pansold hatte uns geholfen, den jungen Olympiastützpunkt auf ein höheres Niveau zu heben. Mit seiner Unterstützung konnten wir die Bedeutung eines Höhenzentrums in Obertauern belegen. Er verfasste Konzepte und punktete bei Behörden mit seiner überzeugenden Rhetorik. Doch so sehr ich mich auch bemühte, Pansold für seinen Job in Obertauern zu schätzen, umso schwerer tat ich mir, mit ihm zu arbeiten.

SCHRÖCKSNADEL SPRICHT EIN MACHTWORT

Unser Verhältnis wurde immer angespannter. Als einer, der alles wissen und ständig dazulernen wollte, tat ich mir mit Pansolds Geheimniskrämerei schwer. Ich wurde immer misstrauischer. Oft erschrak Bernd regelrecht, wenn ich in sein Büro kam. Sofort klappte er seinen Laptop zu oder fuhr den Bildschirm runter.

Als das Urteil im Dopingprozess gefallen war, musste etwas passieren. Die Medien machten noch mehr Druck, wollten uns und damit indirekt auch Hermann ins Doping-Fahrwasser bringen. ÖSV-Boss Schröcksnadel verlangte, dass Pansold in den Hintergrund treten sollte, was ich Bernd auch nahelegte. Er weigerte sich aber und wollte selbst mit Schröcksnadel sprechen. Immer wieder polterte er in mein Büro und redete stundenlang auf mich ein, ich solle mich hinter ihn stellen. Ich fühlte mich regelrecht bedroht. Die Situation eskalierte und mir blieb nichts anderes übrig, als Bernd im Dezember 1998 zu kündigen. Bei seinem Abschied sah er mich bedauernd an und meinte: „Heinrich, du hast sehr viel gelernt und dir sehr viel erarbeitet, und jetzt wirst du noch zum Leistungsdiagnostiker. Aber eigentlich tust du mir leid. Es werden dir noch viele erklären wollen, wo die Sonne aufgeht." Dann drehte er sich noch einmal um und meinte: „Außerdem gibt es noch viele Dinge, von denen du keine Ahnung hast." Ich war heilfroh, dass ich damit nichts zu tun hatte. Ich blickte nach vorne. Auch ohne den „Lehrmeister" hat sich der Olympiastützpunkt, was die sportlichen Erfolge betrifft, besser denn je weiterentwickelt.

Das Kapitel Pansold war aber längst nicht abgeschlossen. Während seiner sechsmonatigen Kündigungsfrist tauchte Bernd immer wieder in Obertauern auf und stiftete massiv Unfrieden unter meinen Mitarbeitern und unter den Einheimischen. Und Obertauern ist ein Dorf, in dem sich Tratsch schnell verbreitet. Sein Büro im Olympiastützpunkt hatte Pansold noch immer nicht geräumt. Dort fand ich in seiner Abwesenheit geheimnisvolle Pillen mit Aufschriften wie A1 oder F3 mit dazugehörigen Einnahme-Empfehlungen („mittags und abends je 2x A1"). Ich überließ die Dragees befreundeten Medizinern – Fachärzten für Biochemie – zur Analyse. Gefunden haben sie nichts Verdächtiges.

„Gewinnen tun die, die pharmakologisch am besten betreut werden"

26. Februar 1999. Bei den Nordischen Ski-Weltmeisterschaften in der Ramsau erobert Österreichs Langlauf-Staffel mit Alois Stadlober, Markus Gandler, Michail Botwinow und Christian Hoffmann sensationell Gold über 4 x 10 Kilometer. Das Restaurant im Sportzentrum Obertauern ist gesteckt voll. Tagesgäste, Athleten und Betreuer hatten vor dem TV mitgefiebert. Ich komme gerade von meinem Büro runter, als Pansold von seinem Tisch aufspringt, und mir euphorisch entgegenschreit: „Das ist mein Erfolg! Weil eines sag ich dir: Gewinnen tun die, die pharmakologisch am besten betreut werden!" Dabei muss ich unwillkürlich an eine Beobachtung ein paar Tage zuvor denken. Vor der Apotheke in Radstadt hatte der ÖSV-BMW von Langlauf-Cheftrainer Walter Mayer geparkt, die Rücklehne umgeklappt, hinten alles voll mit medizinischen Präparaten. Mayer sollte nach der „Blutbeutel-Affäre" bei Olympia in Salt Lake City 2002 ins Visier der Doping-Jäger geraten, vier Jahre später in Turin im Mittelpunkt der Doping-Razzia gegen österreichische Langläufer und Biathleten stehen und lebenslang gesperrt werden.

Dabei war ich es, der Walter Mayer und Pansold Anfang 1997 zusammengebracht hatte – auf Walters Bitte hin. Ich hatte gehofft, dass dadurch eine bessere Zusammenarbeit zwischen dem ÖSV und dem Olympiastützpunkt entstehen würde. Im Nachhinein ist für mich sehr spannend, wie sich alles entwickelt hat – und gut, dass wir in den „Fall Mayer" nicht reingezogen wurden.

Und Pansold? Der machte sich mit einer eigenen Leistungsdiagnostik-Praxis in Wien selbstständig. 2003 übernahm er die Leitung im Red-Bull-Leistungsdiagnostik- und Trainingszentrum in Thalgau. Mit an Bord waren im übrigen auch ehemalige Olympiastützpunkt-Mitarbeiter. Nebenbei testete Pansold offenbar Weltklasse-Athleten von Sebastian Vettel bis Lindsey Vonn, was ich aus der Distanz verfolgte. Spannend fand ich die Hände-weg-von-Pansold-Politik des nordischen ÖSV-Chefs Toni Innauer. Nach dem Staffel-Gold 1999 hatte er die Reißleine gezogen und seine Verantwortung für die Langläufer zurückgelegt. Er war ab sofort nur mehr Chef der Skispringer und Kombinierer. Als seine Topstars Thomas Morgenstern und Gregor Schlierenzauer in Thalgau bei Pansold trainieren sollten, meinte Innauer: „Kommt nicht infrage!"

Ramsau 1999: Botwinow, Stadlober, Hoffmann und Gandler jubeln über Sensations-Gold in der Langlauf-Staffel.

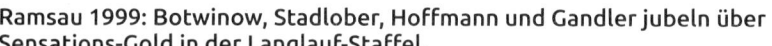

RÄTSELHAFTER TOD DER PANSOLD-LEBENSGEFÄHRTIN

Immer wieder holt mich meine Vergangenheit mit Pansold ein. Im Mai 2017 stand mein ehemaliger Arzt im Mittelpunkt eines Kriminalfalles, aus dem der Bayerische Rundfunk einen sechsteiligen True-Crime-Podcast aufnahm: „Dr. Red Bull – Ein rätselhafter Todesfall und die dunkle Seite des Spitzensports." Pansold hatte im gemeinsamen Haus in Salzburg Mödlham einen Streit mit seiner Lebensgefährtin Sylvia W. Kurz später wurde die Frau leblos in der angrenzenden Wiese gefunden. Ein zu Hilfe gerufener Taxifahrer gab an, sie gemeinsam mit ihrer Mutter in der Dunkelheit mit Aufblendlicht gesucht zu haben. Er wurde wegen fahrlässiger Tötung verurteilt. Der Vorwurf: Er soll Sylvia W. bei der Suche überfahren haben. Dass auch Pansold mit seinem Audi in die Wiese gefahren sein soll, war für das Gericht offenbar unerheblich. In Folge 6 des Podcasts („Der Laktat-Papst") geht es um Pansolds Rolle in Obertauern. Dabei hörten sich die Journalisten auch bei mir um. Ich erzählte, wie es zum Engagement von Pansold kam und lieferte ein paar Anekdoten.

Schockiert war ich über das Bild, das von Pansold in dem Podcast gezeichnet wurde. Auch wenn ihm vor Gericht nichts nachgewiesen werden konnte: Einmal mehr wurde mir bewusst, wie sehr ich diesen eiskalt berechnenden Mann unterschätzt hatte. Bei Red Bull endete seine Karriere 2018 im Rahmen einer „Umstrukturierung".

BR

Dr. Red Bull - Ein rätselhafter Todesfall und die dunkle Seite des Spitzensports

Doku & Reportage · True Crime · Sportschau

Eine Frau liegt tot in einer Wiese. Daneben steht ein Mann in Unterhose: ihr Lebensgefährte, Dr. Red Bull. Ein Sportarzt mit dunkler Vergangenheit. Hat er die Frau getötet? Oder war es der Mann, der dafür verurteilt wurde? Ein True Crime-Podcast - zwei Geschichten: Die erste Geschichte handelt von Sylvia Wintersteller und ihrem mysteriösen Tod. Die zweite dreht sich um das Leben des Sportarztes. Er hat in der DDR geholfen, Frauen und Kinder zu dopen. Wie konnte er trotzdem beim Megakonzern Red Bull Karriere machen?

155

KAPITEL 8

HERMANNS JAHRHUNDERT-STURZ – MEINE ATHLETEN STARTEN DURCH

Freitag, 13. Februar 1998. Weil ich den Olympiastützpunkt nicht so lange allein lassen konnte, flog ich erst nach der ersten Olympia-Woche zu den Spielen nach Nagano. Herren-Abfahrt und Kombi hätte ich noch daheim vorm Fernseher verfolgen wollen. Wegen wetterbedingter Verschiebungen sitze ich ausgerechnet an dem Tag, als die Abfahrt endlich gestartet werden kann, im Flugzeug. Bei meiner Ankunft in Tokio-Narita habe ich keine Ahnung, was passiert ist. Auf den TV-Schirmen am Flughafen sehe ich, wie Mario Reiter jubelnd von Kollegen und Betreuern herumgetragen wird. Super, freue ich mich, der hat offenbar die Kombi gewonnen! Mario war einer meiner ersten Athleten in Obertauern. Er hat also das erste Olympiastützpunkt-Gold geholt!

Aber was ist mit Hermann? Ein paar Augenblicke später habe ich die Antwort. Auf einem anderen Bildschirm wirbelt Hermann in einem Riesenbogen mit dem Kopf nach unten durch die Luft, schlägt ein und überschlägt sich mehrmals. „Jetzt ist alles vorbei!", durchfährt es mich. Ich verfalle in eine Schockstarre. Aber dann: Hermann bewegt sich. „Alles okay", scheint er mit der Hand zu deuten. Ich bin zwar etwas erleichtert, kann es aber nicht glauben. So einen Sturz kann man doch nicht ohne gröbere Verletzung überstehen!

Das war's dann wohl mit den Olympischen Spielen, zu denen Hermann als Überdrüber-Favorit angereist war. Immer noch geschockt von dem, was ich gesehen habe, stolpere ich weiter Richtung Narita-Express. Ich schalte mein japanisches Handy ein. Schon vibriert es. ÖSV-Alpinchef Hans Pum: „Hast du schon mit'm Hermann gesprochen? Glaubst du, kann er morgen im Super-G starten?" „Er hat sich noch nicht gemeldet." Ich bin total nervös. Endlich hab ich Hermann am Ohr. Er ist fest entschlossen, den Super-G zu fahren. „Es ist nicht so dramatisch", spielt er die Lage – typisch Hermann – herunter. „Das Knie tut weh", sonst hätte er nur ein paar Prellungen davongetragen. „Dann setz dich so schnell wie möglich aufs Ergometer", rate ich ihm. „Dreimal 15 Minuten!" Radeln scheint mir, soweit ich das aus der Distanz ausmachen kann, die beste Therapie. Das haben wir bei den Alpinen immer so gehandhabt nach einem Sturz: Moderate Bewegung regt die Durchblutung an, übers Blut wird Flüssigkeitsüberschuss abtransportiert. So wirkt man Schwellungen entgegen. Außerdem muss sich die Muskulatur lockern.

In Hermanns Zimmer stand – ebenso in dem von Mario Reiter – ein Radergometer, das ich über meine Japan-Connections organisiert hatte. Der mit mir befreundete japanische Trainer der Nordischen Kombinierer und Dolmetscherin Tomo übernahmen die Laktatkontrollen. Sie informierten mich übers Telefon und versuchten aus der Ferne nachzujustieren, damit die Burschen in der richtigen Zone radelten. Angekommen in Shigakogen im Quartier der Japaner, die ich ebenfalls betreute, war ich endlich in Reichweite. Ich fiel ins Bett, warf eine Schlaftablette ein und betete, dass alles gut ausgehen würde.

Der Super-G wurde wetterbedingt zweimal verschoben, so gewannen wir Zeit. Am Vorabend des Rennens ging ich all-in. Ich ließ Hermann die letzten 15 Minuten mit gewohnt hoher Wattleistung radeln: fünf Minuten mit 250, fünf mit 280 und die letzten fünf Minuten sogar mit über 300 Watt Widerstand. Es war wichtig, dass Hermann merken würde, dass seine Kraft zurückkam. Damit baute er Vertrauen auf. In der Nacht quälten mich tausend Gedanken. War das jetzt zu viel? Was, wenn das Knie überreagiert? Im Nachhinein gesehen haben wir alles richtig gemacht.

Den Super-G selbst verfolge ich im Hotelzimmer. Hans Knauß liegt in Führung, als Hermann mit Startnummer 8 ins Rennen geht. Eine Zwischenbestzeit nach der anderen. Die letzten Meter – 1:32, 1:33, 1:34,82 – überlegene Bestzeit! Hermann drückt beide Fäuste gegen die Skibrille und zeigt mit den Stöcken in den blauen Himmel. Was für eine Erleichterung! Ich mache mich auf den Weg in die Lobby, da meldet sich Hermann: „Na, was sagst?" Ich spüre seine Freude, und trotzdem wissen wir beide: Da geht noch mehr! Beim Riesentorlauf drei Tage später bin ich selbst im Zielraum, als sich eine Jubeltraube um den frischgebackenen Doppelolympiasieger bildet. Ich dränge in den Innenraum, doch die österreichischen Betreuer lassen mich mit meiner Japan-Akkreditierung nicht durch. Stephan Eberharter, für den nur Silber bleibt, kommt auf mich zu: „Was hast du mit dem Maier gemacht?" ÖOC-Präsident Leo Wallner gratuliert: „Fantastisch, was Sie da erreicht haben!" „Und das alles ohne Förderungen", gebe ich zurück.

Nach Olympia trennten sich unsere Wege: Ich musste zurück nach Obertauern. Hermann durfte ein paar Tage in der Sonne der Pazifikinsel Guam abschalten. Beim Saisonfinale in Crans-Montana nahm er neben den Kristallkugeln für den Gewinn der Abfahrts- und der Riesentorlauf-Wertung auch die große Kugel in Empfang – als erster österreichischer Gesamtweltcup-Sieger seit Karl Schranz 1969/70!

MEIN WELTMEISTER, DER NICHT LAUFEN KONNTE

Im Frühjahr 1998 bekam Hermann einen neuen Rad-Buddy. Michael Walchhofer, damals 23, konnte Slalom-Erfolge im Europacup vorweisen, für den Weltcup war er nicht fit genug. Also legte ihm ÖSV-Trainer Andreas Evers den Olympiastützpunkt ans Herz. Walchi wurde zur echten Herausforderung. Sein Stufentest auf dem Laufband war derart ernüchternd, dass ich die Werte noch einmal überprüfen ließ. Seine aerobe Schwelle lag bei 5,4 km/h, das entsprach einem mittleren Wandertempo. Laufverbot! Michi kapierte den Ernst der Lage und begab sich in meine Hände. Von nun an trat er Tag für Tag in die Pedale. Weil er wie Hermann die Riesen-Trainingsumfänge im moderaten Tempo über sich ergehen ließ, stellte sich der Erfolg schnell ein. Zu Beginn des Winters hatte er sein aerobes Lauftempo schon fast verdoppelt, ebenso deutlich nach oben zeigte seine Formkurve auf der Piste. Walchhofer sollte sich zu Österreichs besten Abfahrern aller Zeiten entwickeln. 2003 holte er WM-Gold. Nebenbei feierte der 100-Kilo-Mann einen persönlichen Erfolg, der auch mich als Trainer fast ebenso glücklich machte: Im Sommer, wenn ich mit meinen Athleten hinauf zum 200 Meter höher gelegenen Grünwaldsee fuhr, drehte Michi Laufrunden in einem durchaus ansprechenden Tempo.

EIN ABSCHIED DER UNFEINEN ART

Inzwischen wuchs auch unsere Medaillenschmiede kontinuierlich. Allerdings musste ich auch immer wieder Rückschläge einstecken. So hatte ich einen meiner ehemaligen Reha-Patienten, den mittelmäßigen Langläufer Walter Gfrerer, 1999 als Sportlehrer angestellt. Er übernahm die Trainingsprogramme von Alpinen wie Philipp Schörghofer, japanischen Nachwuchsrennläufern und Snowboardern. Ende 2000 meldete er sich krank – er klagte, dass ihm alles zu viel geworden wäre. Gfrerer kam nie wieder. Nur seine Hausschuhe erinnerten Wochen später noch an ihn. Inzwischen startete Gfrerer im nur eine Autostunde entfernten Sportzentrum Salzburg-Rif durch, wo er mit meinem Knowhow aufgeigte. Mit Athleten die er mitgenommen hatte. Nicht die feine Art. Jetzt musste ich auch noch die von Gfrerer betreuten Athleten, die plötzlich in der Luft hingen, zumindest für ein paar Monate übernehmen.

NEUER NAME: ÖSV-OLYMPIASTÜTZPUNKT

Andere Abgänge hatten wir schneller verkraftet. Auf den in Ungnade gefallenen Bernd Pansold folgte Johannes Zeibig als Arzt, unterstützt von der Uni Wien, für die der Olympiastützpunkt als höhenmedizinisches Außenlabor diente. Pansolds Abgang war für ÖSV-Präsident Schröcksnadel die Bedingung für eine 51-Prozent-Beteiligung inklusive Geldspritze. Im Jänner 2001 wurde der „neue" ÖSV-Olympiastützpunkt in einer Pressekonferenz im Restaurant des Sportzentrums präsentiert.

August 1999: Der ÖSV steigt beim Olympiastützpunkt ein. Der Notar beglaubigt meine Unterschrift – was denkt Schröcksnadel wohl in diesem Moment?

Auch sonst herrschte Aufbruchsstimmung: Tennis-Zampano Günter Bresnik schickte uns einige seiner Spieler, darunter Stefan Koubek und Alexander Peya. Nebenbei versuchten wir den abstiegsbedrohten LASK in der obersten Spielklasse zu halten. Mit dem schwedischen Siegläufer Freddy Nyberg und der späteren Riesentorlauf-Olympiasiegerin Julia Mancuso nutzten Weltklasse-Athleten aus dem Ausland unser Angebot. Da Julia, gerade erst 21 Jahre alt geworden, monatelang weg von ihrer US-Heimat war, ließ ich sie bei uns in Werfen wohnen.

HERMINATOR ZIEHT ALLE AUFMERKSAMKEIT AUF SICH

Dass Woche für Woche Reporter im Olympiastützpunkt auftauchten, hatten wir in erster Linie Hermann Maier und seinem Siegeszug zu verdanken. In der Saison 1998/99 gewann der Herminator beim Riesentorlauf-Auftakt in Sölden, es folgten Siege in Val d'Isère, Innsbruck, Bormio und Wengen.

Nach der Hahnenkamm-Woche in Kitzbühel war die Stimmung angespannt: Es galt einen Sturz in der Sprint-Abfahrt und einen Einfädler im Super-G zu verarbeiten. Vor dem Abflug zur WM in Vail/ Beaver Creek päppelte ich Hermann in Obertauern auf. Aus Colorado meldete er sich jeden Abend telefonisch. Wegen der Zeitverschiebung war es bei mir oft schon nach Mitternacht. Den Hundertstel-Krimi im Super-G (Ex-aequo-Sieg mit Lasse Kjus) verfolgte ich ebenso wie Hermanns Abfahrts-Gold in Obertauern vorm TV. Noch aus dem Ziel rief mich Hermann total glücklich an: „Jetzt ist wieder alles super!" Noch am selben Abend ging für mich der Reisestress los: Nach 22 Uhr wollte ich im Schneechaos auf die Passstraße. Die war aber gesperrt. Mit Polizeihilfe schleuste mich der Straßenmeister durch Einsatzfahrzeuge und hängengebliebene Autos. Als ich endlich freie Fahrt hatte, schob ich die Rainhard-Fendrich-CD in den Player: „I am from Austria!" Ich hatte das Gefühl, zu schweben. Am nächsten Tag in der Früh ging's von München via Frankfurt nach Denver und im Mietauto weiter nach Beaver Creek. Vor Ort bestand mein Hauptjob gefühlt darin, meinen Star vor Fans und Groupies abzuschirmen – so hatte Hermann immer wieder meine Handynummer als „seine" hergegeben. Trotzdem ging im Riesentorlauf nichts mehr. Aus im 2. Durchgang – die Luft war draußen.

Die ebenfalls von uns betreute Renate Götschl tauchte immer seltener am Olympiastützpunkt auf. Allerdings hatte sie in den Jahren davor eine derart gute Basis gelegt, dass sie in Vail neben WM-Gold in der Abfahrt, im Super-G und in der Kombi jeweils Silber abräumte.

HERMANN AM TELEFON:
„DANN BIN ICH WIRKLICH UNSCHLAGBAR!"

Hermanns Leistungskurve zeigt kontinuierlich nach oben. Mit immer besseren Grundlagen fährt er der Konkurrenz immer weiter davon. In der Saison 2000/01 gewinnt er 13 Weltcuprennen – Rekord! Dass er von der Heim-WM 2001 in St. Anton keine Goldmedaille mitnimmt, ist angesichts seiner Überform schon fast ein Kunststück. Nur Silber in der Abfahrt, Bronze im Super-G und im Riesentorlauf als Vierter überhaupt an Edelmetall vorbeigeschrammt! Insgesamt 82 Hundertstel schneller, und es hätte drei Mal Gold gegeben. Bitter, wenn man bedenkt, dass Hermann vor und nach der WM eine Sekunde und mehr vor dem jeweils Zweitplatzierten lag. So auch beim Weltcup-Finale in Åre, wo Hermann Abfahrt und Riesentorlauf gewinnt und mich noch vor der Siegerparty anruft und meint: „Wenn ich über den Sommer g'scheit trainier, dann bin ich wirklich unschlagbar!"

„Langsam wirst du mir unheimlich", gebe ich zurück – mit einem seltsamen Gefühl in der Magengegend. Aber was sollte mich jetzt beunruhigen? Auch als Hermann im folgenden Sommer-Trainingscamp in Chile alles in Grund und Boden fährt, ist diese seltsame Vorahnung da. Bis ich am 24. August 2001 den besorgten Anruf von Doktor Harald Aufmesser erhalte: „Hermann hat's mit dem Motorrad erwischt ..."

DER HERMINATOR IN DER OLYMPIASTÜTZPUNKT-AUSLAGE

Obertauern, 26. September 2001. Ein TV-Kamerateam und ein Fotograf lauern auf die Rückkehr. Knapp fünf Wochen nach seinem Unfall marschiert Hermann demonstrativ locker ohne Krücken auf den Eingang zu, wo ich warte, um ihn zu begrüßen. „Schon lange nicht mehr gesehen", sollte ihn ganz Österreich im ORF-Abendsport sagen hören. Tatsächlich war alles gespielt. Für seinen ersten Reha-Tag am Olympiastützpunkt hatte sich Hermann nicht abholen lassen. Er hatte darauf bestanden, die 33 Kilometer von seinem Haus in Flachau nach Obertauern selbst zu fahren – Automatik und

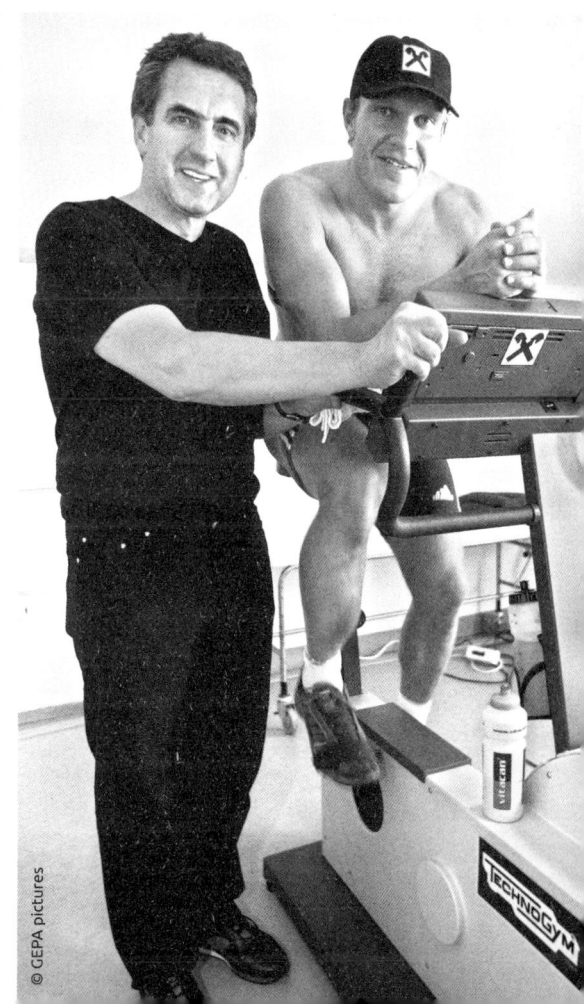

© GEPA pictures

Cruise-Control machten es möglich. Bei meiner „echten" Begrüßung hatte ich Hermann sofort angemerkt, wie sehr ihn die Autofahrt mitgenommen hatte. Der operierte Unterschenkel war heiß, seine Blutwerte im Keller. Vor den Reportern spielte er brav die Herminator-Rolle.

Fünf Wochen nach dem Unfall startete Hermann in Obertauern die nächste Etappe auf dem Weg zurück. Im Hinterkopf immer noch das – im Nachhinein gesehen absurde – Ziel Olympia 2002, für das nur etwas mehr als vier Monate bleiben würden. Im Olympiastützpunkt sollte die Reha langsam in Training übergehen. Wobei an Leistungssport nicht annähernd zu denken war.

Wir hatten alles für die Rückkehr unseres Superstars vorbereitet: Die Physio-Abteilung, die normalerweise auch Nicht-Sportlern offenstand, wurde zum Hermann-Maier-Trainingszentrum umfunktioniert. Von einem dicken Vorhang abgeschirmt, trat Hermann in die Ergometer-Pedale. Neben ihm diverse Geräte für Laser- und Ultraschallbehandlungen und eine schwere Sauerstoffflasche. Eine Atemmaske drückte sich ihm ins Gesicht. Um die Anpassung an die dünne Höhenluft zu erleichtern, ließ ich Hermann mit Sauerstoff-Unterstützung losradeln – mit für seine Verhältnisse lächerlichen 70 Watt Widerstand. Weil Hermann inzwischen rund 20 Kilo verloren hatte und nur mehr 72 Kilo auf die Waage brachte, wurde er während des Ergometer-Radelns mit Infusionen versorgt. So tropften bis zu 10.000 Kalorien in Form von speziellen Fettsäure-Kombinationen in seine Venen. Zudem versuchten wir ihn mit besonders nährreichen Ergänzungen wie Kolostrum (Vorstufe von z. B. Ziegen-Muttermilch), Appetitanregern wie Averna oder mit „Nährbier", einer speziellen Biersorte mit nur zwei Prozent Alkohol aufzupäppeln.

Hermanns Reha-Zeit war wahrscheinlich die wichtigste Phase seit Gründung des Olympiastützpunktes. Jetzt hatten wir die Chance zu beweisen, dass wir tatsächlich die Besten waren. Plötzlich standen wir in der Auslage: Schauten bislang vielleicht ORF oder ein Reporter-Team vom österreichischen Wochenmagazin News in Obertauern vorbei, stand jetzt die ganze Welt vor der Tür, von New York Times über CNN bis Bild und Welt am Sonntag. Alle wollten exklusiv dabei sein, wie sich der Herminator zurück ins Leben kämpfte.

Bei meinen Mitarbeitern drehte sich alles um Hermann: Sein verletztes Bein wurde mehrmals am Tag mobilisiert, dazu kamen Elektro-Therapien, Massagen und Lymphdrainagen. Dieter Blesky, unser neuer Sportwissenschaftler, lehrte mit Gangschule-Übungen Hermann wieder richtig Gehen. Dann folgte das erste Rumpftraining. Langsam fuhr ich die Intensität in die Höhe, wobei ich jede Einheit über Laktat überwachte. Da durch die beim Unfall erlittenen Hämatome Nervenkanäle gequetscht wurden, war der linke, an sich gesunde Fuß, schlecht durchblutet, eiskalt und taub. Deswegen war es wichtig, so schnell wie möglich Muskelreize zu setzen.

Beim Mittagsbuffet versuchte Alex Maier, der inzwischen als Snowboarder ebenso konsequent trainierte wie sein großer Bruder, die Stimmung zu heben. Zwischen Vormittags- und Nachtmittags-Einheiten konnte sich Hermann in meiner Olympiastützpunkt-Wohnung ausruhen.

Und von überall kam Hilfe: Per Post (sogar Arnold Schwarzenegger schickte selbst zubereitete Zaubersäfte), per E-Mail und telefonisch bekam ich fast täglich Vorschläge, die zur Heilung des rekonvaleszenten Stars beitragen sollten. Unter dem Scheibenwischer fand ich einen handgeschriebenen Zettel mit Hokuspokus-Ritualen, wie sich Hermann waschen, wie er atmen sollte usw. Ich versuchte, die wenigen wirklich hilfreichen Vorschläge herauszufiltern.

ICH SPIELE VERSUCHSKANINCHEN

Mit der Zeit wurde es immer schwieriger, Hermann bei Laune zu halten. Immer öfter schien er zu verzweifeln. Sein Standardspruch: „Das wird nix mehr mit meinem Holzfuß!" Ich redete ihm tagtäglich gut zu. Und nachdem er sich am Abend auf den Heimweg gemacht hatte, überlegte ich weiter, was man noch tun könnte. Ich war sogar bereit, mich als „Versuchskaninchen" zur Verfügung zu stellen. Ich begann selbst wieder zu trainieren, um am eigenen Leib auszuprobieren, wie man längst eingeschlafene Muskelzellen wieder wach kitzeln könnte. Mein ehemaliger Schulfreund Alexander zeigte mir mit seiner „Holleis-Methode" vor, wie man einzelne Muskelgruppen aus- und wieder einschalten könnte. In seiner Kinesiologen-Sprache handelt es sich um „Schaltpläne", die der Mensch neu programmieren kann. Nach Einheiten mit Alexander war Hermann völlig erschöpft. Aber es wirkte offenbar.

Sieben Wochen nach dem Unfall begannen wir mit Krafttraining. Kurz danach ließ ich Hermann eine für Skisportler wichtige Seilzug-Übung für die Oberschenkel-Rückseite absolvieren. Waren es zuvor 20 Wiederholungen mit 25 Kilo Belastung, mutete ich Hermann jetzt nur noch 12 bis 15 Wiederholungen mit vier Kilo zu. Zusätzlich versuchte ich es mit Elektro-Reizen.

Am Tag 61 nach dem Crash stand das erste Kraftausdauer-Training am Ergometer auf dem Programm: Wo Hermann früher 460 Watt getreten hatte, gingen jetzt gerade Mal 200 Watt. Um die eingeschlafenen Nerven hervorzukitzeln, ließ ich Hermann im Sitzen auf den Boden trappeln beziehungsweise auf einem Spezialergometer für ein paar Sekunden bei wenig Widerstand so schnell treten, wie er nur konnte. Mit Erfolg: Hermann berichtete von einem „Kribbeln" – ein Zeichen dafür, dass der Nervenkanal langsam aufging und die Durchblutung besser wurde. Endlich begann die Muskulatur auf die Nervenimpulse zu reagieren.

Der nächste Schritt waren Kraftübungen mit der Beinpresse und die ersten schnellen Schritte auf dem Laufband. Mehr Spaß hatte Hermann mit dem Fußball beim Gaberln.

Trotzdem kamen mir, was den ambitionierten Comeback-Termin betraf (vor Olympia hatten wir noch Abfahrt und Super-G Ende Jänner in Garmisch ins Auge gefasst), ernsthafte Bedenken. Ich schlief kaum, zerbrach mir Tag und Nacht den Kopf. Insgeheim hoffte ich auf ein Wunder und fragte mich, ob Wärme und Sonne vielleicht helfen würden. Also flogen wir für zehn Tage nach Dubai. Der Ausflug war ein Flop. Bei einer Traumkulisse vor dem Jumeirah Beach Hotel bei fast 30 Grad im Schatten und Sonnenuntergang am Strand wurde mir bewusst, wie schlimm es um Hermann stand: Durch das Absetzen der Schmerzmittel war er auf Entzug. „Lass ihn am Strand laufen", riet Doc Artur, der sich drei Monate nach der Operation Sorgen um die Kallusbildung (verantwortlich für die Festigkeit der Knochen) machte. Mein Laktatmessgerät, das ich sogar im Urlaub dabeihatte, packte ich schnell wieder weg. Immerhin hatte Hermann ein Erfolgserlebnis zum Abschluss: In der Water World jagte er mit den Beinen voran mit bis zu 80 km/h die riesige Highspeed-Wasserrutsche hinunter und riss im „Ziel" die Hände in die Höhe. Wir waren beide froh, dass diese Mutprobe gut gegangen ist.

Zurück in Obertauern liefen die ersten Skilifte. Konnte man Hermann tatsächlich schon Carving-Schwünge zumuten? Als Vorstufe ging's auf die Langlauf-Loipe, was einigermaßen gut funktionierte.

HERMANNS ERSTE SKIVERSUCHE WERDEN ZUM DESASTER

Eine Woche vor Weihnachten 2001 setzen wir uns zusammen: Hermann, Artur Trost, Skitrainer Andreas Evers und ich. Können wir Hermann auf die Skipiste lassen? „Aber nur vorsichtig rutschen", mahnt Artur. Andy spricht von „Schul-Skifahren". Als Hermann am nächsten Morgen in Rennmontur erscheint und seinen viel zu dicken Fuß in den Skischuh quetscht, haben wir alle ein mulmiges Gefühl. Hermann zieht die ersten Schwünge, und wir sind beeindruckt. Von „Schul-fahren" kann keine Rede sein. Doch wie Hermann erst später verraten sollte: Er hatte höllische Schmerzen. Trotzdem lässt man zwei Tage später – am 21. Dezember – die Presse auf ihn los. Der erste „offizielle" -Tag am Grießenkar in Flachau weckt mehr Interesse als der Weltcup-Riesentorlauf im nur zwei Autostunden entfernten Kranjska Gora. Fast kommt es zur Katastrophe: Ein unfähiger Kameramann rattert Hermann über die und verfehlt den verletzten Unterschenkel nur um Zentimeter. Zurück in Obertauern stürmt Hermann fuchsteufelswild in mein Büro: „Wahnsinn!", schreit er –

21. Dezember 2001:
Hermanns erster öffentlicher Skitag nach dem Unfall

wütend über den Kameramann und erleichtert, dass nichts passiert ist.

16. Jänner 2002. Ich sitze am Steuer eines ÖSV-BMW. Neben mir Hermann, auf dem Rücksitz unser PR-Mann mit letzten Regie-Anweisungen für den folgenden Termin. Ich bin so aufgeregt, dass ich im kleinen deutschen Eck einen Schneehaufen ramme.

In Kitzbühel ist der große Pressesaal gerammelt voll. 17 Kamera-Teams, über 200 Printreporter. Alles wartet auf den Herminator und seine folgenschwere Erklärung. Fährt er bei Olympia (was offenbar ein Großteil der Journalisten glaubt), oder sagt der doch ab? Was in wenigen Minuten für weltweite Schlagzeilen sorgen würde, steht für uns seit 12. Jänner fest: An einen Start in Salt Lake City ist nicht zu denken. Trotzdem war es psychologisch wichtig, Hermann bis zum letztmöglichen Augenblick im Glauben zu lassen, dass wir ihn fit bekommen würden.

Während Fritz Strobl im Februar in den USA zu Olympia-Abfahrtsgold rast, ist Hermann mit Andy Evers beim Haifischtauchen auf den Bahamas. Damit haben sich ÖSV-Alpindirektor Hans Pum und Herren-Cheftrainer Toni Giger zumindest vorläufig aus dem Maier-Comeback-Projekt ausgeklinkt.

Im Olympiastützpunkt rauchten weiter die Köpfe. Tatsächlich kam Hermann ein paar Wochen später mit vollen Akkus zurück nach Obertauern, wo er ohne den Olympia-Druck Riesenfortschritte machte. Mit fahren bis Anfang Mai und Rennradfahren in der Toskana und am Neusiedlersee kam Abwechslung in den monotonen Trainings-Alltag. Aus dem Begleitfahrzeug konnte ich beobachten, wie sich Hermanns Stimmung deutlich besserte. Im Juli legten wir ein Trainingscamp in Faak am See ein – mit Leichtathletik-Elementen wie Sprints, Hochsprung, Kugelstoßen oder Hürdenlaufen. Hermann blühte richtig auf. Fotos, die ihn mit nacktem Oberkörper beim Jonglieren von drei Kugelstoß-Kugeln zeigten, gingen um die Welt. Für Außenstehende war Hermann fast wieder der Alte. Das Wichtigste: Er fühlte sich bereit, in die -Vorbereitung mit dem Team einzusteigen.

Nach dem Einfahren am Gletscher in Zermatt ging's zum Sommercamp nach Portillo (Chile), wo sich Hermann langsam wieder an seine Grenzen herantastete. Ich verfolgte alles aus Obertauern, wobei mir Andy Evers täglich alle Daten mailte. Fast jeder Tag war ein Erfolg, Hermann war teilweise sogar schon wieder schneller als seine Teamkollegen. Dann der Rückschlag: In einer Mulde war der Druck für den Unterschenkel zu groß. Hermann brach das Camp ab, die Schmerzen blieben. Jetzt ging es darum, die neuerliche Pause so kurz wie möglich zu halten. Keiner wusste, wie man mit der Verletzung umgehen sollte. In meiner Verzweiflung fuhr ich mit Hermann nach Freiburg. Vielleicht hatte Walter Hubmann, einer der weltbesten Orthopäden, die Lösung. Nach und nach ging es wieder bergauf – viel zu langsam für Hermann. Dabei waren seine Ausdauer- und Kraftwerte teilweise sogar besser als vor dem Unfall. Bei einer Kontrolluntersuchung schüttelte Prof. Karlbauer, der Leiter des UKH Salzburg, den Kopf: „Unglaublich, was Sie weitergebracht haben. Jeder andere würde nach so einem Unfall wohl auf einem Bein und mit Krücken daherkommen!" Um den Kopf freizubekommen, begann Hermann mit der Ausbildung zum Helikopter-Piloten im Ennstal, wo ich ihn zu einer Ausdauereinheit mit dem Laktatmessgerät besuchte.

SCHRECKSEKUNDE BEI MEINEM FÜNFZIGER-FEST

Für die Öffentlichkeit war Hermann abgetaucht. Einen seiner wenigen Auftritte, von dem es auch Fotos gibt, hatte er im Oktober 2002 bei meiner Fünfziger-Feier auf der Festung Hohenwerfen. Nach dem Rittermahl, bei dem wir (Motto: „wie damals") mit bloßen Händen aßen und Bier aus dicken Krügen tranken, rannte Hermann übermütig die Weinstiege runter und knallte mit vollem Tempo gegen das eiserne Burgtor. Sogar an meinem Geburtstag schaffte er es, mir einen Schrecken einzujagen. Zum Glück ist nichts passiert.

Beim meinem 50er-Fest auf der Burg Hohenwerfen
(mit Hermann Maier und Heinz Schilchegger) ging's lustig zu.

HERMANN ZURÜCK AM OLYMPIASTÜTZPUNKT

Ende November erschien Hermann wieder täglich am Olympiastützpunkt. Dabei konnte ich ihn überzeugen, unser neues „Zaubergerät" zu verwenden: eine revolutionäre Maschine namens PAP-IMI, mit der, vereinfacht gesagt, Zellen durch elektromagnetische Energie gestärkt werden. So wird die Neubildung von Nervenzellen und Muskelgewebe unterstützt. Erfinder des Geräts, das mich rein äußerlich an den

Star-Wars-Roboter R2-D2 erinnert, ist der griechische Quantenphysik-Professor Panos Pappas. Er kam persönlich, um uns alles genau zu erklären. Jedenfalls schien die sogenannte Ionen-Induktionstherapie bei Hermann anzuschlagen. Mitte Dezember war er wieder schmerzfrei. Eine Woche vor Weihnachten, an einem dieser Traum-Wintertage in Obertauern, fragte ich Hermann: „Möchtest du es nicht wieder mit dem fahren probieren?" Es funktionierte auf Anhieb, auch wenn Hermann im rechten Sprunggelenk, in das der Unterschenkel-Marknagel aus Titan reinragte, noch sehr eingeschränkt war. Den wenigsten ist bewusst, welch wichtige Rolle dieses Gelenk im Alpinen rennlauf spielt. Aus dem Sprunggelenk heraus wird der Druck aufgebaut oder abgefedert, was bei jedem Tor Hundertstel bringt.

HERMANNS GRÖSSTER SIEG – UND ICH LAG MIT DER DECKE ÜBERM KOPF IM BETT

Kitzbühel, 27. Jänner 2003. Tagelanger Schneefall hatte das Programm am Hahnenkamm-Wochenende durcheinandergewirbelt. Der ursprünglich für Samstag angesetzte Super-G war auf Montag verschoben worden. Für Hermann, der 13 Tage davor beim Riesentorlauf in Adelboden als 31. ein durchwachsenes Comeback gegeben hatte, war es die letzte Chance, sich für die anstehenden Weltmeisterschaften in St. Moritz zu qualifizieren. Wie Hermann selbst, hatte auch ich ein gutes Gefühl. Der Super-G in Kitzbühel war ihm wie auf den Leib geschnitten – je schwieriger die Bedingungen, desto wohler fühlte er sich. Der dichte Schneefall kam wie bestellt. Ich war nicht mit in Kitzbühel.

Nicht einmal im TV konnte ich zusehen und flüchtete in meine Olympiastützpunkt-Wohnung. Mit der Decke über dem Kopf wartete ich die entscheidenden Momente ab. Als ich den Fernseher aufdrehte, stammelte Hermann unter Tränen ins ORF-Mikro: „Mein größter Sieg!" Ich heulte mit. 521 Tage nach dem Unfall stand Hermann Maier wieder ganz oben. Zurück waren auch seine hohen Ansprüche an sich selbst. Dass es zwei Wochen später bei der WM „nur" für Silber reichen sollte, war fast eine Enttäuschung. Umso schöner war die Goldmedaille zwei Jahre später bei der WM 2005 in Bormio – im Riesentorlauf, der fahrerisch wahrscheinlich schwierigsten Disziplin. Das mit einem Fuß, der nur mehr an ein paar Gewebefetzen gehangen war, der fast amputiert worden wäre – was für ein Märchen! Internationale Experten sprachen von der „größten Sport-Reha des Jahrhunderts".

HERMANNS WEG ZURÜCK IN ZAHLEN

So hart arbeitete Hermann Maier zwischen 26. September 2001 (1. Reha-Tag in Obertauern) und 14. Jänner 2003 (Comeback beim Riesentorlauf in Adelboden) am Comeback:

221 TRAININGSTAGE
  294 Trainingseinheiten; 1029,5 Trainingsstunden

AUSDAUER:
  282,5 Stunden auf dem Radergometer
      (161 815 Watt, entspricht 7940 Rad-Kilometern)
  34 Stunden bzw. 1020 Kilometer auf dem Straßenrad
  10 Stunden Lauftraining

KRAFT:
  806 Tonnen zur Bein-Kräftigung
  101 Einheiten zur Rumpf-Kräftigung
  77 Einheiten Koordinationstraining
  22 Einheiten nervale Schnelligkeit
  2023 Laktatkontrollen

Mesozyklus I	2.	Wo./Datum: 12.11. – 18.11.2001		Name: Hermann Maier			Reha
Montag	**Dienstag**	**Mittwoch**	**Donnerstag**	**Freitag**	**Samstag**	**Sonntag**	

Vormittag

Montag	Dienstag	Mittwoch	Donnerstag	Freitag	Samstag	Sonntag
ERGOMETER 25 min. W160 KB 25 min. W160 KB 25 min. W170 KB	ERGOMETER 25 min. W150 KB	ERGOMETER 30 min. W150 KB	ERGOMETER 20 min. W155 KB	ERGOMETER 25 min. W160 KB 25 min. W170 KB 25 min. W185 KB 25 min. W200 KB		
	AKA RUMPF Kraft: EB-BP, Beuger, Strecker EMS	Nerv. Schnelligkeit	AKA RUMPF Kraft: EB-BP, Beuger, Strecker EMS			
EB-Kniebeugen						
KOO-LS	ERGOMETER 25 min. HF120 KB	ERGOMETER 30 min. HF120 KB	ERGOMETER 25 min. HF120 KB	AKA RUMPF		
Therapie	Therapie		Therapie	Therapie		
DLÜ 30 min.	DLÜ 20 min.	DLÜ 40 min.	DLÜ 20 min.	DLÜ 30 min.		

Nachmittag

Montag	Dienstag	Mittwoch	Donnerstag	Freitag	Samstag	Sonntag
						GESAMTUMFANG 650'
ERGOMETER 25 min. W160 KB 10 min. W240 SB 10 min. W250 SB 10 min. W270 SB 25 min. HF 110 KB	ERGOMETER 25 min. W160 KB 25 min. W180 KB 25 min. W180 KB		ERGOMETER 30 min. W160 KB 30 min. W160 KB 30 min. W175 KB	ERGOMETER 25 min. W160 KB 10 min. W250 SB 10 min. W265 SB 10 min. W265 SB 20 min. HF110 KB		ERGOMETER 590 min. KB 60 min. SB
AKA RUMPF	Therapie		Therapie	Therapie		KB: 90,8 % SB: 9,2 %
Therapie	Massage					
DLÜ 30 min.	DLÜ 30 min.		DLÜ 30 min.	DLÜ 30 min.		360 min. DLÜ

Hier sehen wir das Reha-/Trainingsprogramm von Hermann Maier in der 8. Woche nach dem Motorrad-Unfall am 24. August 2001.

· Hermann radelte 650 Minuten am Ergometer, 590 davon im moderaten Bereich (KB = Kompensationsbereich).

· Mit 60 Kraftausdauer-Minuten im Stabilistaionsbereich (SB) wurde die Intensität erhöht.

· AKA steht für Allgemeines Krafttraining wie Kniebeugen (EB = einbeinig an der Beinpresse/BP).

· Zudem wurde mit Elektromyostimulation (EMS) gearbeitet.

· KOO-LS: Koordinationsübungen und in dieser Phase wichtige nervale Schnelligheits-Einheiten (z. B. im Leerlauf am Ergometer).

Neben Lauf- und Gangschule standen noch Physiotherapie, Massage und regenerative Maßnahmen am Programm.

MICHAEL WALCHHOFER, ABFAHRTSWELTMEISTER 2003, ERINNERT SICH AN SEINE OLYMPIASTÜTZPUNKT-ZEIT

„Da oben hat's richtig coole Typen gegeben"

Dezember 2024. Auf der Durchfahrt in Obertauern macht Michael Walchhofer (49) einen sentimentalen Zwischenstopp. Während die Straßenlichter angehen, bleibt es im Sportzentrum zappenduster. Der „ÖSV-Olympiastützpunkt"-Schriftzug ist längst abmontiert, ebenso die einst leuchtenden Olympia-Ringe mit dem Coca-Cola-Logo. „Ein Relikt vergangener Tage", schüttelt der Gewinner von 14 Weltcup-Abfahrten wehmütig den Kopf. „Eigentlich fahrlässig, dass man dieses Knowhow hier so verkommen lassen hat. Da sieht man wieder, wie kleinkariert in der Sportnation Österreich gedacht wird." Der nunmehrige Hotelier aus Zauchensee wundert sich, dass offenbar niemand daran interessiert war, Bergmüller bzw. den Olympiastützpunkt als Höhentrainingszentrum zu halten.

Herr Walchhofer, wissen Sie eigentlich, dass „Ihr" Kapitel in Heinis Bestseller "Das Hermann Maier Trainingsprogramm" vor 20 Jahren Thema bei einer ÖSV-Krisensitzung war? Cheftrainer Toni Giger hat sich fürchterlich aufgeregt, dass Sie als „konditioneller Fußgänger" bezeichnet wurden ...

Michael Walchhofer: Haha, das hab ich selber nicht mitbekommen, weil es mich zu dieser Zeit aber auch nicht interessiert hat. Damals war ich ja schon Weltmeister und hab bewiesen, dass das Programm funktioniert.

Sie sind Heini also nicht böse dafür, dass er Sie vor Beginn Ihrer Weltcup-Karriere als völlig unfit geoutet hat?

Walchhofer: Nein, weil es genauso war. Im Gegenteil: Ich bin dem Heini unglaublich dankbar dafür, dass er den Olympiastützpunkt in dieser Form ermöglicht hat. Ich bin raufgekommen, hab meine erste Leistungsdiagnostik absolviert, und die hat mir vor Augen geführt, wo ich stehe. Was meine Kondition betraf, war das schlechtes Hobby-Niveau. Wenn die Latte so weit unten liegt, ist es nicht schwer, sie in die Höhe zu bringen. Bei einem schlechten Athleten kannst du schnell Erfolge vorweisen, und die hatten wir. Vielleicht hat es Heini deswegen so viel Spaß gemacht, mit mir zu arbeiten.

Wie haben Sie den Olympiastützpunkt für sich entdeckt?

Walchhofer: Andreas Evers (*-Trainer von Hermann Maier beim ÖSV, Anm.*) war die treibende Kraft dahinter. Ich war Slalomläufer im Europacup, und hab mich bei Kollegen, die schon in Obertauern trainiert haben, umgehört. Einer hat von da oben geschwärmt und gemeint: „Wenn du weiterkommen willst, musst du endlich anfangen, g'scheit zu trainieren." Das hab ich dann gemacht. Dass sich das mit Heini und Obertauern ergeben hat, war eine glückliche Fügung.

© GEPA pictures

Das heißt, Sie haben wie Hermann Maier Ihren Lebens-Rhythmus von einem Tag auf den anderen geändert?

Walchhofer: Genau. Ich bin jahrelang Tag für Tag nach Obertauern gefahren und hab nur für den Sport und das Training gelebt. Dabei hab ich nicht nur VOM Knowhow, das der Heini da vor meiner Haustür aufgebaut hat, profitiert. Dort oben hat's richtig coole Typen gegeben, nicht nur den Hermann. Das Training war zwar hart, aber wir hatten einen tollen Spirit, und es war lustig. Und wenn man durch die regelmäßigen Checks sieht, dass im konditionellen Bereich richtig was weitergeht, motiviert das doppelt.

Also wussten Sie sofort, dass das für Sie funktioniert?

Walchhofer: Ich bin wie schon erwähnt nicht als Topathlet raufbekommen. Aber ich war skifahrerisch so gut, dass ich es trotz schlechter Kondition in den Europacup geschafft hab. Ich war aber kein fauler Hund, im Gegenteil: Ich bin in der Landwirtschaft und im Gastgewerbe aufgewachsen, und daheim hat das Arbeiten gezählt. Das war auch eine gute Schule für den Sport, frei nach dem Motto: Wenn du was erreichen willst, musst du fleißig sein. Das war ich anfangs eher beim Arbeiten als beim Konditraining. Aber dann hab ich's geschnallt: Wenn ich beim Skifahren Erfolg haben will, führt kein Weg vorbei am g'scheiten Training.

Waren Ihnen die vielen Stunden am Ergometer nie zu mühsam?

Walchhofer: Als ich die Entscheidung für Obertauern getroffen hatte, war für mich klar: Ich hab vielleicht zehn gute Jahre im Spitzensport – in meinem Fall waren es 13 – und da muss ich alles dem einen Ziel unterordnen. Erst später, als ich drei Kin-

der hatte, bin ich den einen oder anderen Kompromiss einge-
gangen. Das hat aber nur funktioniert, weil ich inzwischen so
eine unglaublich gute Basis hatte. Von der hab ich in den letzten Jahren meiner Karriere gezehrt (und noch immer Rennen
gewonnen, Anm).

*Haben Sie die Bergmüller-Trainingsphilosophie in Ihr Leben nach
dem Sport mitgenommen?*

Walchhofer: Ja – ich zieht mein Sportprogramm noch immer
durch, wenn auch nicht so regelmäßig wie früher und überhaupt nicht fanatisch. Wobei – und das wird den Heini jetzt
nicht begeistern: Seit ich mit dem Leistungssport aufgehört
hab, hat mich keine Pulsuhr mehr gesehen, ich hab auch nie
wieder mein Laktat messen lassen. Da reicht mir das unglaubliche Gespür für meinen Körper, das ich in den Jahren am Olympiastützpunkt entwickelt hab. Heute mach ich Bewegung, um
mein körperliches und geistiges Gleichgewicht zu halten, und
das funktioniert noch immer sehr gut.

*Liegt es vielleicht an der speziellen Rundum-Betreuung von damals,
dass seit Ihrer Zeit kein Österreicher in der Abfahrt nur annähernd
so erfolgreich war?*

Walchhofer: Ich kann nur sagen, dass für mich das Training damals perfekt gepasst hat. Die ersten Jahre hab ich mit Heini
gearbeitet, der hat die Basis gelegt. Dann hat sich mit Dietmar
Blesky ein Sportwissenschaftler am Olympiastützpunkt um
mich gekümmert. Der hat – sicher von Heini angeregt – noch
leichtathletische Impulse reingebracht. Das hat mir als groß-
gewachsenem Rennläufer speziell gutgetan, Körperspannung
war für mich der Weg zum Erfolg.

EIN WINDSURFER AM BERG

Obertauern, Juli 1997. Ein klappriger Campingbus mit aufge-
schnalltem Surfbrett parkt vor dem Olympiastützpunkt-Parkplatz. Ein paar Augenblicke später stehen ein braun gebrannter
Surfer und sein Segeltrainer in meinem Büro. Christoph Sieber,
Olympia-Fünfter in Barcelona 1992, will es noch einmal wissen. Sein Ziel: Olympia-Gold in Sydney 2000. Dafür sollen wir
ihn zum fittesten Surfer der Welt machen. Seit einer Regle-
mentänderung ist beim Surfen plötzlich Kraftausdauer gefragt.
Im Gegensatz zu früher ist jetzt Pumpen erlaubt – das Tempo-
machen mit Ruderähnlichen Bewegungen am Segel. Plötzlich
musste auch der talentierteste Windsurfer hart arbeiten, um
vorne mitzumischen. Damit ist es weitgehend vorbei mit Dolce Vita und Partys, die Luft an der Spitze wurde dünn. Sieber,
ein intelligenter Bursche, rechnet damit, dass es in der Harbour
Bay von Sydney wenig Wind geben würde. Damit könnte der,
der die Regatten am besten runterpumpt, Olympia-Gold gewinnen. Und da kommt der Olympiastützpunkt ins Spiel. Wir sind
uns schnell einig: Obwohl Sieber, wie er mir unverblümt verrät,
kein Geld hat, unterschreiben wir einen Betreuungsvertrag.
Bei der Finanzierung hilft uns Sporthilfe-Chef Hubert Neuper,
zudem mache auch ich Abstriche: Ich mache das Gold-Projekt
„Sydney 2000" zum Prestigeprojekt. Koste es, was es wolle.

Nach einem ersten ernüchternden Test auf dem Laufband
schaffte ich ein Hochleistungs-Ruderergometer an. Der damit
durchgeführte Laktatstufentest ließ mich an den Daten zwei-
feln: 12 Watt Widerstand an der aeroben Schwelle. „Der kann
nicht einmal einen Blumentopf heben, ohne zu übersäuern",
dachte ich und arbeitete erste Trainingspläne aus. So schlecht
beisammen Sieber war, umso ernster nahm er sein neues Le-

ben. Der Olympiastützpunkt wurde sein „Big Brother"-Container: Im Keller stand sein Foltergerät, das Ruderergometer. Um einen realistischeren Effekt zu erzielen, ließen wir es so umbauen, dass die Pump-Bewegung exakt der beim Segel entsprach. Neben Christoph radelte Hermann Maier und beschwerte sich, dass ihm eine Glühbirne auf die ohnehin schüttere Haarstelle auf dem Hinterkopf brannte. Dazu ließ ich jeden Ruderschlag von einem Trainer überwachen. Christoph war im Gegensatz zu Hermann der Trainingstyp, der während den eintönigen Einheiten motiviert werden wollte. So feuerte der Coach unseren Surfer wie im Wettkampf an, ehe er ihm wieder Blut aus dem Ohrläppchen abzapfte, um die Intensität zu kontrollieren. Je kälter es draußen wurde, desto seltener übernachtete Christoph in seinem Campingbus. Um Geld zu sparen, ließ ich ihn auf dem Sofa in meinem Büro schlafen – dort, wo auch Hermann immer wieder sein Mittagsschläfchen hielt.

Die Fortschritte waren sensationell. Innerhalb weniger Monate wurde Christoph ein anderer Mensch, nur mehr das klapprige Campingmobil erinnerte an sein früheres Vagabundendasein. Für Vorbereitungswettfahrten und Surftraining schickte ich ihm Trainer plus Ergometer mit. Das bedeutete für Christoph eine weitere Umstellung: Während seine Konkurrenten den Abend am Strand ausklingen ließen, legte sich unser Mann im Schatten in die Riemen. Mit nachweisbarem Erfolg: Gegenüber den zu Beginn unserer Zusammenarbeit erruderten 12 Watt hatte er seine aerobe Schwelle bei der letzten Leistungsdiagnostik vor den Spielen in Sydney auf unglaubliche 194 Watt gesteigert. Das entsprach einem Leistungszuwachs von 1617 Prozent!

Während der Sydney-Spiele im September 2000 wurde ich endgültig zum Surf-Fan. Aufgrund der Zeitverschiebung stand ich extra früh auf und verfolgte die olympischen Wettfahrten vor dem Fernseher. Christoph startete fulminant mit den Plätzen 1, 2 und 1. Der crashbedingte 24. Platz auf der vierten Wettfahrt wurde eines von zwei Streichresultaten. Jeden Tag meldete sich Christoph bei seinem Trainer am Olympiastützpunkt, dabei wurden Labor- und Laktatwerte besprochen. Als es am Sonntag, dem 24. September im Medal Race um Gold ging, fieberte gefühlt ganz Österreich mit. Mit einer Minute Vorsprung auf seinen schärfsten Rivalen kam Christoph ins Ziel. Er breitete die Hände zum Jubel aus und ließ sich ins Wasser fallen. Auf dem Surfbrett sitzend wurde er durchs Revier getragen. Mir kamen die Tränen. Was für ein Meilenstein für den Olympiastützpunkt!

5. Juli 2003. Hermann darf die 90. Tour de France eröffnen und ich (l.) bin live dabei.

© GEPA pictures

KAPITEL 9

DJ ÖTZI, DIE WÜSTENBLUME UND EIN HERZALARM

Paris, 5. Juli 2003. Ich stehe auf der riesigen Rampe, auf der in wenigen Augenlicken die 90. Tour de France gestartet wird. Vor mir Hermann Maier in einem hautengen lila Zeitfahr-Einteiler, im Hintergrund sehe ich den Eiffelturm. Aus dem Lautsprecher tönt: „Bienvenue au champion olympique Hermann Maier!" Das Hirngespinst, mit dem Hermann vor etwas mehr als einem Jahr während seinen unzähligen Ergometerstunden kam, ist tatsächlich Realität geworden. Hermann darf sich mit den besten Radprofis der Welt messen. „Monster Maier fordert Ullrich und Armstrong", titelt die Bild-Zeitung. Wobei sich Hermann angesichts der Kopfsteinpflaster-Passage besorgt beim Kärntner Gerolsteiner-Profi Peter Wrolich erkundigt: „Meinst hält der Carbonrahmen das aus?" „Bei deinem Gewicht wär ich mir nicht so sicher", kommt es wenig beruhigend zurück. Dann zählt der Starter schon runter: „Five, four, three, two, one – Go!" Und Hermann rollt von der Rampe.

Der Herminator ist auf der 6,5 Kilometer langen Zeitfahrstrecke entlang der Seine letztlich 1:05 Minuten langsamer als der spätere Sieger Lance Armstrong, aber das ist halb so schlimm. Mir tat nur für Hermann leid, dass er angesichts des dichten PR-Programms in den Wochen davor viel zu wenig Zeit zur Vorbereitung gehabt hatte. Und dass er mit einem von Schröcksnadel organisierten und völlig veralteten Rad an den Start gehen musste. Die Radprofis machten darüber Witze. Vor Hermanns Leistung zogen sie jedoch den Hut. Armstrong sprang aus dem US-Postal-Truck, bestaunte Hermanns Riesen-Wulst an der Wade und meinte: „Wahnsinn, dass du damit Skirennen gewinnen kannst!"

Tatsächlich befand sich Hermann, was seine Fitnesswerte betraf, in der Form seines Lebens. Das jahrelange konsequente Ergometer-Training hat sich bezahlt gemacht. Mit seinem Comeback, das letztlich im vierten Gesamtweltcup-Sieg 2003/04 gipfelte, löste der Herminator einen regelrechten Boom aus: Getränke-Gigant Coca-Cola, inzwischen Olympiastützpunkt-Partner, brachte eine Sonder-Edition heraus, veranstaltete Mitarbeiter-Incentives und Talente-Aktionen in Obertauern. Verstärkt wurde alles durch meinen Bestseller *Das Hermann Maier Trainingsprogramm*, von dem gut 40 000 Exemplare über die Ladentische gingen.

MEIN HERZ-WECKRUF – ICH WERDE MEIN EIGENER TRAINER

Das Paradoxe: Während ich mit meiner Methode Top-Athleten und mittlerweile auch unzähligen Gesundheitssportlern zur Bestform verhalf, blieb meine eigene Fitness auf der Strecke. Arbeit, Arbeit, Arbeit – für mich selbst blieb einfach keine Zeit. Ich war seit Jahren nicht mehr auf Urlaub. Zwar hatte ich mir immer wieder vorgenommen, auch selbst wieder mit dem Training zu beginnen, diesen Vorsatz schob ich aber regelmäßig hinaus. Als mein Puls im Sommer 2003 bei einer Wanderung in Obertauern kaum mehr unter 160 sank, tat ich das noch als Überarbeitung ab. Erst ein Weihnachtsspaziergang mit meinem Hund Diego ließ die Alarmglocken schrillen. Ich fühlte mich merkwürdig und dachte: „Irgendwas stimmt mit mir nicht!" Also wagte ich mich nach Monaten wieder auf die Waage – und war fassungslos: 115,3 Kilo! Mein Lebensstil hatte mich in ein Michelin-Männchen verwandelt. Ich unterhielt mich mit Olympiastützpunkt-Arzt Harald Aufmesser, der schickte mich umgehend zur Herzultraschall-Untersuchung ins Krankenhaus Schladming. Dabei wurde nichts gefunden, doch um auf Nummer sicher zu gehen, schickte man mich ins Rehazentrum nach Großgmain. Dort zog es mir den Boden unter den Füßen weg. Bei einer Herzkatheteruntersuchung erfuhr ich, dass es fünf vor zwölf war. „Sie hätten jederzeit umfallen können", sagte Kardiologe Kurt Wallner mit besorgter Stimme. Ich hatte eine 98-prozentige Herzkranzgefäß-Verengung und war offenbar haarscharf an einem Herzinfarkt vorbeigeschrammt.

Dass mir deswegen ein Stent eingesetzt werden musste, war Weckruf genug. Nach einem kurzen Reha-Aufenthalt in Großgmain war mir klar: Der Stress bringt mich um! Ich schaltete einen Gang zurück, begann mich ausgewogen zu ernähren und schwang mich jeden Abend auf das Radergometer. Jeder gelaufene Schritt, jedes getretene Watt, jedes verlorene Kilo – alles dokumentierte ich bis ins kleinste Detail, so wie ich es auch bei jedem meiner Athleten tat. Und tatsächlich: Die Bergmüller-Trainingsphilosophie funktionierte auch bei Heini Bergmüller. Binnen 100 Tagen war ich 18 Kilo leichter und pumperlgesund.

DJ ÖTZI UND DIE FREIEN RADIKALE

In dieser Zeit schneiten auch immer mehr VIPs mehr oder weniger zufällig bei uns herein. Gerry Friedle alias DJ Ötzi, beschloss sein Leben zu ändern. Zumindest versuchte er es. „Ich lasse mich auch vom Heini fit machen," hatte Gerry nach einem Interview-Termin mit Hermann erklärt. Tatsächlich tauchte er einige Zeit später in Obertauern auf und quartierte sich mit seiner Sonja im Seekarhaus ein. Bereitwillig ließ er die obligaten Tests über sich ergehen. Das Rauchen, stellte er sofort klar, wolle er maximal einschränken. Die gesteuerten moderaten Ergometer-Einheiten wurden ihm am Tag drei schon langweilig. Am liebsten ließ er seine freien Radikale messen. Dafür musste er sich nur ein paar Tropfen Blut abzapfen lassen. Jedenfalls erzielte er dabei die höchsten Werte, die unser Messgerät je registriert hat. So ließ ich Gerry beim Radeln zusätzlichen Sauerstoff atmen. Und siehe da: Seine Werte verbesserten sich. Außerdem nahm sein blasses Gesicht Farbe an.

Leider sollte ich Gerry erst Jahre später wiedersehen – am 7. Dezember 2009, bei Hermanns Abschiedsfest in Flachau. Als ein sogenannter „Wegbegleiter" nach dem anderen auf die Bühne gebeten wurde, hatte man auf mich „vergessen". Ich war so enttäuscht, dass ich mich auf der Stelle umdrehte und davonging. Gerry, der die Szene beobachtet hatte, lief mir nach, um mich aufzuhalten: „Jetzt bleib doch da, Heini! Wir wollten doch danach mit dem Hermann was trinken." Auch wenn er es mit der Fitness nicht so genau nahm: Das Herz trägt Gerry am rechten Fleck!

© GEPA pictures

Ich zapfe DJ Ötzi Blut ab – zu diesem Zeitpunkt fand Gerry das noch lustig.

FÜR DIE „WÜSTENBLUME" WERDE ICH MIT 52
ZUM HALBMARATHON-LÄUFER

Mehr Ehrgeiz als DJ Ötzi legte eine meiner berühmtesten Kundinnen an den Tag. Waris Dirie, Bestseller-Autorin („Die Wüstenblume"), Supermodel, UNICEF-Botschafterin und bekannteste Kämpferin gegen weibliche Genitalverstümmelung, klopfte 2004 an einem sonnigen Apriltag an meiner Olympiastützpunkt-Tür. Ihr Manager Walter Lutschinger hatte uns bei der Vermarktung des Trainingsprogramm-Buches geholfen und war derart von meiner Arbeit überzeugt, dass er mir Waris anvertraute. Gleich nach ihrer Ankunft ging sie mit einem meiner Mitarbeiter 30 Minuten zum Joggen entlang eines Wildbaches. Am nächsten Tag absolvierte sie einen Laktatstufentest auf dem Laufband – anhand der Werte verordnete ich ihr fünfeinhalb Lauf-Stunden in der Woche. Damit machte sie wenige Wochen später beim Österreichischen Frauenlauf im Wiener Prater eine gute Figur. Mit mehr Training verbesserte Waris ihr Niveau deutlich. Nebenbei fanden wir ein Rückenproblem, um das sich ein Energetiker kümmerte. Dabei meinte Waris: „Jetzt erinnere ich mich: Als Kind bin ich einmal vom Kamel gefallen…"

Im September ließ ich Waris eine Woche bei meiner Familie in Werfen wohnen. Mit Schmunzeln erinnere ich mich an eine Wanderung im Blühnbachtal: Wir beobachteten einen Jäger, der – was zu dieser Jahreszeit nicht erlaubt war – das Wild fütterte. Als uns der Mann entdeckte, rief er: „Verschwindet!" Waris legte sich mit dem Jäger an, es kam zu einem Streit, und wir flüchteten über ein Privatgrundstück. Als wir in Sicherheit waren, bog sich Waris vor Lachen. Am Abend hatte sie Blutblasen an den Zehen, die ich aufstach und desinfizierte.

Mit der Zeit begann sie, mit mir Pläne zu schmieden. „Papa", so nannte sie mich, „du musst mit mir nach Afrika zu den Somali kommen."

Sie wollte mir ihren Stamm und ihre Kultur zeigen. Sogar ein Buch wollte sie mit mir schreiben.

Im Oktober fingen wir wieder mit dem Laufen an. Mit einem gemeinsamen Ziel: Wir wollten den Halbmarathon im Rahmen des Vienna City Marathon im Mai 2005 finishen.

Mit unseren VIP-Startnummern durften wir gleich hinter den Profis weglaufen. Waris rannte wie eine Irre los, jammerte aber schon nach ein paar Metern: „Papa, mein Magen, mein Magen!" Dabei hatte ich viel größere Probleme – mir war das Tempo viel zu hoch. „Lauf allein weiter!", schrie ich Waris nach. Während sie die angepeilte Endzeit unter zwei Stunden locker geschafft hatte, kam ich um einiges später am Heldenplatz an. Ich war überglücklich, als ich Waris in den Läufermassen ausmachte.

In der Zeit danach hielten wir lose Kontakt, meine Tür war immer offen für Waris.

**Vienna City Marathon 2005:
Ich lief mit Waris Dirie.**

DER OLYMPIASTÜTZPUNKT GEHT DEN BACH RUNTER

In der Vorbereitung für die Weltcup-Saison 2005/06 lief Hermann Maier noch einmal zur Höchstform auf. Nach der überraschenden WM-Goldmedaille 2005 im Riesentorlauf wollte er es bei Olympia 2006 in Turin noch einmal wissen. Leider kränkelte er ausgerechnet beim Saisonhöhepunkt. Nach Platz 6 in der Abfahrt versuchte er in Obertauern fit zu werden. Zurück in Sestriere, fügte er noch Super-G-Silber und Riesentorlauf-Bronze zu seiner Medaillen-Sammlung hinzu. Mit Saisonende brach er seine Trainingszelte in Obertauern ab. Er zog an den Attersee, ließ sich aber weiter von mir betreuen. Vielleicht war das auch für mich ein Fingerzeig, mich geografisch anderwärtig zu orientieren.

So verliebt ich aufgrund der Höhenlage in den Standort Obertauern war: Ich hatte von Beginn an das Gefühl, dass diese Liebe nicht erwidert wurde. Von Seiten der lokalen Bevölkerung hatte ich immer ein Misstrauen verspürt. Das Sportzentrum, das aus ihrer Sicht ja für sie und ihre Hotelgäste gebaut worden war, wurde seit dem Olympiastützpunkt-Einzug immer kritisch beäugt. Der mit bis zu einer Million Nächtigungen im Winter verwöhnte Skiort war wohl nie ernsthaft daran interessiert gewesen, den Sommertourismus hochleben zu lassen. Weil nach der Skisaison fast alle Hotels geschlossen waren, hatten wir oft große Probleme, unsere Sportler unterzubringen. Dabei hatte Obertauern durch Hermann Maier und auch durch meine Tätigkeit für den japanischen Skiverband weltweite Medien-Aufmerksamkeit bekommen.

Dazu muss ich noch einmal ausholen: Letztlich sollten uns die horrenden Pacht-, Betriebs- und Instandhaltungskosten auffressen.

Obwohl ich selbst erst 1999, also nach fünf Jahren Aufbauarbeit, zum ersten Mal auf der Gehaltsliste stand, fraßen uns die Personalkosten auf. Nach großen Versprechungen von ÖSV-Seite beschränkte sich dessen Einstieg auf eine Kapitalaufstockung um 1,1 Millionen Schilling (80 000 Euro). Letztlich ging es Schröcksnadel offenbar nur darum, die Kontrolle zu behalten. Inzwischen hatten wir den gesamten Sportzentrum-Gebäudekomplex übernommen, wobei uns Coca-Cola als Partner unter die Arme griff. Schröcksnadel wiederum fühlte sich von diesem Sponsor-Engagement, das uns in der letzten großen Krise noch einige Zeit über Wasser halten sollte, überrumpelt. Das ließ er mich bei jeder Gelegenheit spüren. Auf der Suche nach weiteren Sponsoren und Förderungen bekam ich null Unterstützung.

FLACHAU-FILIALE BRACH UNS DAS GENICK

Das Genick gebrochen hat uns die Olympiastützpunkt-Filiale in der 34 Kilometer entfernten Herminator-Gemeinde Flachau. Eine tolle Idee, die an halbherzigen Zusagen scheiterte. Bei der Präsentation am 14. Oktober 2002 in Flachau hatten wir noch ordentlich auf den Putz gehaut: Hermann Maier als Hausherr war ebenso anwesend wie ÖSV-Boss Peter Schröcksnadel, der bei der Generalversammlung am selben Tag gemeint hatte, die Finanzierung der hochwertigen Geräte wäre geklärt, die würden die Bergbahnen Flachau übernehmen. Da die Zeit drängte, bestellten wir daraufhin Diagnostik-Laufband, Ergometer & Co.

Bei der Eröffnung Anfang Dezember war alles pipifein: Auf dem frisch polierten Parkettboden des 700-Quadratmeter-Areals wartete modernste Gerätschaft darauf, in Betrieb genommen zu werden. Ein „Herminator-Check" sollte zusätzliche Kunden anlocken. Ein Boom, wie wir ihn nach dem Erfolg von *Das Hermann Maier Trainingsprogramm* hatten, blieb in Flachau aus. Die roten Zahlen rissen auch Obertauern mit. Der Olympiastützpunkt krachte an allen Ecken und Enden. Und schließlich war er nicht mehr zu retten.

Inzwischen machte die Bank Druck, und ich wurde für einen 130 000-Euro-Kredit (um den sich laut Schröcksnadel eigentlich die Bergbahnen kümmern wollten) haftbar gemacht. Damit ich aus der Haftung kam, musste ich einen „Knebelvertrag" unterschreiben, der mich für sechs Jahre exklusiv an die Olympiastützpunkt-GmbH binden sollte. Ich unterschrieb, hielt aber in einem Schreiben an die ÖSV-Spitze fest, dass ich mich angesichts meiner persönlichen finanziellen Situation gezwungen sah, zu unterschreiben.

Im November 2003 wurden Barbara Zechner und ich als Geschäftsführer abberufen, was zum ÖSV-Sanierungskonzept gehörte. Die bösartigen Worte von Peter Schröcksnadel klingen mir heute noch im Ohr: Nach all den Erfolgen, die ich mit Hermann hatte, vergönne er es mir, dass ich finanziell einen Bauchfleck gelandet hätte.

In Wahrheit fühlte ich eine Erleichterung. Endlich konnte ich mich auf das konzentrieren, wofür ich den Olympiastützpunkt eigentlich ins Leben gerufen hatte: auf die optimale Rundumbetreuung meiner Athleten. Auf dem Papier war ich nur mehr Sportdirektor, aber in Wahrheit liefen alle Fäden nach wie vor bei mir zusammen. Ein Geschäftsführer nach dem anderen scheiterte beim halbherzigen Versuch, den Olympiastützpunkt aufzupäppeln.

„Julia kommt nie wieder"

Bei all diesen Querelen legte ich mich weiter unermüdlich für meine Sportler ins Zeug. Sie sollten von den Turbulenzen nichts mitbekommen. Zu meinen Lieblingssportlern gehörte Rallye-Pilot Franz Wittmann, zu dem sich im Laufe der Jahre ein freundschaftliches Verhältnis entwickelt hatte. Franz nahm im Alter von 50 Jahren einen letzten Anlauf und wurde mit 51 tatsächlich noch einmal Staatsmeister. Gegen Ende seiner Motorsport-Karriere brachte er seine Tochter mit. Julia wollte Skirennläuferin werden. Weil sie während ihrer Zeit in der Skihandelsschule Waidhofen sportlich zu wenig weiterbrachte, begann sie in Obertauern mit intensivem Training, das von einem komplizierten Unterschenkelbruch abrupt gestoppt wurde. Also kam sie für die Reha zu mir zurück und sehr

schnell wieder auf die Beine. Für Mai 2006 hatte ich ihr das Trainingsprogramm für daheim mitgegeben. Umso überraschter war ich über eine Ansichtskarte aus dem Familienurlaub auf Mauritius.

Ein paar Tage später meldete sich ihr Vater mit gebrochener Stimme am Telefon: „Julia wird nie wieder kommen." Ich war völlig perplex. Was heißt nie wieder? In unzusammenhängenden Sätzen erklärte mir Franz, was passiert war. Julia war in Radstadt mit dem Auto auf dem Weg nach Obertauern frontal in einen LKW gekracht und auf der Stelle tot. In der Leichenhalle Radstadt nahm ich Abschied.

EIN HORRORSTURZ – RUSSEN FLIEGEN EIN

Rückblende: 14. Februar 1996. Bei der Ski-WM in der Sierra Nevada läuft das Training für die Damen-Abfahrt. Mein Handy läutet: „Schnell, dreh auf Eurosport!" Fassungslos verfolge ich die Zeitlupen-Bilder, die in der Wiederholungsschleife liefen. Eine russische Rennläuferin – Tatjana Lebedewa – schießt über eine Kuppe, vor ihr rutscht ein Mann seelenruhig über die Piste. Es kommt zum Zusammenprall, beide werden durch die Luft gewirbelt. Die Rennläuferin bleibt liegen. Sie brüllt vor Schmerzen und hält sich den rechten Unterschenkel. Lebedewa? Jetzt klingelt's bei mir: Mike Tritscher, einer meiner Athleten, hatte ein Auge auf die Dame geworfen. Um sie zu beeindrucken, war er vor Jahren mit Thomas Sykora extra nach St. Anton gefahren, wo sich beide beim Damenslalom als Vorläufer meldeten. Dabei verletzte sich Mike an der Patellasehne und kam als Reha-Patient zurück. Jetzt legte er Tatjana ans Herz, sich am Olympiastützpunkt wiederherstellen zu lassen. Sie hatte einen komplizierten Unterschenkelbruch erlitten und blieb über ein Jahr lang zur Reha in Obertauern. Ihr späterer Ehemann, der Slalomläufer Alexei Sugrobov setzte seine

Skikarriere fort. So machte ich mir in russischen Insiderkreisen einen Namen.

Plötzlich war die Bergmüller-Methode auch bei Oligarchen in. Ein hohes Tier der russischen E-Wirtschaft flog mit dem Helikopter ein, während sein Privatjet auf dem Salzburg Airport parkte. Er ließ sich durchchecken, zog einen Stapel 100-Dollar-Scheine aus der Tasche und beglich die Rechnung in bar. Um auch daheim in Russland perfekt nach meiner Methode trainieren zu können, ließ er sich Ergometer, Laktatmess- und Labor-Geräte besorgen. Zudem schickte er seine Assistentin für ein zweiwöchiges Praktikum nach Obertauern. „So kann man arbeiten", dachte ich.

Im Frühjahr 2005 hatte es *Fit in 100 Tagen* sogar in die Top 10 der Amazon-Bestsellerliste geschafft. Neben unzähligen Gesundheitsbewussten und Hobbysportlern hatte ich auch Manager und Politiker motiviert. Und einen russischen Kosmonauten. Alexander Igolnikov, der auch Skilehrer war, selbst Rennen fuhr und regelmäßig nach Österreich kam, hatte bei einem Skiunfall eine schwere Kopfverletzung erlitten. Als Hermann-Maier-Fan fiel ihm mein Buch in die Hände und er begann nach meinen Prinzipien zu trainieren. Schließlich kam er zur Diagnostik und bot an zu helfen, *Fit in 100 Tagen* zu übersetzen. Seither gibt's das Buch auch in Russland.

PIANISTEN STEIGERTEN SICH UM 93 PROZENT

DJ Ötzi war nicht der einzige Musiker, mit dem ich in Obertauern zu tun hatte. So ließen sich auch einige Mitglieder der Wiener Philharmoniker durchchecken und von mir betreuen. Was oft unterschätzt wird: Eine gute Grundlagenausdauer hilft auch bei der musikalischen Leistung. Wie sehr, wurde mir selbst erst im Rahmen einer gemeinsamen Studie mit der Musikuni Wien bewusst. Dafür kamen sechs Pianistinnen und Pianisten zwischen 13 und 17 Jahren zur zweitägigen Diagnostik nach Obertauern. Neben den Ausdauerwerten untersuchten wir Motorik, Koordination und nervale Fähigkeiten. Auf Basis ihrer Werte bekamen die Jugendlichen maßgeschneiderte Ergometer-Trainingsprogramme und Kräftigungsübungen verordnet. Alle zwei Monate stellten wir bei Kontrollchecks den Trainingsfortschritt fest.

Bei der Auswertung der Ergebnisse nach acht Monaten staunte ich nicht schlecht: Die Probanden hatten sich, was Ausdauer, Regenerations- und Konzentrationsfähigkeit betraf, massiv verbessert. Exakt gemessen wurde die Zeit, die benötigt wurde, um Stücke konzertreif einzustudieren. Und da verbesserte sich die Ergometergruppe in der Trainingszeit um unglaubliche 93 Prozent. Die Kontrollgruppe, die wie zuvor weitergemacht hatte (ohne Radeln usw.), steigerte sich lediglich um 18 Prozent. Bahnbrechende Zahlen! Eigentlich wäre die Studie Grund genug, alle Musikstudenten aufs Rad zu setzen. Wie so oft scheiterte mein Versuch, ein fixes Projekt anzuleiern, an der Geldfrage.

SCHÜLER LERNEN AM ERGOMETER – MEINE IDEE WIRD GEKLAUT

Motiviert von den Erfolgen der Musiker wollte ich 2005 auch Schüler während des Unterrichts radeln lassen. Wir wollten unser Ergometer-Konzept für Schulen ausbauen, was ich als Gast beim Ö3 „Frühstück bei mir" bei Claudia Stöckl laut aussprach. In den nächsten Tagen meldeten sich sechs Direktoren im Raum Wien, die meine Idee umsetzen wollten. Ich sah mir die Örtlichkeiten an und verfasste Konzepte, scheiterte aber am Bürokratismus und an der Finanzierung. Vielleicht auch, weil ich nicht hartnäckig genug an der Sache dranblieb. Schließlich war ich mit meinen Sportlern ausgelastet. Die wahre Niederlage kam Jahre später: Ein Sportwissenschaftler reichte unsere Idee ein und wurde dafür mit dem Gesundheitspreis der Stadt Wien „belohnt".

Trainingsprogramm		Saison 2005			Olympiastützpunkt Obertauern	
					Heini Bergmüller	
Mesozyklus III	1. Wo./Datum: 10.01. – 16.01.2005			Name: Raphael		
Montag	Dienstag	Mittwoch	Donnerstag	Freitag	Samstag	Sonntag
Vormittag GESAMTUMFANG 180 min. (3,0 Std.) KB 180 min. SB 000 min. SB/E 00' SB/L 00' KB: 100 % SB: 00 %				Turnen 100 min.		
Nachmittag Pause	ERGOMETER 15 min. Hf 110 Watt 15 min. Hf 115 Watt 15 min. Hf 120 Watt Pause je 5 min. AKA RUMPF 4 Ü. je 2 Serien Dehnen 20 min.	ERGOMETER 15 min. Hf 110 Watt 15 min. Hf 115 Watt 15 min. Hf 120 Watt Pause je 5 min. AKA RUMPF 4 Ü. je 2 Serien Dehnen 20 min.	Pause	ERGOMETER 15 min. Hf 100 Watt 15 min. Hf 105 Watt Pause 5 min. Dehnen 20 min.	ERGOMETER 20 min. Hf 110 Watt 20 min. Hf 115 Watt 20 min. Hf 120 Watt Pause je 5 min. AKA RUMPF 4 Ü. je 2 Serien Dehnen 20 min.	Pause

Das Wochenprogramm von Pianist Rafael: Zu 4 Ergometer-Einheiten im KB-Bereich (entspricht moderatem Training) wurde an drei Tagen Kraft trainiert, dazu kam der wöchentliche Turnunterricht.

KAPITEL 10

ABSCHIED AUS OBERTAUERN – MEIN NEUES LEBEN

19. Juli 2006, Airport Salzburg. Die Stimmung im Konferenzzimmer ist angespannt. Bei der Olympiastützpunkt-Gesellschafterversammlung geht es um meine Zukunft. Mein Anwalt-Freund Clemens Kralik muss den Raum verlassen, mein offizieller Rechtsvertreter darf bleiben. Schröcksnadel und sein ÖSV-General Leistner, inzwischen Olympiastützpunkt-Geschäftsführer, haben sich auf mich eingeschossen.

Aber das bin eh schon gewohnt. In den Monaten davor war ich nur schikaniert worden. Meine E-Mails wurden abgefangen, meine an den Olympiastützpunkt gerichtete Post geöffnet, meine Ideen abgeblockt. Ein geplantes Projekt mit der ORF-Vorabendsendung *Willkommen Österreich*[18], bei dem ich ein Pärchen in mehreren Folgen auf die Skisaison vorbereiten sollte, würgte Leistner („prinzipiell eine gute Geschichte") unter dem Vorwand „schlechter Zeitpunkt" ab. Meine Homepage bergmueller.at musste ich vom Netz nehmen beziehungsweise umleiten. Die Idee dahinter: Nur der Olympiastützpunkt sollte von meinem Knowhow profitieren dürfen.

Irgendwann wird es mir zu viel. Die Feindseligkeit, die Clemens und mir entgegenschlägt, hat das Fass zum Überlaufen gebracht: „Mir reicht's, ich bin draußen!" Schröcksnadel und Leistner schauen mich entgeistert an. Ich will nur noch weg. Weg von hier, weg aus Obertauern. Bei der einstündigen Fahrt auf den Tauernpass gehe ich im Kopf durch, was ich alles mitnehmen würde.

„R2-D2" WIRD ENTFÜHRT

Am Olympiastützpunkt empfängt mich Willi, der – offenbar telefonisch instruierte – Hausmeister und will mich hindern, mein Büro zu betreten. Weil ich mich nicht abhalten lasse, kommt ihm der neue Bürgermeister Hans Habersatter zu Hilfe. Jetzt reicht es mir endgültig und ich rufe die Polizei. Unter Blaulicht-Schutz darf ich meine Sachen aus dem Büro holen. Dabei kommt es zu einer skurrilen Aktion: Das wertvolle PAP-IMI-Gerät – Sie erinnern sich, die optisch an R2-D2 erinnernde Wundermaschine, die Hermann bei der Heilung seines operierten Beines so geholfen hat – soll ich nicht einladen dürfen.

---

18 Das 2007 eingestellte Vorabendmagazin lief täglich von Montag bis Freitag im ORF und behandelte vorwiegend Lifestyle-Themen.

Dabei hatte es mir Professor Pappas persönlich zur Verfügung gestellt. Mitten in der Streiterei taucht ein PAP-IMI-Wartungstechniker auf und reißt sich das 50 000 Euro teure Ding kurzerhand unter den Nagel. Monate später sollte sich das Gericht mit diesem Fall befassen. Ich stopfte meinen Dienst-Citroën mit meinen persönlichen Gegenständen wie Trophäen, Trikots von Sportlern und meinen rund 200 Ordnern mit abgehefteten Athleten-Datenbanken voll und brauste davon. Bevor das Olympiastützpunkt-Gebäude im Rückspiegel verschwand, blieb ich noch einmal stehen und blickte zurück. Zwölf Jahre Herzblut. Mein Lebenswerk. Adieu! Innerlich war ich längst bereit, ein neues Kapitel aufzuschlagen.

Dass sich Hermann inzwischen am Attersee ein neues Zuhause inklusive Hochleistungs-Ergometer, Laktatmessgerät und den wichtigsten Geräten zum Krafttraining eingerichtet hatte, half mir bei meiner Entscheidung. Ab sofort war ich dort regelmäßig auf Besuch. Nebenbei nahm ich mein nächstes Projekt in Angriff.

Als sich mein Abschied herumgesprochen hatte, trudelten binnen kurzer Zeit vielversprechende Angebote von Thermen und Kurzentren im ganzen Land ein. Ein Projekt klang besonders reizvoll: In Wien sollte ein Gesundheitszentrum entstehen, mit direktem Zugang zum Schlosspark Schönbrunn, ideal fürs Lauftraining. Doch auch hier kam wie bei den Verhandlungen mit Bad Mitterndorf, Ottenschlag oder Bad Zell schnell die Ernüchterung: Alle hatten große Pläne, ordentlich investieren wollte keiner. Stattdessen sollte ich nicht nur mein Knowhow einbringen, sondern auch noch selbst ordentlich Geld reinbuttern. Nach den finanziellen Querelen rund um den Olympiastützpunkt klang das wenig verlockend – ich wollte mich voll und ganz aufs Sportliche und den Fitnessbereich konzentrieren.

ICH MACHE DAS BURGENLAND FIT

Dann tat sich doch eine vielversprechende Chance auf: Nach mehr als einem Jahrzehnt in Österreichs schneereichstem Wintersportort verschlug es mich schließlich ganz woanders hin: ins Burgenland. Im Golf & Thermenresort Stegersbach sollte ich neben der Betreuung von Top-Athleten Freizeitsportler und Thermengäste fit machen. Als Basis diente mein *Fit in 100 Tagen*-Programm, das ich beim Verfassen meines gleichnamigen Bestsellers entwickelt hatte.

Am 2. Jänner 2007 öffnete das *Bergmüller Kompetenz Zentrum für Fitness und Gesundheit*[19] in Stegersbach mit Coca-Cola-Unterstützung seine Pforten. Im März folgte ein gleichnamiger Ableger im Gesundheitszentrum Bad Sauerbrunn.

Mit einem Schlag war alles anders. Nicht nur, weil beide Einrichtungen dem Land gehörten, womit die Finanzierung auf stabilen Beinen stand. Auch für mich persönlich war die Umstellung groß, Zeit meines Lebens hatte ich stets in den Bergen gelebt und gearbeitet, plötzlich fand ich mich im Flachland wieder. Das war nicht unbedingt schlecht: Neben dem schmerzvollen Ende „meines" Olympiastützpunktes ging meine Ehe endgültig in die Brüche. Auch meinen Rauchfangkehrerbetrieb hatte ich verkauft, wobei ich die Hälfte des Erlöses ans Finanzamt abliefern musste.

Der Ortswechsel brachte mich auf andere Gedanken und ich ging meine neue Aufgabe mit vollem Elan an. Ich verfasste Betreuungskonzepte für das Thermenhotel Stegersbach, das Kurzentrum Bad Sauerbrunn, die Raiffeisen-Landesbank, für die Energieversorger BEWAG und BEGAS und natürlich für das Sportreferat. Meine

---

19 Dazu wurde die Bergmüller Leistungsdiagnostik GmbH gegründet: Die WIBA (Wirtschaftsagentur Burgenland GmbH) hatte 75 % Anteile. Bergmüller hielt die restlichen 25 % und war neben Siegfried Kassl Geschäftsführer.

im Skizirkus geknüpften Kontakte kamen mir auch im Burgenland zugute: Mein Freund Walter Hubmann, inzwischen Trainer von Kroatiens Ski-Herren, holte mich als Kondi-Coach und Berater ins Boot. Der spätere Gesamtweltcup-Sieger Ivica Kostelić und seine Alpinski-Kollegen ließen sich von mir in Stegersbach durchchecken, genauso wie Leichtathleten und Kickbox-Weltmeisterin Nicole Trimmel. Daneben hatte ich TV-Auftritte, hielt Vorträge und organisierte Seminare. Ich wollte an meiner neuen Wirkungsstätte ähnlich viel bewegen wie vorher in Obertauern. Mit zwei Mitarbeitern, die bereits am Olympiastützpunkt angestellt gewesen waren, hatte ich im Burgenland allerdings kein Glück. Durch Zufall kamen wir dahinter, dass mein Stellvertreter in Stegersbach Athleten an mir vorbeigeschleust und hinter meinem Rücken selbst betreut hatte. Noch dreister war unser Lehrling aus Werfen, der sich auf Visitenkarten fälschlicherweise als Doktor ausgab. Beide wurden entlassen. Zudem war mein Neustart von den Olympiastützpunkt-Nachwehen überschattet. Der ÖSV klagte mich vor dem Arbeits- und Sozialgericht mit haltlosen Vorwürfen: Ich hätte bei der Betreuung der Sportler in meine eigene Tasche gearbeitet. Auch Hermanns Rolle war ein ewiges Streitthema. Es stimmte zwar, dass er für seine Betreuung in den letzten Jahren nichts bezahlen musste – im Gegenzug durften wir ihn jedoch als Testimonial einsetzen. Dafür wollte man mir eine 200 000-Euro-Konventionalstrafe aufs Auge drücken. Es kam zu einem Vergleich, bei dem ich aus der Haftung für den Kredit in Flachau entlassen wurde und endlich meine Ruhe hatte. Ansonsten war es in meinem neuen Lebensabschnitt sehr ruhig – fast zu ruhig. Nachdem ich in Obertauern jahrelang rund um die Uhr mit dutzenden Sportlern ausgelastet war, musste ich jetzt laut Vertrag nur je einmal pro Woche in Stegersbach und Bad Sauerbrunn vor Ort sein. Auch Hermanns Betreuung war nicht mehr so zeitaufwändig wie in Olympiastützpunkt-Zeiten: Er bekam zwar weiterhin von mir sein tägliches Trainingsprogramm geschickt. Meine Anwesenheit in seinem neuen „Stützpunkt" am Attersee war nur mehr sporadisch erforderlich. Kurzum: Ich hatte plötzlich viel Freizeit. Das klingt zwar verlockend, in der Realität fühlte ich mich aber öfters recht einsam. Wenn ich das Bedürfnis hatte mich auszuweinen, flüchtete ich ins Hotel meiner Freunde Paula und Hermann Drescher nach Rust. Die meiste Zeit verbrachte ich in Eisenstadt, wo ich mein Büro und eine kleine Wohnung hatte. Als ich dann bei der Burgenländerin Alexandra Baldwin einzog, hatte ich Gesellschaft und eine neue Inspiration. Gemeinsam mit Armin Assinger verfassten wir das Buch „Enorm in Form". Trotzdem wurde mir bald klar: Das Burgenland ist keine Dauerlösung!

„WARUM KOMMST DU NICHT NACH WIEN?"

Dass sich alles sehr schnell von allein erledigt hatte, habe ich der Politik zu verdanken. Im Zuge einer Privatisierungsoffensive hing ich plötzlich in der Luft. Ich konnte es verschmerzen, hatte sich doch längst eine andere Tür geöffnet. Es ging nach Wien.

Bad Sauerbrunn, Sommer 2008. „Warum kommst du nicht nach Wien?", fragt mich Judo-Urgestein Thomas Haasmann und setzt mir damit einen Flo ins Ohr. Der Olympiateilnehmer von 1984 hatte im Jahr 2000 den Olympiastützpunkt entdeckt, seither kam er regelmäßig mit seinen Nachwuchs-Judokas zur Diagnostik. Gleich neben seinem Judo-Klub, den Galaxy Tigers im 23. Wiener Gemeindebezirk, meinte er, sei gerade eine Halle frei geworden: „Die könntest du ausbauen, und wir starten eine Kooperation." Die Berge würde ich auch in Wien vermissen, dennoch reizt mich die Idee. Viele meiner Kunden im Burgenland kamen aus Wien, und ich war dabei.

2009 tauschte ich die burgenländische Idylle gegen die Großstadt-Hektik und richtete mein neues Institut in Liesing, am Stadtrand von Wien ein. Die Lage war alles andere als zentral. Dafür hatte ich die niederösterreichische Weingegend und den Lainzer Tiergarten als Zufluchtsorte vor der Haustür. Gleichzeitig war ich in der Millionenstadt für mehr Athleten und Hobbysportler greifbar. Waren es am Olympiastützpunkt in erster Linie Skifahrer, die zur Betreuung kamen, suchten jetzt vermehrt Fußballer meine Hilfe. Teamstürmer Marc Janko kam zu Reha-Einheiten nach einer Oberschenkelverletzung und trainierte später nach meinen Programmen weiter. Mit Fußball-Weltenbummler Paul Scharner war ich schon am Olympiastützpunkt auf einer Wellenlänge gewesen. Meine Trainingsprogramme zog er auch beim norwegischen Topverein Brann Bergen und bei den Premier-League-Clubs Wigan Athletic und West Bromwich durch. Paul hatte zwar einen Ruf als Enfant terrible, doch die Disziplin war vorbildlich. Er war vielleicht nicht der begnadetste Fußballer, aber er war ein „Marschierer". Sein FA-Cup-Sieg mit Wigan 2013 war der Lohn für seinen Einsatz.

Der Leidensweg von Teamspieler Veli Kavlak tut mir bis heute weh. Mehrmals musste Veli an der Schulter operiert werden. Soweit ich das beurteilen kann, war in der Reha nach der ersten Operation etwas schiefgelaufen. Immer wieder flammten Schmerzen auf, was ihn mit der Zeit auch psychisch fertigmachte. Wir starteten zwischen 2014 und 2018 mehrere Anläufe, Veli wieder fit zu bekommen. Inzwischen hatte ich 20 000 Euro in ein gebrauchtes PAP-IMI-Gerät investiert und versuchte es bei Veli mit der Zell-Therapie. Doch auch die schlug nicht an. Lauter verlorene Jahre. Mit 33 musste Veli Kavlak seine Karriere beenden – ein Drama!

VIOLETTE DIVEN BOYKOTTIEREN MEIN TRAINING

Dass nicht jeder Fußballer die nötige Disziplin an den Tag legt, wurde mir bei der Wiener Austria vor Augen geführt. Die Connection nach Favoriten kam über Tormanntrainer Franz Gruber zustande. Ein Hobby-Triathlet, der privat zu mir zur Diagnostik kam. Die Austria hatte nach dem Meistertitel unter Trainer Peter Stöger 2013 ein enttäuschendes Jahr hinter sich und rief zum Start der Saison 2014/15 das Motto „Neustart" aus. Mit Gerald Baumgartner kam ein Trainer, mit dessen Spielphilosophie ich mich identifizieren konnte: hohes Pressing, bissiger Angriffsfußball. Um das durchziehen zu können, braucht es ein gutes Grundlagen-Ausdauerniveau, mein Spezialgebiet. Wie's gehen kann, hatte Red Bull Salzburg schon damals eindrucksvoll bewiesen, dort hatte Lehrmeister Bernd Pansold als oberster Leistungsdiagnostiker im Performance Center in Thalgau die Fäden gezogen. Umso motivierter war ich, bei der Austria etwas zu bewegen.

Meine Kooperation mit der Austria startete im Sommer 2014. Zu Saisonbeginn musste der gesamte Kader zur Leistungsdiagnostik. Mit erschreckenden Ergebnissen: Viele Spieler hatten nicht einmal das Niveau mäßiger Hobbyläufer! Um die für Pressing und Regeneration so wichtige Grundlagenausdauer hochzufahren, arbeitete ich die Trainingsvorgaben aus. Dafür wurde ein enormer Aufwand betrieben. Neben regelmäßigen Ergometrien steuerte ich zum Beispiel mit dem Trainerteam hochintensive 5-gegen-3-Trainingseinheiten[20] und nahm den Spielern am Feld Blut ab, um die Laktatwerte zu checken. Die Messungen gaben sofort Aufschluss darüber, wer Leistungsträger war und wer

---

20 Trainingsform, bei der in einer Mannschaft fünf und in der anderen drei Spieler um den Ball kämpfen

nicht. Wir ließen Blut- und Stuhlproben analysieren und stellten die Ernährung um. Nahrungsergänzungen wurden individuell zusammengestellt, leistungsmindernde Unverträglichkeiten beseitigt. Und siehe da: Meine bewährte Methode wirkte. Nach einigen Monate zeigten sich die Profis deutlich verbessert, was sich auch im spielerischen Niveau widerspiegelte. Wie gesagt: Mit Trainer Baumgartner war ich, was das Konditraining anging, ganz auf einer Linie.

Anders verhielt es sich bei den Spielern: Markus Suttner zum Beispiel war eine echte Diva. Er jammerte herum, weil ich zwei, drei Mal pro Woche Ergometer-Radeln bei niedrigem Puls verordnet hatte. Kapitän Manuel Ortlechner beschwerte sich bei Vorstand Markus Kraetschmer. Brösel gab's bald auch mit Athletiktrainer Martin Mayer, der sich weigerte, meine vorgegebenen Serienpausen durchzuziehen: „Bei so langen Pausen wird den Spielern langweilig und das Training dauert zu lange." Als wir in einem Meeting die Umsetzung wichtiger Maßnahmen diskutierten, stand er einfach auf und ging. In der Winterpause ging es weiter: Mayer gab den Austrianern über ihre freien Tage ein viel zu intensives 08/15-Programm mit, nur um dann im Trainingslager in der Türkei gleich mit Vollgas-Ausdauereinheiten nachzulegen. Es war völlig kontraproduktiv. Im Jänner war bei einigen Spielern ein deutlicher Leistungsabfall messbar. Fassungslos über das Gegenteil von Professionalismus suchte ich das Gespräch mit den Vereinsverantwortlichen, bekam aber keine Rückendeckung. Im Trainingslager verordnete ich mehrmals vor dem Frühstück moderaten Dauerlauf. Für Kapitän Ortlechner ein Grund, sich darüber zu beklagen, dass der Zeugwart vor Dienstbeginn „Überstunden" machte. Er musste den Herren Profis die Laufschuhe bereitstellen.

Mit Gerald Baumgartner auf der Austria-Trainerbank

© GEPA pictures

Da war mir klar: Das ist zum Scheitern verurteilt. Leidtragender war vor allem Baumgartner, der von den Spielern ebenso boykottiert wurde und schlussendlich den Hut nehmen musste. Auch meine Dienste waren offenbar nicht mehr erwünscht. Auf eine E-Mail bekam ich von Mayer keine Antwort mehr. Von Andi Ogris, dem neuen Kurzzeit-Trainer, wurde ich nie kontaktiert.

DIE ABRECHNUNG MIT SPORTDIREKTOR WOHLFAHRT

Nachdem sich der neue Sportdirektor Franz Wohlfahrt wochenlang nicht gemeldet hatte, entnahm ich den Medien, dass er sich von mir getrennt habe. Abgesehen davon, dass ich ohnehin keine Lust mehr hatte, musste ich doch einiges loswerden.

Also schrieb ich dem ehemaligen Team-Torwart ein E-Mail (siehe nächste Seite):

E-MAIL AN AUSTRIA-SPORTCHEF FRANZ WOHLFAHRT

„Sehr geehrter Herr Wohlfahrt!

Es sind nun schon einige Wochen vergangen, seit Sie mich zu einer Besprechung in Ihr Büro gebeten haben. Ich habe Ihnen damals die Probleme der Wiener Austria betreffend der konditionellen Arbeit, Diagnostikdaten im Längsschnitt, die Umsetzung von individuellen Konzepten, Leistungsdiagnostik, Trainingsdisziplin, praktische Gestaltung und Ausführung von Einheiten und Übungen, Heimprogramme in der Übergangsphase und Dokumentation klar aufgezeigt. Damals habe ich Ihnen auch mitgeteilt, dass ich an einer weiteren Zusammenarbeit nur dann interessiert bin, wenn es im Konditionsbereich grundlegende Änderungen gibt! Sie sagten mir damals, Sie werden sich das anschauen – und sich dann wieder bei mir melden! Nun sind fast drei Monate vergangen – und ich habe von Ihnen nichts mehr gehört, bzw. keine Nachricht erhalten!

(...)

Nun bin ich ein wenig verwundert, da ich aus der Zeitung erfahren musste, dass Sie mich hinausgeworfen hätten, bzw. dass ich auf Ihrer Abschlussliste stünde! Ich las weiters, dass den Spielern das Radeln fad wurde und, dass meine Arbeit nichts gebracht hätte! Nun möchte ich festhalten, dass ich eine Austria mit teils erschreckend schlechtem ‚Ausdauerniveau' übernommen habe! Hobbysportler mit 2- bis 3-maligem Training pro Woche haben oft wesentlich bessere Werte! Nachweislich haben sich die Werte der Spieler deutlich verbessert, was auch an den Laufleistungen ersichtlich war! Dass sich Profisportler aufregen, wenn Sie an die 2 Stunden pro Woche am Ergometer – und das mit geringster Intensität – trainieren müssen, ist mir unverständlich – und grenzt eigentlich an Dummheit! Was Kollegen teils mit wesentlich höherem Marktwert problemlos umsetzen, wurde leider von eini-

gen federführenden Spielern (Unruhestiftern) schlecht geredet und leider Gottes von Martin Mayer nicht richtig unterstützt!
(...)
Auch die Physioabteilung muss übergreifend mit der Konditionsabteilung arbeiten! Es kann nicht sein, dass Spieler nach einer Verletzung, z.B. nach einem Kreuzbandriss, in schlechter körperlicher Verfassung sind! Die Ausrede: ,Der war ja verletzt – deshalb dieses Defizit', kann man nicht gelten lassen!
(...)
In meiner nun 30- jährigen Tätigkeit im Leistungssport habe ich viele Kreuzbandrisse und schwerste Traumata Österreichischer Top Athleten/innen therapiert, durch unsere laufend neuen Erkenntnisse aus der medizinischen Trainingssteuerung was den Muskelstoffwechsel betrifft (...) sind die meisten von ihnen wesentlich stärker zurückgekommen!
(...)
Mittelmaß kann und will ich nicht akzeptieren, weil ich die Freude an meiner Arbeit nicht verlieren, und mein Image nicht schädigen will!
(...)
Bei der Austria herrscht ein eigenartiges Flair. Mittelmäßige Fußballer kommen sich vor wie Primadonnen, Anweisungen der Trainer werden diskutiert und klassifiziert – entschieden, ob umgesetzt wird, was verlangt wird. Ich vermisste von allem Anfang an die Bereitschaft, die Motivation und vor allem aber auch den Teamgeist, um Leistung zu bringen und besser zu werden!
(...)

Mit freundlichen Grüßen

Heinrich Bergmüller"

Von Wohlfahrt kam nichts zurück. Das war's dann für mich und die Austria.

TEAMSPIELER OKOTIE UND DRAGOVIC TRAINIEREN PRIVAT BEI MIR

Einige Top-Spieler setzten privat auf meine Dienste. Rubin Okotie zum Beispiel schaute von 2013 bis 2016 fast täglich bei meinem Institut in Liesing vorbei, um wichtige Blutwerte wie CK und Harnstoff kontrollieren zu lassen. Mit konsequentem Ergometer- und Lauftraining verbesserte er seine Ausdauer enorm. Und, siehe da: Er traf plötzlich auch wieder ins Tor. Als Folge einer früheren Knieverletzung hatte Rubin mit einem Knorpelschaden zu kämpfen. Er war froh, dass ihm Vincent Vermeulen, einer der besten Physios des Landes, helfen konnte: Der frühere Leiter der Physiotherapie am Olympiastützpunkt Obertauern kümmerte sich regelmäßig um meine Sportler in Wien.

Rubin Okotie trainierte privat bei mir in Wien.

Der 100fache ÖFB-Teamspieler Aleksandar Dragović – auch ein ehemaliger Austrianer – ließ sich während seiner Zeit beim FC Basel von mir konditionell auf Vordermann bringen und war derart überzeugt, dass er mein Programm auch nach seinem Wechsel zu Dynamo Kiew durchzog, wo ich ihn zu Beginn seines Engagements auch vor Ort unterstützte.

MANCHESTER-UNITED-STÜRMERSTAR BERBATOV FÄLLT EINFACH UM

Ebenso akribisch an meine Vorgaben hielt sich Dimitar Berbatov. Der bulgarische Topstürmer von Manchester United kam 2011 mit drei Betreuern im Schlepptau und Beschwerden am Knie und der Achillessehne zur Diagnostik. Er war ein Paradebeispiel dafür, dass Profisportler teilweise so „überzüchtet" sind, dass sie aufgrund von Verkürzungen und Dysbalancen einfachste Übungen nicht zusammenbringen. Beim Versuch, aus dem Stand in die Hocke zu gehen, fiel Dimitar einfach um. Um ihn wieder fit und torgefährlich zu machen, fuhr ich mit meinem Team das volle Programm auf. Physiotherapeut Vincent Vermeulen erstellte ein Gutachten und entwickelte spezielle Übungen. Nach Laboruntersuchungen von Blut- und Stuhlproben bekam Dimitar exakte Ernährungsvorgaben mit auf die Insel. Mein ärztlicher Leiter Henning Sartor, einer der führenden Ernährungsspezialisten des Landes, nahm Kontakt zu den Köchen von ManU auf. Sie mussten die Berbatov-Diät auf glutenfrei umstellen. Dazu schickte ich regelmäßig Nahrungsergänzungen mit hochwertigem Erbsenprotein nach England. Auch meine Trainingsvorgaben setzte Berbatov exakt um. Anhand seiner verlässlichen Rückmeldungen konnte ich bei Bedarf nachjustieren. Somit arbeitete Dimitar neben dem Fußballtraining zusätzlich fünf Stunden pro Woche an seiner Grundlagenausdauer. Das Resultat sah man wenige Wochen später auf dem Platz bei einem lupenreinen Hattrick wieder. Nach sechs Monaten war er beschwerdefrei.

PLÖTZLICH BIN ICH WIEDER SCHINDERHEINI

„Ein Fahrrad ist Marias Gold-Geheimnis", titelte die Bild-Zeitung, als deren Ski-Reporter mitbekommen hatte, dass Maria Höfl-Riesch täglich am Ergometer saß, um für die Olympia-Saison 2013/14 in Form zu kommen. Auch für den Münchner Merkur war die Hermann-Maier-Connection DIE Story: „Höfl-Riesch macht es wie der Herminator." Tatsächlich hatte sich die beste deutsche Skirennläuferin vor ihrer letzten Saison mit Hermann getroffen, um sich über seine Trainingsmethoden schlau zu machen: „Der war immer so wahnsinnig gut beieinander und wahnsinnig konstant, obwohl er so viel gefahren ist." Hermann riet Maria, es mit mir zu versuchen. Inzwischen hatte ich auch die Niederösterreicherin Kathrin Zettel aus der Negativspirale von Verletzungen und Rückschlägen geholt und auf die Siegesstraße geführt. Vielleicht hat das Höfl-Riesch, die zu dieser Zeit immer wieder von Zettel besiegt worden war, bei ihren Überlegungen geholfen.

Jedenfalls saßen mir Maria und ihr Mann Marcus Höfl im Frühling 2013 in meinem Wiener Büro gegenüber. Maria machte mir schnell klar, dass sie in ihrer wahrscheinlich letzten Saison bereit war, noch einmal alles zu tun, um für die Spiele in Sotschi bestmöglich in Form zu sein. Sie wollte dort in fünf Bewerben starten, einmal Gold war ihr Minimalziel. Als ich ihr klarmachte, wie viele Minuten in der Woche sie dafür am Ergometer sitzen müssen, meinte sie: „Mach ich!"

Tatsächlich setzte Maria meine Programme ähnlich konsequent um, wie es früher Hermann gemacht hatte. Physio Vincent ließ sich einige wenige Krafteinheiten, zum Beispiel für die untere Bauchmuskulatur, einfallen. Als DSV-Trainer davon Wind bekamen, verdrehten sie die Augen: „Das kann nix werden." Maria zog ihr Programm daheim in Kitzbühel durch, die Krafteinheiten absolvierte sie beim Stanglwirt, und für die Diagnostiken kam sie nach Wien. Immer wieder schaute ich bei ihr in Kitzbühel vorbei und justierte bei speziellen Einheiten nach. Um zum Beispiel Reize für den Slalom zu setzen, baute ich Hürdensprünge und Laufschule-Übungen ein. Maria verbesserte sich kontinuierlich. Und als die Saison startete, war mein ehemaliger Schützling Christian Schwaiger als nunmehriger Technik-Trainer der deutschen Damen ein wichtiger Verbindungsmann. Wenngleich nicht alle im DSV Marias Arbeit mit dem Schinderheini guthießen. Früher war Maria im Winter kaum am Ergometer gesessen. Die Experten der Hochschule Köln, die auch ihren Senf dazugeben mussten, hatten gemeint, das wäre verlorene Zeit. Maria sollte lieber auf einen Kaffee gehen.

Inzwischen hatte die engagierte Skirennläuferin das Radergometer bei jedem Rennen dabei – natürlich auch bei den Olympischen Spielen in Sotschi, zu denen sie als überlegene Gesamtweltcup-Führende reiste. In der Super-Kombi holte sich Maria das „programmierte" Gold ab. Auch im Super-G war sie auf Siegeskurs, als sie eine Einfahrt verhaute und „nur" Silber hinter Anna Fenninger (später Anna Veith) holte. Aus Wut darüber hätte ich fast meinen Laptop, auf dem ich alles verfolgte, auf den Boden geschleudert. Warum hat ihr kein Trainer gefunkt, wie die Einfahrt zu nehmen war? Im Slalom schnappte Kathrin Zettel, meine zweite Top-Athletin, Maria die Bronzemedaille weg. Dennoch hatte Höfl-Riesch mit Gold und Silber ihr Olympia-Ziel erreicht, und sie ließ es ordentlich krachen. Vielleicht feierte sie auch eine Spur zu viel. Im Gesamtweltcup zog sie im Finish gegen Anna Fenninger den Kürzeren.

YEAH, YEAH, YEAH! HEATHER MILLS SCHREIBT SKI-GESCHICHTE

Gold-Ambitionen hatte auch eine andere prominente Kundin von mir: Heather Mills. Die Ex-Frau von Musiklegende Paul McCartney hatte seit sie 1993 von einem Polizeimotorrad angefahren worden war eine Beinprothese. Nach ihrer Scheidung vom Ex-Beatle startete sie als Para-Skirennläuferin durch. Dabei war sie von einem meiner alten Bekannten mehr oder weniger zufällig entdeckt worden. Peter Prodinger, einst ÖSV-Herren-Cheftrainer, und ich hatten gemeinsam beim japanischen Skiverband gearbeitet. Peter wurde auf Heather aufmerksam, als sie am Mölltaler Gletscher eine vereiste schwarze Piste im Schuss hinunterbrettelte. „Ich hab da a wüde Henn", schilderte Peter am Telefon. Ihr Ziel war der Geschwindigkeits-Weltrekord für Beinamputierte. Dazu machte sie Österreich zu ihrem Ski-Headquarter. Und ich sollte sie körperlich auf Vorderfrau bringen. Unsere Zusammenarbeit war so eng, dass mich Heather im November 2014 bei der Sporthilfe-Gala im Vienna International Center als ihren Begleiter einlud.

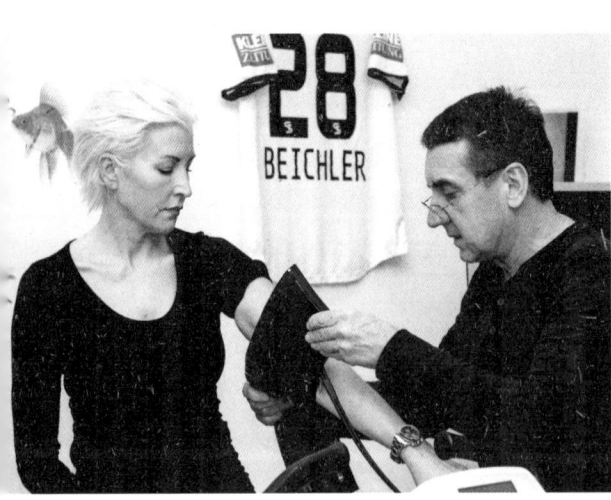

Ihr sportliches Ziel verfolgte Heather ebenso fanatisch wie ihre vegane Ernährung, letztere aber nicht ohne Nachteil. Bei Laboruntersuchungen entdeckten wir eine Unterversorgung,

Heather Mills kam regelmäßig zur Diagnostik nach Wien.

was sich mit Nahrungsergänzungen korrigieren ließ. Tatsächlich trug sich eine topfitte Heather Mills in die Geschichtsbücher ein: 2015 stellte sie mit 166,84 km/h einen Weltrekord im Speedski mit Beinprothese auf.

BÜRGERMEISTER HÄUPL AM ERGOMETER

Wien, März 2015. „Am Telefon ist eine Frau Hörnlein", meinte meine Assistentin, während sie den Anruf durchstellte. Barbara Hörnlein? Die Spitzenärztin und Leiterin des Wilhelminen-Spitals hatte ich während meiner Burgenland-Zeit bei einem Come-Together in Steinbrunn kennengelernt. „Hallo Heini?", meinte sie. „Ich hab gehört, du bist jetzt in Wien." Dann kam sie schnell zur Sache: „Kannst du meinen Mann, den Michi, fit machen? Du weißt ja, den Bürgermeister." Wir vereinbarten einen Termin und verabschiedeten uns. Den Bürgermeister? Ich googelte, wer mich da erwarten würde und tatsächlich: Der „Michi" war

Entspannter Talk mit Bürgermeister Häupl nach dem Training

Wiens Bürgermeister Michael Häupl! Zwei Wochen später saß Häupl auf meinem Diagnostik-Ergometer und ließ Laborwerte etc. untersuchen. Danach machte der Bürgermeister Nägel mit Köpfen. Er ließ drei Indoor-Bikes aufstellen. Eines in der Rathaus-Wohnung und zwei weitere in seinen Wohnsitzen. Dann starteten wir anhand der – nicht berühmten – Ausgangwerte los. Neben drei bis fünf Radeinheiten in der Woche gab ich einfache Übungen vor. Mein Ernährungs-Doc Henning Sartor half beim Speiseplan. Häupl setzte alles penibel um, erste Erfolge stellten sich rasch ein. Als ich in einem Zeitungs-Interview über unsere Zusammenarbeit las: „Aber den Spritzer am Abend lass ich mir nicht verbieten", musste ich schmunzeln und an meine Entdeckung denken. Hinter dem Fernseher, vor dem sich der Bürgermeister in Pausen bei Sportübertragungen entspannte, stand gut versteckt eine Karaffe mit dem beliebten Getränk. Auch während seines letzten Wahlkampfs zog der hemdsärmelige Politiker mein Programm durch. Am Abend des 11. Oktober 2015 sah ich einen erschöpften, aber zufriedenen Bürgermeister im TV. Am nächsten Morgen erreichte mich eine E-Mail von Barbara: „Danke Heini!" Ohne meine Hilfe, meinte sie, hätte ihr Michi diese Wahl nicht mehr durchgestanden.

DIE LIEBE VERSCHLÄGT MICH INS MÜHLVIERTEL

Nach acht Jahren hatte ich die Nase voll von Wien. Die Hektik, der Lärm, der Stress – mittlerweile war die Hauptstadt für mich der reinste Horror. Ich wollte nur noch weg. Aber wohin? Ausgerechnet in dieser Phase begegnete ich einer großartigen Frau: Im Sommer 2016 lernte ich auf der Gloriette meine Partnerin Carmen, eine Linzerin, kennen. Sie teilt meine Liebe zur Natur. Schon nach kurzer Zeit verbrachte ich die Wochenenden mit ihr in Oberösterreich und genoss die Ruhe bei Ausflügen im Mühlviertel. Jahrelang hatte ich mir ausgemalt, mit 60 zu arbeiten aufzuhören, eine Almhütte zu kaufen und in den Bergen meinen Lebensabend zu genießen. Eine Alm wurde es nicht ganz: Bei einem Ausflug im Mühlviertel stach Carmen und mir beim Vorbeifahren zufällig ein leerstehendes Landhaus in toller Lage ins Auge. Ruhig auf dem Hollerberg neben einem Wald gelegen, herrlicher Blick über die Felder ins Tal. Wir waren sofort angetan: „Das wär's!" Es gehörte zum angrenzenden Bauernhof. Damit hielt mich nichts mehr in Wien.

Doch bevor ich meine Zelte in der Bundeshauptstadt endgültig abbrach, musste ich unters Messer. Ich bekam ein künstliches Hüftgelenk. Vermutlich eine späte Folgeerscheinung des schweren Unfalls in meiner Kindheit.

Ab Mitte Oktober 2017 mietete ich mich in unserem neuen Kleinod in Auberg unweit der tschechischen Grenze ein und gab die Schlüssel zu meiner Hietzinger Wohnung zurück. Meine Kunden in Wien betreute ich noch bis Mai 2018. Monatelang übernachtete ich auf Judomatten neben Ergometer und Laufband. Besagtes Laufband sollte beim endgültigen Umzug zur Mammutaufgabe werden – das Trumm wog satte 400 Kilo. Und es musste in Auberg irgendwie in den ersten Stock, wo ich meine neuen Diagnostikräumlichkeiten einrichtete. Aber wer braucht schon einen Kran, wenn man nette Nachbarn hat? Zehn Bauern aus der Umgebung eilten zur Hilfe, um das Laufband mit vereinten Kräften über die Stiege zu hieven.

Seit acht Jahren ist Carmen an meiner Seite.

IN DEN FUSSSTAPFEN MEINER URAHNEN

Ab Juni 2018 legte ich an meiner neuen Wirkungsstätte los. Die frische Luft und die weitläufige Umgebung boten ideale Trainingsbedingungen. Eingespannt war ich aber nicht nur mit der Arbeit mit meinen Athleten und Hobbysportlern – auch unser Welpe Max, ein Australian Shepherd, hielt uns auf Trab. Nebenbei fuhren Carmen und ich in der Landwirtschaft unseres Vermieters, einem Milchbauern, das volle Programm. In aller Herrgottsfrühe aufstehen. Kühe füttern, melken, von der Weide reintreiben, Stall ausmisten. Eine anstrengende, aber ebenso wunderbare Lebenserfahrung und für mich zugleich eine Rückkehr zu meinen Wurzeln. Schon mein Ururgroßvater hatte in Zell am Ziller eine riesige Landwirtschaft gehabt.

Auch körperlich schadete mir die Arbeit am Bauernhof nicht, im Gegenteil. Nach meiner Hüft-OP wurde ich richtig fit und agil und konnte plötzlich wieder über Zäune springen. Leider erhoffte sich unser Vermieter zu große Sprünge von Carmen und mir. Wir sollten Urlaubsvertretung spielen und immer wieder auf Abruf im Stall helfen. Das ging sich bei aller Leidenschaft für die Landwirtschaft nicht aus, ich wollte mich ja immer noch um die Fitness meiner Kunden kümmern.

Die Suche nach passenden Räumlichkeiten ging von vorne los. Fündig wurden wir keine 25 Autominuten von Linz entfernt: ein altehrwürdiges Herrenhaus in Gramastetten, ebenso abgelegen und ruhig und mit netten Nachbarn. Außerdem bot es mehr als genug Raum zum Wohnen und für mein Fitness-Zentrum. Die Corona-Krise ab März 2020 ließ sich von der Natur umgeben gut aushalten. Bei meiner Kundschaft machte sich der Hang zu mehr Bewegung in dieser turbulenten Zeit deutlich bemerkbar: Auch Topmanager kamen zum Fitness-Check und wollten die Lockdowns fürs Training nutzen.

LANGZEITFOLGEN MEINER SPORTLERKARRIERE

Gegen Ende der Corona-Krise machte mir meine eigene Gesundheit wieder zu schaffen. Mein Ruhepuls war über Wochen beängstigend hoch – dunkle Erinnerungen an die Zeit vor meiner Herz-OP wurden wach. Eigentlich hatte ich gedacht, dass durch den eingesetzten Stent und nach meinem „Fit in 100 Tagen"-Entschlackungsprogramm vor rund 20 Jahren eigentlich alles in Ordnung war. Ich hatte Herzrhythmusstörungen. Der jahrelange Raubbau an meinem Körper während meiner Zeit als Leistungssportler hatte tiefe Spuren hinterlassen. Damals hatte ich vor Ehrgeiz gestrotzt und die so wichtige Regeneration vernachlässigt. Nicht selten war es vorgekommen, dass ich trotz einer Erkältung trainierte und an Wettkämpfen teilnahm. Als Konditrainer hätte ich das meinen Athleten niemals erlaubt. Besonders unvernünftig war ich während meiner Bobkarriere gewesen: Nur drei Tage nach einer Nasenscheidewand-OP gab ich schon wieder im Eiskanal Gas. Eine grobe Fahrlässigkeit, die eine Ablation am Herzen[21] nötig machte.

Das Haus in Gramastetten war zwar schön, aber eigentlich zu groß: Obwohl ich nur eine Hälfte angemietet hatte, hatten wir mit 300 Quadratmetern schlicht zu viel Platz. Im Juli 2023 übersiedelte ich in ein neues Objekt in Linz-Urfahr. Martin Cappy ist mir seit meinem Umzug aus Wien als ärztlicher Leiter von meinem Kompetenzzentrum treu geblieben, zudem kann ich auf die Dienste einer Ärztin zurückgreifen. Alles andere mache ich mittlerweile selbst. Jetzt kann ich mir die Arbeit einteilen, wie ich will.

---

21 Behandlung von Herzrhythmusstörungen: Über ins Herz eingeführte Katheter wird Gewebe verödet.

IN DER TOSKANA GENIESSE ICH LA DOLCE VITA

Dass der Abschied aus Gramastetten recht leichtfiel, lag nicht nur an der neuen Chance in Linz. Carmen und ich haben unsere Liebe zu Italien entdeckt. Über die Jahre hatten wir jeden Sommer mehrere Wochen Urlaub in Kalabrien und Sizilien genossen. Da reifte in mir ein neuer Wunschtraum – der von einem eigenen Domizil im Süden, und zwar in der Toskana. Den perfekten Ort fanden wir durch Zufall in der Nähe von Siena: Campagnatico, eine 2300-Einwohner-Gemeinde mit mittelalterlichem Flair, wie aus der Zeit gefallen. Kein Massentourismus, Espresso um 1,50 Euro, in einer halben Autostunde sind wir am Meer. Was will man mehr? Bei einem Häuschen mitten im urigen Ortskern schlugen wir zu und ließen es Stück für Stück renovieren. Die Vorzüge des malerischen Örtchens schätzte übrigens auch der 2016 verstorbene Hollywood-Star Alan Rickman (Professor Snape in den Harry-Potter-Filmen). Seine Witwe wohnt ein paar Häuser weiter.

MEINE VISION

In der Toskana habe ich die nötige Ruhe, an meinen Visionen zu feilen. Seit Jahren tüfteln Experten und Programmierer an einer App, die mein Knowhow (im Laufe der Jahre habe ich über 500 000 Trainingsprogramme geschrieben!) mit der neuesten Errungenschaft im Fitnessbereich verbinden soll: Ein Sensor mit Laktatmessung steht vor der Markteinführung. Damit könnte jeder jederzeit ganz einfach seine Laktatwerte checken. Mit der App sollte meine Methode viral gehen. Zur Zeit der Fertigstellung dieser Biografie sind wir auf der Suche nach finanzkräftigen Partnern, mit denen wir den Launch der App vorantreiben wollen.

EIN VORBILD – AUCH NACH SCHOCKDIAGNOSE

Wenige Tage vor Abgabe dieses Manuskripts kurz vor Weihnachten 2024 wurde ich beim Frühstück von einer Zeitungsschlagzeile überrascht.

Häupl: „Ich habe Parkinson"

Wiens Alt-Bürgermeister Michael Häupl, den ich jahrelang betreut hatte, hatte im ORF-Talk-Format „Bei Budgen" seine Diagnose öffentlich gemacht. Wie es seine Art ist, geht der Ex-Stadtchef seine Erkrankung offensiv an: „Der Parkinson, der bei mir diagnostiziert wurde, ist ein sehr leichter. Ich kann essen, ich kann schreiben." Am Zittern der rechten Hand habe er gemerkt, dass etwas nicht stimmen würde und einen Neurologen aufgesucht. Er wisse zwar, dass das „nicht heilbar ist. Aber ich kann damit umgehen." Vorläufig brauche er nicht einmal Medikamente.

Als er auf die Therapie angesprochen wurde, horchte ich auf. Häupl: „Ich mache Bewegung, Sport. Ich sitze dreimal die Woche eine Stunde am Ergometer – bei mäßigen Wattzahlen." Das ist genau das, was der Altbürgermeister bei mir gelernt hat. Häupl hat exakt verstanden, worauf es ankommt. Denn das gilt für Spitzenathleten, für Normalverbraucher und für alle, die bis in hohe Alter ihre Lebensqualität erhalten möchten, gleichermaßen. Und das hat sich auch über die Jahre nicht geändert: Mit gezieltem Grundlagenausdauer-Training lässt sich ungefähr alles verbessern. Wie meinte doch Hermann Maier zu Beginn des Buches: „Wir haben das Training revolutioniert!"

PHYSIO-GURU VINCENT VERMEULEN:

„Hermann Maier war mein erster Patient"

Mit Vincent Vermeulen leitete einer der weltbesten seines Faches die Physiotherapie im Olympiastützpunkt. Der gebürtige Holländer war einer der maßgeblichen Stützen beim sensationellen Comeback von Hermann Maier nach dessen Motorad-Unfall 2001. Inzwischen führt der ehemalige Skilangläufer in der Ramsau am Fuße des Dachsteins selbst ein Therapie- und Trainingszentrum, das alle Stückln spielt. Die von Vermeulen betreute Julia Mayer lief den Marathon als erste Österreicherin unter 2:30 Stunden, Sohn Mika Vermeulen ist Österreichs bester Skilangläufer.

Wie hat Ihre Zusammenarbeit mit Heini Bergmüller begonnen?

Vincent Vermeulen, Julia Mayer

Vincent Vermeulen: Durch einen Zufall. Ich war 1997 in Radstadt, als mich Doktor Harald Aufmesser gebeten hat, mir einen Skifahrer mit Rückenschmerzen in Obertauern anzuschauen. Also bin ich raufgefahren und hatte Hermann Maier vor mir. Er war mein erster Patient am Olympiastützpunkt. Dort war alles neu und noch ein bissl chaotisch. Aber mit Hermann bin ich sofort gut zurechtgekommen.

Danach hab ich Heini über die möglichen Auswirkungen meiner Behandlung auf das Training beraten. Er hat mich gebeten, in der nächsten Woche wieder zu kommen. Bei meinem nächsten Besuch haben bereits sechs Sportler auf mich gewartet.

War Ihnen damals bewusst, dass da etwas Großes entstehen könnte?

Vermeulen: Absolut. Ich hatte größten Respekt vor Heini und seinen Ideen, und er war überzeugt von mir. Gemeinsam haben wir unsere Vorstellungen umgesetzt. Im Frühjahr 1998 hab ich dann die Leitung der Physiotherapie am Olympiastützpunkt übernommen.

Ihr Credo?

Vermeulen: Zeit und Geld dürfen nie eine Rolle spielen. Es geht immer nur um die eine Frage: Was brauchen wir, damit der Sportler gewinnen kann?

Bei Hermann Maier ging es nach dem Motorrad-Unfall 2001 um Leben und Tod. Trotzdem habt ihr ihn sogar zurück auf die Siegerstraße gebracht ...

Vermeulen: Das war aber kein Märchen, sondern knallharte Arbeit. Es hat fast eineinhalb Jahre gedauert. Hermanns Reha hat so gut funktioniert, weil niemand in Panik geraten ist. Wir haben uns von all dem Druck von außen nicht verrückt machen lassen und in Ruhe weitergearbeitet. Als nicht alle meinen Weg mitgegangen sind, war ich allerdings kurz weg aus Obertauern. Ein paar Wochen später hat mich Heini angerufen und gesagt: „Bitte komm zurück, es wird alles wieder so gemacht, wie ursprünglich ausgemacht."

Was ist Ihnen gegen den Strich gelaufen?

Vermeulen: Es gab zum Beispiel die Idee, Hermann laufen zu lassen. Ich hab gesagt: „Das ist zu früh, das wird nicht funktionieren!" Als sie nicht auf mich gehört haben, war ich weg. Nachdem das Lauf-Experiment tatsächlich nicht funktioniert hat, war für Heini offenbar klar, dass er mich zurück braucht. Mit Heini war ich ja immer einer Meinung. Es klingt unglaublich, aber in all den Jahren hatten wir nicht ein Mal eine Meinungsverschiedenheit

Verstehen Sie, dass man den Olympiastützpunkt Obertauern einfach eingehen ließ?

Vermeulen: Dass es so weit gekommen ist, ist völlig irre. Der Olympiastützpunkt war ein absoluter Garant für Goldmedaillen. Aber er hat nur so lange funktioniert, so man Heini nicht reingeredet hat. Hermann Maier und Michael Walchhofer waren die einzigen, die sich zu hundert Prozent darauf eingelassen haben. Damit hat das für sie einfach aufgehen müssen. In dem Moment, wo du andere reinreden lässt, beginnt das System zu bröckeln. Es ist, wie wenn du in einen Superbenzin-Tank Wasser zumischst, dann funktioniert die Kiste plötzlich nicht mehr.

Arbeiten Sie auch mit Ihren Athleten noch immer nach der Bergmüller-Philosophie?

Vermeulen: Ja, und zwar zu hundert Prozent. Heini hat das logische Denken ins Training gebracht. Das ist das Um und Auf. Wenn ich sehe, dass es bei einem meiner Athleten am Laufband nicht so läuft, hab ich sofort Heinis Worte im Ohr:

„Gehen wir runter!" Heißt, wir reduzieren die Intensität. In der Physiotherapie und in der Reha geht es vor allem um Umfang und nie um Intensität.

Da steckt doch mehr dahinter als viel Umfang …

Vermeulen: Sagen wir so: Ich war selber ein miserabler Langläufer, auch als Mountainbiker und Läufer war ich komplett daneben. Nach zwei Gesprächen mit Heini war mir klar, warum ich so schlecht war. Es hat Klick gemacht. Genaugenommen ist das, was Heini betreibt, keine Philosophie, sondern exakt aus dem Lehrbuch angewandte Physiologie. Deswegen ist Heini für mich auch der erfolgreichste Trainer in Österreich.

Heinz Schilchegger, Michael Walchhofer und Thomas Graggaber lassen Olympiastützpunkt-Boss Heini Bergmüller hochleben.

ANHANG

OLYMPIASTÜTZPUNKT OBERTAUERN –
VON DER IDEE BIS ZUR PLEITE

Juni 1991: Heinrich Bergmüller stellt Hannes Langer und Roland Werthner, den Initiatoren des Salzburger Schulsport-Modells, seine Idee von einem Olympiastützpunkt mit Komplettbetreuung für Spitzensportler vor.

9. Dezember 1991: Langer, Werthner und Bergmüller gründen den Verein „Olympiastützpunkt Salzburg-Rif". Der Vereinsname ist Basis für die spätere Anerkennung durch das Österreichische Olympische Comité (ÖOC).

21. Dezember 1991: Als Gesellschafter interessierte Stakeholder planen die Gründung einer GmbH. Mit dabei: ÖOC-Generalsekretär Heinz Jungwirth, der den Olympiastützpunkt (OSP) als „wesentliche Koordinierungsstelle zwischen der sportlichen Praxis und den Wissenschaftsproduzenten" sieht. Er sagt zunächst ideelle Unterstützung durch das ÖOC zu.

Ab Jänner 1992: Konzepte und Budgets für den Olympiastützpunkt in Rif in drei Ausbaustufen werden erstellt.
Salzburgs Sport-Landesrat Othmar Raus, Sportmedizin-Leiter Alfred Aigner und Sportzentrum-Rif-Chef Wolfgang Becker schießen quer. Damit wird der OSP Salzburg-Rif unmöglich. Neuer Olympiastützpunkt-Ort: Salzburg Hof.

4. August 1993: Gründung der GESPORT GmbH als Trägergesellschaft für den Olympiastützpunkt. Das Startkapital zahlen die Gesellschafter ein: Die Obertauern Fremdenverkehrs GmbH, die Ärzte-Brüder Harald und Werner Aufmesser, deren Kollege Artur Trost, Hannes Langer, Golf-Pro Heinz Schmidbauer, Steuerberater Baldur Hopfgartner, der ehemalige Landtagsabgeordnete Franz Spann und dessen Sohn Wolfgang Spann, sowie Heinrich Bergmüller. Später steigen auch Norbert Bachl, Leiter der Sportmedizinischen Abteilung der Uni Wien und der Bad Schallerbacher Kardiologe Peter Schmid ein.

Zu Geschäftsführern werden zunächst Bergmüller und Langer bestellt, später übernimmt Bergmüller als alleiniger GF.

Frühjahr 1993: Obertauern, zunächst nur als Höhentrainings-Außenstelle vorgesehen, wird Olympiastützpunkt-Headquarter.

23. April 1994: Bundeskanzler Franz Vranitzky und Obertauerns Bürgermeister Wolfgang Kindl eröffnen das neue Sportzentrum mit dem Olympiastützpunkt als Herzstück.

1. Juni 1995: Bernd Pansold wird am Olympiastützpunkt Obertauern gemeinsam mit Harald Aufmesser als medizinischer Leiter angestellt, Artur Trost ist Stellvertreter.

18. Jänner 1997: Hermann Maier absolviert seine erste Leistungs-Diagnostik in Obertauern. Ab sofort trainiert er nach der Bergmüller-Philosophie.

13. Februar 1998: Mario Reiter gewinnt als erster vom OSP betreuter Athlet in Nagano Olympia-Gold in der Alpinen Kombination.

16./19. Februar 1998: Hermann Maier gewinnt in Nagano Gold im Super-G und im Riesentorlauf.

Dezember 1998: Pansold wird in Berlin wegen verordnetem Doping zu DDR-Zeiten zu einer Geldstrafe von 14 400 D-Mark (7360 Euro) verurteilt. Daraufhin wird sein Dienstverhältnis am OSP beendet.

Frühjahr 1999: Ein Meilenstein: Der Österreichische Skiverband (ÖSV) steigt als 51%-Gesellschafter beim Olympiastützpunkt Obertauern ein.

September 2000: Christoph Sieber gewinnt in Sydney als erster vom OSP betreuter Sommersportler Olympia-Gold im Windsurfen.

Jänner 2001: Der ÖSV kündigt an, das Betreuungsangebot für seine Athleten in Zukunft besser zu nützen. Der neue Name ÖSV-Olympiastützpunkt Obertauern wird kommuniziert.

März 2001: Hermann Maier gewinnt zum dritten Mal den Gesamtweltcup.

24. August 2001: Hermann Maier erleidet bei einem Motorrad-Unfall schwere Beinverletzungen. Karriereende droht.

26. September 2001: Maier startet die Reha im Olympiastützpunkt Obertauern. Ziel ist ein Comeback als Rennläufer.

Frühjahr 2003: Bergmüller, bislang Co-Geschäftsführer, wird abberufen und ist nur mehr Sportdirektor. Zwischen 2003 und 2006 sind mit Mario Mader, Josef Obermoser und Martin Stallmaier drei weitere Geschäftsführer am ÖSV-Olympiastützpunkt tätig.

Oktober 2003: Der ÖSV übernimmt weitere Anteile am OSP und ist jetzt 75%-Anteilhaber.

1. Dezember 2003: Die Olympiastützpunkt-Filiale Flachau wird eröffnet.

Jänner 2004: Der ÖSV präsentiert ein Sanierungskonzept für den finanziell ins Trudeln gekommenen Olympiastützpunkt. ÖSV-Generalsekretär Klaus Leistner übernimmt als Geschäftsführer.

19. Juli 2006: Bei einer Gesellschafterversammlung in Salzburg legt Bergmüller alle Ämter am Olympiastützpunkt zurück.

5. Oktober 2006: Die Austria Presse Agentur meldet: „Olympia-Stützpunkt Obertauern sperrt zu".

DIESE ATHLETEN GINGEN DURCH DIE BERGMÜLLER-MÜHLE

(Ohne Anspruch auf Vollständigkeit! Diese Liste ist nur ein Auszug jener Sportler, Promis und namhafter Mediziner, die ich über die Jahre betreute.)

A

- Almer Robert (Fußball, ÖFB-Cupsieger 2009)
- Amann Mario (Cyclocross-Biker)
- Anstiss Liam (Rudern)
- Assinger Armin (Ski Alpin, Moderator, 4 Weltcupsiege)
- Assinger Roland (Ski Alpin, ÖSV-Damen-Cheftrainer)

B

- Bachler Klaus (Motorsport)
- Baumschlager Raimund (mehrfacher Rallye-Staatsmeister)
- Bahadir Turgay (Fußball, Türkischer Meister und Pokalsieger)
- Beichler Daniel (Fußball, ÖFB-Cupsieger 2010)
- Berthold Mathias (Ski Alpin, Slalom-Profiweltmeister, später ÖSV- und DSV-Cheftrainer)
- Bertl Kristina (Langlauf, eh. beste Nachwuchsathletin Österreichs)
- Brandauer Josef (Skilanglauf)
- Brem Eva-Maria (Ski Alpin, 3 Weltcupsiege, 1x RTL-Weltcup, 1x Weltmeisterin)

C

- Cook David (GBR, Motorsport)
- Cook Paula (GBR, Motorsport)

D

- Del Fabro Philipp (Laufsport, Unfallchirurg)

E

- Erharter Wolfgang (Alpin)
- Einkemmer Manuel (Nord. Kombination)
- Eberharter Stephan (Ski Alpin, 29 Weltcupsiege, 5x Disziplinenweltcup, 2x Gesamtweltcup, 3x Weltmeister, 1x Olympiasieger)
- Erharter Wolfgang (Alpin)
- Evers Andreas (Ski Alpin, Trainer von Hermann Maier, Abfahrtstrainer mehrere Nationen)

F

- Feyrsinger Thomas (Golf, 5 Turniersiege)
- Franz Werner (Ski Alpin, 2 Weltcupsiege, 1x Kombi-Weltcup)
- Frauenschuh Thomas (Radsport)
- Friesacher Patrick (Motorsport)

G

- Gappmaier Daniel (Skilanglauf)
- Gartler René (Fußball, österreichischer Meister)
- Giger Anton (Leichtathletik, ehem. ÖSV-Trainer, Rennsportleiter, Sportdirektor, Leiter Entwicklung und Forschung, seit 2022 Red Bull Manager für „Global Sports")
- Götschl Renate (Ski Alpin, 46 Weltcupsiege, 10x Disziplinenweltcup, 1x Gesamtweltcup, 3x Weltmeisterin)

- Graggaber Thomas (Ski Alpin, 6 Europacupsiege, 2x Junioren-Weltmeister)
- Greber Christian (Ski Alpin, 1 Weltcupsieg)
- Grillitsch Florian (Fußball)
- Gruber Karin (Radsport, Glocknerkönigin)
- Gruber Franz (Triathlon, ehem. Torwart, Head of Goalkeeping Austria Wien, Buchautor)
- Gruber Max (Triathlon, Radsport)

H

- Hangl Thomas (Ski Alpin)
- Haas Mathias (Ski Alpin)
- Haas Michael (Ski Alpin)
- Haasmann Marco (viele Jahre Therapie)
- Haasmann Thomas (Judo, Galaxy Tigers-Gründer)
- Haasmann Nick (Judo)
- Hammerl Hubert (Triathlon)
- Hata Yu (JPN, Ski Alpin)
- Hirasawa Gaku (JPN, Ski Alpin)
- Hiroi Noriyo (JPN, Ski Alpin)
- Hober Alexandra (ITA, Radsport)
- Höfl-Riesch Maria (GER, Ski Alpin, 27 Weltcupsiege, 1x Gesamtweltcup, 5x Disziplinenweltcup, 2x Weltmeisterin, 3x Olympiasiegerin)
- Höflehner Helmut (Ski Alpin, 10 Weltcupsiege, 2x Abfahrtsweltcup)
- Huber Rudolf (Ski Alpin, Juniorenweltmeister)

I

- Ishioka Takuya (JPN, Ski Alpin)

J

- Janko, Eva (Leichtathletik, Olympia-Bronze 1968, 14x österreichische Meisterin)
- Juriga Stefan (Leichtathletik, Facharzt für Allgemein- und Unfallchirurgie)

K

- Kashiwagi Kumiko (JPN, Ski Alpin)
- Kavlak Veli (Fußball, 2x österreichischer und 2x türkischer Meister)
- Kayhan Tanju (Fußball)
- Kimura Kiminobu (JPN, Ski Alpin)
- Kirchgasser Maria (Snowboard)
- Kirchgasser Michaela (Ski Alpin, 3 Weltcupsiege, 3x Weltmeisterin)
- Knauß Hans (Ski Alpin, 7 Weltcupsiege)
- Kogler Alex (GER, Ski Alpin)
- Kono Katzu (JPN, Ski Alpin)
- Kono Kenji (JPN, Ski Alpin)
- Kornberger Christoph (Ski Alpin, 1x Junioren-Weltmeister)
- Koschuttnig Martina (Ski Alpin, Reha nach Schädelhirntrauma)
- Koubek Stefan (Tennis)
- Köllerer Karin (Ski Alpin)
- Krings Alexandra (Snowboard)
- Krings Doresia (Snowboard, 11 Weltcupsiege, 3x Disziplinenweltcup, 1x Gesamtweltcup)
- Krings Heidi (Snowboard, 1 Weltcupsieg, 1x Junioren-Weltmeisterin)
- Kronberger Petra (Ski Alpin, 16 Weltcupsiege, 1x Slalomweltcup, 1x Weltmeisterin, 2x Olympiasiegerin)

- Kröll Richard † 1996 (Ski Alpin, 3 Weltcupsiege)
- Kuriyama Hiroki (JPN, preisgekrönter Schönskifahrer)

L

- Lauda Mathias (Motorsport)
- Larsson Markus (SWE, Ski Alpin, 1x Junioren-Weltmeister)
- Lebedeva Tatjana (RUS, Ski Alpin, Reha)
- Lichtenegger Michael (Ski Alpin)

M

- Mader Günther (Ski Alpin, 14 Weltcupsiege, 2x Disziplinenweltcup, 6 WM-Medaillen)
- Maier Alexander (Snowboard, 3 Weltcupsiege, 1x WM-Bronze)
- Maier Hermann (Ski Alpin, 54 Weltcupsiege, 10x Disziplinenweltcup, 4x Gesamt-weltcup, 3x Weltmeister, 2x Olympiasieger)
- Mancuso Julia (USA, Ski Alpin, 7 Weltcupsiege, 5 WM-Medaillen, 1x Olympiasiegerin)
- Mattersberger Ulrich (Extremsportler)
- Mayer Christian (Ski Alpin, 7 Weltcupsiege, 1x RTL-Weltcup, 2x Olympia-Bronze)
- Mayer Walter (Rallyelegende)
- Meissnitzer Alexandra (Ski Alpin, 14 Weltcupsiege, 2x Disziplinenweltcup, 1x Ge-samtweltcup, 2x Weltmeisterin, 3 Olympia-Medaillen)
- Melzer Jürgen (Tennis, Therapie, 5 Einzel- und 17 Doppel-Turniersiege, 3 Grand-Slam-Titel)
- Minagawa Kentaro (JPN, Ski Alpin)
- Mitterwallner Christiane (Ski Alpin, 1 Weltcupsieg)
- Morscher Harald (Radsport)
- Müller Florian (Laufsport, Facharzt für Orthopädie und Traumatologie)

N

- Neururer Heidi (Snowboard, 4 Weltcupsiege, 1x Weltmeisterin)
- Niederseer Sabine (Ski Alpin)
- Niederseer Stefan (Ski Alpin)
- Novotny Thomas (Leichtathletik)
- Nyberg Fredrik (SWE, Ski Alpin, 7 Weltcupsiege)

O

- Ortlieb Patrick (Ski Alpin, 4 Weltcupsiege, 1x Weltmeister und 1x Olympiasieger)
- Okotie Rubin (Fußball, ÖFB-Cupsieger 2009)

P

- Pederzolli Nicola (Snowboard, 5 Weltcupsiege, 1x WM-Silber)
- Penker Marlies (Triathlon, 23 Starts beim Ironman in Klagenfurt)
- Penasa Massimo (ITA, Ski Alpin)
- Peya Alexander (Tennis, 17 Doppel-Turniersiege, darunter Wimbledon Mixed 2018)
- Pfaffenbichler Gerhard (Ski Alpin, 1 Weltcupsieg)
- Pfeifenberger Heimo (Fußball, Reha)
- Pietschnig Robert (Leichtathletik)
- Pirklbauer Marco (Langlauf, österreichischer Jugendmeister)
- Polster Anton „Toni" (3x österreichischer Meister, 1x Cupsieger, ÖFB-Rekordtor-schütze)

Q

- Querfeld Ferdinand (Rudern, U23-Weltmeister)
- Querfeld Leopold (Fußball)
- Querfeld Rudolf (Rudern)

R

- Ratzenberger Roland † 1994 (Formel 1)
- Reinstadler Gernot † 1991 (Ski Alpin)
- Reiter Hannes (Ski Alpin, 1x Junioren-Europameister)
- Rehrl Sepp (Skilanglauf, Worldloppet Classic Gesamtsieger)
- Rieder Arnold (ITA, Ski Alpin)
- Rings-Wanner Valentina (Ski Alpin)
- Reiter Mario (Ski Alpin, 3 Weltcupsiege, 2 WM-Medaillen, 1x Olympiasieger)
- Resch Erwin (Ski Alpin, 3 Weltcupsiege, 1x WM-Bronze)
- Rupp Arno (Fußball)
- Rupp Roman (Ski Alpin)
- Rzehak Peter (Ski Alpin)

S

- Sasaki Akira (JAP, Ski Alpin)
- Salzgeber Rainer (Ski Alpin, 1x WM-Silber, derzeit Rennchef bei Head)
- Sax Maximilian (Fußball)
- Schanung Lisa (ITA, Triathlon)
- Scheiber Mario (Ski Alpin, Reha nach Schienbeinkopfbruch)
- Schifferer Andreas (Ski Alpin, 8 Weltcupsiege, 1x Olympia-Bronze)
- Schilchegger Heinz (Ski Alpin, 1 Weltcupsieg)
- Schilchegger Horst (Ski Alpin)
- Schlager Werner (Tischtennis, Weltmeister 2003)
- Schobersberger Wolfgang (Leichtathletik, Leiter Sportmedizin Innsbruck)
- Schörghofer Philipp (Ski Alpin, 1 Weltcupsieg, 2x Weltmeister)
- Schneider Tanja (Ski Alpin)
- Schuster Stefanie (Ski Apin, 1x WM-Bronze)
- Seifriedsberger Christoph † 2023 (Rudern, U23-Weltmeister)
- Steiner Michael (Ski Alpin)
- Steudle Roy-Alexander (GBR, Ski Alpin)
- Strasser Erika † 2019 (Leichtathletik, 7x österreichische Meisterin im Speerwurf, ehem. ÖLV-Präsidentin)
- Sugrobov Alexei (RUS, Ski Alpin)
- Schwaiger Christian (Ski Alpin, DSV-Herrenschef)
- Sperrer Raphael (Rallye, 6x Staatsmeister)
- Sieber Christoph (Windsurfen/Segeln, Olympiasieger 2000)
- Spann Wolfgang (Leichtathletik, mehrfacher österreichischer Meister)
- Stadler Felix (Snowboard, ehem. ÖSV-Cheftrainer)
- Steiner Anton (Ski Alpin, 5 Weltcupsiege, 1x WM-Bronze, 1x Olympia-Bronze)
- Stock Leonhard (Ski Alpin, 3 Weltcupsiege, 1x Weltmeister, 1x Olympiasieger)
- Strolz Hubert (Ski Alpin, 1 Weltcupsieg, 1x Olympiasieger)
- Strobl Fritz (Ski Alpin, 9 Weltcupsiege, 1x Weltmeister, 1x Olympiasieger)
- Sykora Thomas (Ski Alpin, 9 Weltcupsiege, 2x Slalom-Weltcup, 1 Olympia-Bronze)

T

- Tatschl Josef (Langlauf)
- Theurl-Walcher Maria (Langlauf, WM-Bronze 1999)
- Thöni Dietmar (Ski Alpin)
- Trimmel Nicole (Kickboxen, 5x Welt- und 4x Europameisterin)
- Trinka Eugen (Leichtathletik, Primar Universitätsklinik Neurologie Salzburg)

- Trinkl Hannes (Ski Alpin, 6 Weltcupsiege, 1x Weltmeister, 1x Olympia-Bronze)
- Tritscher Michael (Ski Alpin, 3 Weltcupsiege, 1x Olympia-Bronze)

V
- Valent Roman (SUI, Tennis, Junioren-Sieg bei Wimbledon)
- Vitzthum Sebastian (Ski Alpin)
- Voglreiter Siegfried (Ski Alpin, derzeit Rennchef bei Fischer)

W
- Walchhofer Michael (Ski Alpin, 19 Weltcupsiege, 3x Abfahrts-Weltcup, 1x Weltmeister, 1x Olympia-Silber)
- Wachter Anita (Ski Alpin, 19 Weltcupsiege, 5x Disziplinenweltcup, 1x Gesamtweltcup, 5 WM-Medaillen, 1x Olympiasiegerin)
- Wallner Kurt (Triathlon, Kardiologe)
- Wanders Arjan (NED, Ski Alpin)
- Wessely Philipp (Leichtathletik)
- Wicha Klaus (Motorsport)
- Wirnsberger Peter I (Ski Alpin, 8 Weltcupsiege, 1x Abfahrtsweltcup, 1x WM-Silber, 1x Olympia-Silber)
- Wirnsberger Peter II † 1992 (Ski Alpin, 1x Junioren-Weltmeister)
- Wittmann Franz sen. (erfolgreichster österreichischer Rallyefahrer)
- Wittmann Franz jun. (Rallye)
- Wittmann Sebastian (Golf)
- Wittmann Julia † 2006 (Ski Alpin)
- Wörz Thomas (Leichtathletik, Sportwissenschaftler und Psychotherapeut, Leiter Schulsportmodell Sbg.)

Z
- Zechner Willibald (Ski Alpin)
- Zettel Kathrin (Ski Alpin, 9 Weltcupsiege, 1x Weltmeisterin, 1x Olympia-Bronze)
- Zimpfer Daniel (Triathlon, Primar AKH Wien Herzchirurgie)
- Zimpfer Thomas (Triathlon, Managing Direktor, Aufsichtsrat und GF)

Promis und namhafte Persönlichkeiten:
- Abizov Mikhail (RUS, Oligarch, Physikweltmeister)
- Assinger Bettina (Designerin)
- Berezkin Gregory (RUS, Oligarch)
- Dirie Waris (SOM, Menschenrechtsaktivistin und Model)
- Felber Andreas (ORF-Moderator)
- Fischer Josef „Pepi" † 2020 (Skifabrikant)
- Frauwallner Anita (Unternehmerin, Leiterin Institut AllergoSan)
- Friedle Gerry alias „DJ Ötzi" (Sänger)
- Giuliani-Sterrer Marie Christine (Politikerin und ehem. Moderatorin)
- Häupl Michael (Wiener Alt-Bürgermeister)
- Hillinger Leo (Winzer)
- Janko Eva (Leichtathletik, Silber im Speerwurf Mexico 1968)
- Jäger Andreas (Meteorologe und TV-Moderator)
- Kimmel Manfred † 2015 (PR Manager)
- Kipp Rolf (GER, Unternehmer)
- Klein Frank (Manager)

- Klingohr Rudolf „Purzl" (TV- und Filmproduzent)
- Kögler Michael (ORF-Regisseur und Journalist)
- Koczi Wolfgang (ehem. ORF-Moderator)
- Krammer Michael (Sohn der ehem. Ministerin Krammer, Reha)
- Kutscher Christian (Banker)
- Mayer Gerald (Finanzvorstand Voestalpine)
- Mayr Ernst (Geschäftsführer Fussl Modestraße)
- Mennel Peter (Jurist und Generalsekretär des ÖOC)
- Mills Heather (GBR, Unternehmerin)
- Müller Fritz (Transportunternehmer)
- Mösenbacher Hannes (Vorstandsmitglied Raiffeisen Bank International)
- Palfrader Robert (Kabarettist und Schauspieler)
- Pillwein Walter † 2022 (ehem. Generalsekretär BSO)
- Pircher Marc (Musiker)
- Pruschak Leodegar (ehem. Geschäftsführer Zentrale Raiffeisenwerbung)
- Richter Dennis (GER, Richter Fleischwaren)
- Richter Marco (GER, Richter Fleischwaren)
- Schenner Franz (Manager)
- Schoeller Vera von † 2024 (Schoeller Stilspringcup)
- Schurz Mariella † 2022 (Generalsekretärin und Managerin B&C Gruppe)
- Schütz Burkhart (Gründer Labor Biovis)
- Setzer Johanna (TV-Moderatorin)
- Steinböck Herbert (Kabarettist)
- Strasser Erika † 2019 (ehem. ÖLV Präsidentin)
- Strobl Johann (Vorstandsvorsitzender Raiffeisen Bank International)
- Winkler Alexandra (Hotel Sacher)
- Winkler Matthias (Hotel Sacher)

Vereine und Institutionen:
- Austria Wien
- Austria Salzburg
- LASK
- mehrere Musiker der Wiener Philharmoniker
- Skiteam Japan SAJ (Alpin)
- Skiteam Nagano SAN (Alpin und Nordische Kombination)
- Skiteam Kroatien (Alpin)
- Ruderverein Lia Wien
- Ringerverein Mörbisch
- Judo Galaxy Tigers
- Rollschuhverein Eisenstadt
- Leichtathletikverein Eisenstadt
- Kayakverein Linz
- Short Track Team Salzburg

PHYSISCH–MOTORISCHER–TEST

NAME *MAIER HERMANN*   DATUM 6. 11. 85.
JAHRGANG *1972*

BEWERTUNG

1. LIEGESTÜTZ	*sehr gut*
2. RUMPFHEBEN RÜCKENLAGE	*sehr gut*
3. RUMPFHEBEN BAUCHLAGE	*sehr gut*
4. DREIERHOP AUS SCHRITTSTELLUNG	*gut*
5. GEWANDTHEITSLAUF	*befriedigend*
6. 30 m SPRINT	——
7. BEWEGLICHKEIT D. WIRBELSÄULE	*befriedigend*

GESAMTBEURTEILUNG	*gut*

DL 2680m (Gelände)
Zeit: *11. 34. 1*

Dieses „Zeugnis" stammt aus der Zeit, in der ich den 12-jährigen Hermann Maier im Salzburger Landeskader trainierte. Der Test kommt aus der ehemaligen DDR und wurde nach strengen Kriterien durchgeführt. Obwohl Hermann zwei „Dreier" bekam, war er mein bester Schüler.

Olympiastützpunkt Salzburg
OBERTAUERN
A 5562 Obertauern 154
Telefon (++43)(0)6456/7656
Fax (++43)(0)6456/7656-9

Frau
Tomo Iwama
Fax Nr. 0081/ 356 80 03 58

Obertauern, 2. Februar 1998

Liebe Tomo!

Bezugnehmend auf unser Telefonat, möchte ich Dir wie folgt mitteilen:

Der Fahrradergometer wird für zwei Trainingsformen verwendet - das heißt:

1. Ausdauertraining KB 2 x 20 min oder 2 x 30 min, HF 90 - 105
2. Kraft-Ausdauer-Training
   Beispiel: 1 x 5 min, 250 Watt, 50 Umdrehungen

Das Wichtigste ist aber das Training unter Punkt 1, denn dieses Training wird täglich durchgeführt.

Nun an Sato bezüglich der Laktatkontrollen:

Hermann Maier:
5.2.98 17.00 bis 18.00 Uhr 20 min HF 85
Laktatkontrolle sofort nach Belastung
Tomoki sollte mich anschließend am Handy anrufen und mit den Wert durchgeben.
Anschließend die 2. Serie mit Laktatkontrolle.

6.2.98 17.00 bis 18.30 Uhr 20 min KB - Laktatkontrolle
DLÜ 10 min
5 min 230 Watt, 50 Umdrehungen
Laktatkontrollen 1 min bzw. 3 min nach
Belastung
5 min Pause
anschl. 15 min KB ohne Laktatkontrolle

GESPORT GmbH., Gesellschaft für Sportmedizin, orthopädische Rehabilitation, Trainingstherapie und Trainingssteuerung m.b.H.
Geschäftsführer: Heinrich Bergmüller, Barbara Zechner FN 57792 p, Landesgericht Salzburg UID-Nr. ATU 33970101
Bankverbindungen: Raiffeisenkasse Obertauern, Kto.Nr. 27 227, Blz 35037 Die Erste Obertauern, Kto.Nr. 100 180, Blz. 20403

Olympia 1998: Bevor ich zu Hermann nach Japan nachreiste, übermittelte ich meine Trainingsanweisungen per Fax.

234

Olympiastützpunkt Salzburg

URGENT

OBERTAUERN

A 5562 Obertauern 154
Telefon (++43)(0)6456/7656
Fax (++43)(0)6456/7656-9

Hotel Weißer Hof Happei
Austria Ski Team
Mr. Hermann Maier

Fax Nr. 0081/ 26̃2/ 72 52 70

Obertauern, 3. Februar 1998

Lieber Hermann!

Ich hoffe, Du bist gut in Happo angekommen. Wie ich gestern erfahren habe, wurde leider nicht das richtige Rad geliefert. Dieses Rad Marke Powermax hat nur eine Laufzeit von 4 Minuten und kann deshalb nur für die kurze Kraft-Ausdauer-Einheit verwendet werden. Es wird heute abend ein zweites Rad vom Cheftrainer des Skiverbandes Nagano ins Hotel gebracht.

Mach heute abend nur Compex Quadrizeps 9/5 und Gymnastik.

Das Programm für <u>Mittwoch</u>: 30 min HF 85
Pause 5 min
30 min HF 90
Gymnastik 30 min

Die Laktatkontrollen werden am <u>Donnerstag (17.00 - 18.00 Uhr)</u> durchgeführt:
(Es kommt Herr Tomoki Sato, Cheftrainer der Nord. Kombinierer mit einer Dolmetscherin.)
2 x 20 min
1. Serie HF 85
anschließend wird mich Tomoki anrufen

Zweite Laktatkontrolle am <u>Freitag (17.00 - 18.30 Uhr)</u>:

20 min KB mit Laktatkontrolle
DLÜ 10 min
4 min 280 Watt, 50 Umdrehungen
(die Watt auf diesem Rad stimmen nicht ganz mit unseren überein)
anschl. 15 min KB ohne Kontrolle

Alle involvierten Personen wissen Bescheid!

Viele Grüße

GESPORT GmbH., Gesellschaft für Sportmedizin, orthopädische Rehabilitation, Trainingstherapie und Trainingssteuerung m.b.H.
Geschäftsführer: Heinrich Bergmüller, Barbara Zechner   FN 57792 p, Landesgericht Salzburg UID-Nr. ATU 33970101
Bankverbindungen: Raiffeisenkasse Obertauern, Kto.Nr. 27 227, Blz 35037   Die Erste Obertauern, Kto.Nr. 100 180, Blz. 20403

MEIN DANK GILT ...

... **meinen verstorben Eltern**, die mir eine wunderbare Kindheit ermöglichten.

... **Mischa**, meine erste große Liebe, die mir vier wunderbare Söhne schenkte und aufgrund meines turbulenten Lebens viele Entbehrungen hinnehmen musste.

... **meinen Kindern:** Heiner, Leonhard, Julian, Paul und Katharina, auf die ich sehr stolz bin und mit denen ich leider aufgrund meiner Arbeit sehr wenig Zeit verbrachte.

... **meiner verstorben Schwester Beatrix**, die mich in der Kindheit oft nervte, jedoch immer für mich da war. Ich habe sie im Herzen.

... **meinem Halbbruder Reinhard**, der nicht aufgab mich endlich zu finden.

... **meinem besten Freund Karli Obauer**, der wie ein Bruder für mich ist.

... **meinen Jugendfreunden**, mit denen ich oft den Ort unsicher machte. Allen voran die Obauer Buam, der Rieder Josef, Weiss und der Brunner Sepp und der Kössner Kurt.

... **Peter Amtmann**, der mit mir zu Fuß nach Bischofshofen zum Tennis spielen ging, mit dem ich wunderbare Segel-Erlebnisse am Obertrumer See hatten, wo wir für Kurzfilme als Schauspieler in Indianerrollen schlüpfen durften.

... **dem Stephaneum**, das mir nach anfänglichen Schwierigkeiten immer besser gefiel, wo uns die Klassengemeinschaft über die Jahren zusammenschweißte. Dank vor allem an Dir. Fussek, der mir im Sport einiges fürs spätere Leben beibrachte.

... **allen Kunden**, die ich als Rauchfangkehrer betreute: Aus dieser Zeit konnte ich wunderbare Lebenserfahrungen mitnehmen und oft unbekümmert mit meinen Utensilien durch die herrliche Pongauer Bergwelt wandern.

... **Ing. Gerhard Strauß (†)**, der meine Sportideen förderte und mich zum Fußball brachte.

... **Oberst i. R. Franz Hager (†)**, der meine Leichtathletik-Ambitionen förderte und damals schon meine Fähigkeiten als Trainer erkannte.

... **Prof. Walter Heugl (†)**, der mich in die Union-Salzburg-Leichtathletikfamilie aufnahm, die viele Jahre mein Lebensmittelpunkt als Athlet und Trainer war.

... **Dr. Walter Hubmann**, der mir persönlich und vielen meiner Athleten helfen konnte.

... **Alois Mühlthaler (†)**, der mich als Konditrainer zum Salzburger Skiverband holte.

... **Bert Sumser (†)**, der mir wertvolle Erfahrungen und Trainingstipps vermittelte.

... **meinen ÖSV Trainerkollegen**: Kurt Hoch, Kurt Engstler, Georg Zirknitzer, Alois Kahr (†), Helmut Krug, Bernd Zobel (†), Gert Ehn, Werner Margreiter, Toni Giger, Walter Hubmann (†) und Fritz Vallant, sowie Zeugwart Werner Öttl (†).

... **Dr. Johannes Peil (†)**, der den Kontakt zu Fresenius und Müller Milch herstellte und beratend immer zur Seite stand.

... **Richard Hafenmayer**: mein Freund und Produktentwickler, der mir den Weg bei Müller Milch geebnet und uns immer mit Getränken versorgt hat.

... **Oliver Maehl**: mein Freund, mit dem ich mich über die vielen Jahre immer wieder fachlich austauschen konnte.

... **Peter Prodinger**, der mir den Weg in das Land der aufgehenden Sonne ermöglichte.

... meinen japanischen Trainerkollegen, mit denen ich über die Jahre viel Positives in Japan bewegen konnte.

... **den Olympiastützpunkt-Gründern Hannes Langer und Roland Werthner**; vor allem Hannes, der unermüdlich für dieses Projekt kämpfte.

... **Dr. Artur Trost**, dem ärztlichen Leiter-Stellvertreter, der von der ersten Stunde an dabei war und viele Jahre später Hermann erfolgreich operierte.

... **Harald Aufmesser** für seine medizinische Unterstützung.

... **Heinz Schmidbauer**, der mich mit meiner Idee sofort voll unterstützte und mich zu Nick Bollettieri und IMG brachte.

... **Dieter Kindl**, der als Bürgermeister und Fremdenverkehrsdirektor meine Vision bestmöglich unterstützte, jedoch im Ort zu wenig Rückhalt hatte.

... **Herbert (†) und Sepp Winter (†)**, die das Potential des Olympiastützpunktes erkannten, die mich aber von allem Anfang an auf die verworrene und schwierige Situation in Obertauern aufmerksam machten.

... **Barbara Zechner**, die mich anfangs als Sekretärin und später als GF unterstützte; ohne ihr idealistisches Engagement wäre der Aufbau nie gelungen.

... **Dr. Bernd Pansold**, der mir als Lehrmeister in Sachen Diagnostik und Trainings– steuerung mir die Augen öffnete.

... **Vincent Vermeulen**: Wir verstanden und ergänzten uns perfekt, ohne den besten Physiotherapeuten wäre vieles nicht möglich gewesen.

... **Dr. Johnny Zeibig**, der, wenn teils auch chaotisch, neue Impulse brachte.

... **Dr. Kurt Wallner**, der mir, was meine Gesundheit betrifft, die Augen öffnete.

... **Mag. Dr. Clemens Kralik**, der zur Diagnostik nach Obertauern kam, seither an meiner Seite steht und mich wie ein Schutzengel begleitet.

... **MMag. Dr. Mario Mader**, GF am Olympiastützpunkt, der in den Augen des ÖSV mir gegenüber zu loyal war und das Spiel des ÖSV schnell durchschaut hat.

... **Dr. Rupert Pichlhöfer**, Partner und genialer Experte für Nährstoffphysiologie, der für die Athleten individuell abgestimmte Vormischungen zusammenstellte.

... **Alexander Igolnikov**, meinem Freund in Krasnojarsk (Sibirien), der mein Buch *Fit in 100 Tagen* ins Russische übersetzte und mir wunderbare Tage bei einem Besuch in Sibirien ermöglichte.

... **Coca-Cola**, allen voran Philipp Bodzenta und Monika Polster (†), die mich immer großartig unterstützten.

... **Leo Pruschak**, Raiffeisen-Marketing-Chef mit Herz, der mir immer wieder unbürokratisch und schnell half, wenn der Hut brannte.

... **Manfred Kimmel (†)**, unter dessen rauer Schale ein weicher Kern war, der mit seinem Netzwerk auch mir geholfen hat.

... **Valentin Hobel**, für seinen Weitblick und die Zusammenarbeit über die vielen Jahre.

... **Peter Schmittl**, GF der WIBAG, der mich ins Burgenland holte und mir den Weg ebnete.

... **Dr. Henning Sartor**, meinem langjährigen ärztlichen Leiter in Wien, der auf dem Gebiet der mitochondrialen Medizin und Darmgesundheit neue Impulse brachte.

... **Prof. Dr. Burkhard Schütz**, durch den ich bei Ärztefortbildungen referierte; mein Training brachte ihm wieder mehr Lebensqualität.

... **Dr. Martin Cappy**, der mich seit der Zeit in Obertauern immer begleitet und seit meiner Übersiedelung nach Oberösterreich die ärztliche Leitung übernommen hat.

... **Dr. Gertrude Petritsch**, die seit über 10 Jahren die Treue ärztliche Seele in meinem Institut ist. Ihre Fürsorge und Genauigkeit werden von den Kunden sehr geschätzt.

... **allen meinen Mitarbeitern**, die mich voll motiviert und mit großem Einsatz in über 45 Jahren unterstützt und begleitet haben, auch wenn ich manchmal sehr launisch und eigen war.

... **Carmen**, meiner Liebe, durch die es mich nach Oberösterreich zog und mit der ich viele Gemeinsamkeiten teile.

... **meiner Bibelrunde**, die mich wöchentlich zum regelmäßigen Bibellesen inspiriert und die mir Gott wieder näherbrachte.

... **Knut Okresek**, meinem genialen Freund und Co-Autor, mit dem ich nach *Das Hermann Maier Trainingsprogramm* und *Fit in 100 Tagen* nun das dritte Buch schreibe.

... **Michael Hintermüller**, Carmens Sohn, der einen wesentlichen Beitrag zum Entstehen dieser Biografie leistete. Und der in schwierigen Phasen zwischen Knut und mir vermittelte, dass wir entscheidend vorankamen.

HEINI BERGMÜLLER

ICH BEDANKE MICH ...

... bei Livia, der Besten von allen, die mich in jeder Hinsicht unterstützte.

... bei Bianca, die sich beim Lektorieren herminatorisch ins Zeug legte.

... bei Steven, der aus Zeitgründen auf das versprochenen Kartfahren zum „Runden" verzichten musste.

... und bei Nico, der seinen Papa in den Wochen vor der Fertigstellung fast nur mehr vor dem Laptop sitzen sah.

KNUT OKRESEK

DIE AUTOREN BEDANKEN SICH BEI ...

... Hermann Maier für die Zeit, die er sich für das lange Gespräch in Kapitel 1 genommen hat, mit dem das Projekt Fahrt aufgenommen hat. Danke auch an Walter Delle-Karth, der bei diesem Talk sehr hilfreiche Zwischenfragen stellte.

... Franz Klammer, Armin Assinger, Michael Walchhofer und Vincent Vermeulen, die uns mit ihren Interviews einen anderen Blickwinkel auf den Hauptdarsteller geben.

... Clemens Toscani, der dem Buch mit seinem grafischen Können ein Gesicht gab.

... und last but not least bei Egon Theiner, der als Herausgeber sofort für das Projekt zu haben war und uns dabei bis zum Schluss alle Freiheiten gelassen hat.

DIE AUTOREN

HEINRICH BERGMÜLLER,

geboren 1952, war Leichtathlet, Fußballer, Skirennläufer und Olympiateilnehmer im Viererbob, ehe er seine Berufung als Trainer fand. Nach ersten Erfolgen mit dem österreichischen Herren-Skiteam erfand er den Olympiastützpunkt Obertauern, wo er mit den Erfolgen von Hermann Maier durchstartete. Bis heute betreibt der Salzburger sein Institut für Fitness und Gesundheit in Linz.

KNUT OKRESEK,

geboren 1965, ist seit fast 40 Jahren Sportjournalist. Von 2001 bis 2004 war er Medienbetreuer von Hermann Maier und Olympiastützpunkt-Pressesprecher.

Die Brandstifter

Österreichs Skiteam kocht auf Sparflamme. Einzig bei einem Feuerunfall von Trainern hatte man Glück. Zwei Damen in der Abfahrt gestürzt. Drei erkrankt. Anita Wachter, seriöse Sieganwärterin in der Kombination, fällt aus. 38 Grad Fieber. Jetzt ruhen alle Goldhoffnungen auf Andreas Goldberger im heutigen Springen.

TAGEBUCH

Wolfgang Winheim

Feuer an der Tankstelle

Streß, Streit, Enttäuschung, Unfall. Ehe die Abfahrer Lillehammer verließen, wurden ihre Trainer noch im Polizeibericht verewigt. „Österreicher verursachte Brand an der Tankstelle."

Heinrich Bergmüller, seit mehreren Jahren für die Kondition von Ortlieb und Co. zuständig, wäre beinahe zur olympischen Fackel geworden. Laut Polizei hatten er und seine Begleiter Riesenglück. Bergmüller stoppte den BMW des Skiverbandes an einer SB-Tankstelle, wollte bar zahlen. Als er merkte, daß es sich um eine nur mit Kreditkarte benützbare Zapf-

säule handelte, fuhr er ums Eck zu einer anderen Tankmöglichkeit, vergessend, daß der Zapfhahn noch im Auto steckte. Der Schlauch wurde aus der Verankerung gerissen.

Sekunden später schossen meterhohe Flammen aus der Zapfsäule. Co-Trainer Krug setzte zum Sprint an. Teamarzt DDr. Wicker fand weniger schnell aus dem Wagen. Aber der Tankwart konnte mit einem Spezialfeuerlöscher die Katastrophe gerade noch verhindern.

Brand aus. Bergmüller, Hauptberuf Bezirksrauchfangkehrermeister, hatte schon schwarzgesehen.

Die einzig gesunde Österreicherin: Veronika Stallmaier! Doch 97 km/h Schnitt reichten der Olympiadritten von Albertville gestern nur zu Rang 14. Götschl und Stöckl stürzten. Haas stand, geschwächt vom Grippevirus, schon chancenlos am Start. Die erkrankte Schuster flog heim, und Anita Wachter liegt vor der heutigen Kombiabfahrt mit 38,7 Grad im Bett

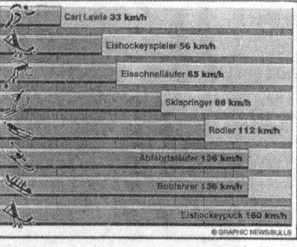

Schneller als die Feuerwehr

Sie fuhren wie die Feuerwehr. Aber bei den olympischen Ski-Abfahrtsrennen wurden offizielle Geschwindigkeitsangaben (im Gegensatz zu Rodlern und Skispringern) schamhaft verschwiegen, obwohl sie sich leicht ausrechnen lassen:

Tommy Moe (USA) 103,31 km/h, Patrick Ortlieb (Rang vier) 103,06.

In der (kürzeren) Kombi-Abfahrt war das Durchschnittstempo sogar höher: Lasse Kjus (Norwegen) 105,05 km/h, Günther Mader (Platz 13) 103,43 km/h.

Die schnellste Damen: Katja Seizinger 99,11 km/h, Vreni Stallmaier (14.) 97,07.

Zum Vergleich die Werte aus an-

deren Lagern: Rodler Markus Prock erreichte auf seinen Fahrten zu Silber 98 km/h Schnitt und ein Höchsttempo von 128,7. Damit ist er – zumindest vor dem Bobkonkurrenten – der offiziell schnellste Österreicher von Lillehammer.

Die Anlaufsgeschwindigkeiten beim Training der Skispringer betrugen 93,6 km/h (Heinz Kuttin), 93,2 (Stefan Horngacher), 92,4 (Andreas Goldberger).

Emese Hunyady flitzte bei 600-m-Silberrennen mit beachtlichen 41,8 Stundenkilometern übers Eis.

Feuer am Dach

Im österreichischen Skiteam steckt der Virus. Den Niederlagen folgte die Grippewelle. Auch Anita Wachter ist krank. Patrick Ortlieb hingegen war nur gekränkt.

„Bei so einer Stimmung wäre eine Medaille eine mittlere Sensation gewesen", sagte Herrenchef Werner Margreiter nach dem Super-G. Hat er vergessen, daß Reibung gerade bei Olympia schon mehrmals Energie erzeugt hatte? Daß Stock und Wirnsberger nach fürchterlichen Streitereien 1980 Gold und Silber eroberten? Daß Helmut Mayer 1988 vom umstrittenen Qualifikations-zum Olympia-Zweiten wurde?

Zweifellos reagierte auch Patrick Ortlieb nach seiner überraschenden Nichtdominierung keineswegs so, wie man es sich vom Abfahrts-Intellektuellen erwartet. Student Ortlieb gegen Psychologie-Magister Margreiter!

G'scheiter wär's, würden sich die beiden Oberg'scheiten daraufbesinnen, daß das beste Team (bereits 16 Saisonsiege) nur dann das stabilste bleiben kann, wenn es auch nach Niederlagen zusammenhält.

Feuer und Eis

Bei Tommy Moes Sieg sah jeder vierter Amerikaner zu. Der TV-Konzern CBS jubelte über die höchsten Einschaltziffern bei Winterspielen. Mittwoch wird dieser Rekord gebrochen: Nancy Kerrigan gegen Tonya Harding. Harding wird verdächtigt, das Attentat auf Kerrigan inszeniert zu haben. „Ein Pfarrer hebt für mich", sagte sie bei der bisher beeindruckesten Pressekonferenz. Harding gibt sich lammfromm, ein Bild, das im krassen Widerspruch zu dem mit Nacktfotos angereicherten Illustriertenstories steht.

Ihre Anwälte sammeln Gedrucktes in allen Sprachen – für Millionenprozesse. Deshalb muß die Version, wonach der Eis-Krimi ein abgekartetes Spiel eiskalter Geschäftemacher sei, als Unterstellung bezeichnet werden.

Bleibt der Hinweis auf Methoden in amerikanischen Stadien, das Amerika-Team in hellen Farben, die Feinde in finsteren antreten zu lassen. Daß beim Training die blonde Blondine Harding in dunklem Trikot erschien und die liebe Nancy im weißen Kleidchen tanzte, war sicher Zufall...

The Beauty and The Beast: Nancy Kerrigan (vorne) und Tonya Harding im Trainingseinsatz

Bei Olympia 1994 in Lillehammer sorgte ich als „Brandstifter" für Aufsehen.